第二太空时代的
美国太空威慑战略研究

Research on the Space Deterrence Strategy of the United States in the Second Space Age

高杨予兮 / 著

世界知识出版社

北京 · 2021

目　录

图 录

表 录

绪 论

一、选题依据

2014年，习近平总书记在第一次中央国家安全委员会会议上提出“总体国家安全观”，其中包括维护国家太空利益、保障国家太空安全的内涵。2015年国务院颁布的中国国防白皮书《中国的军事战略》提出“应对太空安全威胁与挑战，保卫太空资产安全”，将维护太空安全作为中国军力建设的重要内容之一。[①] 随着科技的进步和时代的发展，太空技术已经在改变着战争的形态，太空领域成为整合地面、海洋、空中及太空力量的关键，日益成为大国博弈和权力争夺的焦点。由于太空能力牵一发而动全身，太空优势成为获取制天权、制海权、制空权，甚至制信息权的前提，是当前及未来战争中获取战场主动权的必要条件。

自人类探索利用太空以来，太空能力便因其占据战略制高点的独特优势发挥着威慑作用。这种威慑先是作为核威慑的一部分，维持着“相互确保摧毁”的恐怖平衡；其后又随着人类利用太空的深入从传统威慑领域独立出来，发展为太空威慑这一新型威慑形态。太空威慑通过增加对手发起挑战所需的成本和减少对手发起挑战所获的收益实现威慑，能够增强国家整体的战略攻防能力，提升各个军事领域的威慑效果，已经成为当前世界大国相互威慑、竞相发展的重要战略手段。

太空威慑是美国太空安全战略的核心目标。1996年美国克林顿政府在国家太空政策报告中明确提出“太空威慑”概念后，太空威慑便作为美国太

---

① 《中国的军事战略（全文）》，2015年5月26日，中华人民共和国国防部网站，http://www.mod.gov.cn/auth/2015-05/26/content_4586723_2.htm。

空作战的任务之一成为美国太空军事力量的关注重点。在多极化趋势日益明显的第二太空时代，太空环境呈现出拥挤、对抗与竞争的特点，越来越多的国家开始具备利用太空的能力，这其中不乏能够对美国太空资产造成威胁的太空军事能力。与此同时，美国在太空技术领域的高度发达却使其对太空能力的依赖远远超过其他国家，在受到攻击时带来的损失也更大。“敌进我退”，这样的客观现实让美国认为其太空霸权受到了挑战，更加强调通过太空威慑慑止来自对手的挑战，维护其在太空乃至全球的霸权优势。2011年奥巴马政府发布的《国家安全太空战略》明确提出了美国太空威慑的四个层次，由过去的强调报复性威慑转为强调拒止性威慑，着重加强其太空弹性（resilience）① 能力建设。特朗普政府上台后，又大肆宣扬“对手和敌人将太空变成了作战域”，要求美国和盟友共同强化慑止战争的能力。② 美国太空威慑战略的重要性在其太空能力的不断发展和战略环境的逐渐变化中日益提升，已经成为美国太空安全战略和太空政策的重点，是美国维护太空霸权、实现绝对安全、遏制对手发展的首要方法。

当前，美国将大国竞争作为主要威胁，意图通过调整太空威慑战略，重新规划美国太空军事能力的发展方向，开启“第三次抵消战略”，遏制对手国家在太空领域的影响力扩展。不仅如此，太空活动的目的最终都会落实到地球上，美国的太空威慑战略不仅是为了在太空和其他作战空间维持霸权，还具有相关的政治和社会考量，是防范对手占据战略制高点的重要布局。因此，有必要对美国的太空威慑战略进行研究，明确美国的战略意图和实践手段，评估其对中国和国际社会带来的影响。

二、研究内容

1. 什么是太空威慑？太空威慑是如何发挥作用的？本研究通过对威慑、太空威慑等概念的界定，明确太空威慑的概念范围，按照“以太空能力慑止

---

① “弹性”的概念最初来自物理学，后又应用于经济和军事等领域，指事物对自然或人为事件造成的扰动予以预测、抵抗、承受、回应、适应和恢复的能力。2013年美国空军航天司令部发布的白皮书《弹性和分散式太空体系架构》将太空体系的弹性定义为一种“能够使系统在遭遇故障、不良环境因素或敌对活动时继续为用户提供所需功能”的能力。

② The White House, “Fact Sheet: President Donald J. Trump is Unveiling an America First National Space Strategy,” March 23, 2018, https://www.whitehouse.gov/briefings-statements/president-donald-j-trump-unveiling-america-first-national-space-strategy/.

针对太空资产的攻击”，“以国家其他能力慑止对太空资产的攻击”，“以太空能力慑止对其他国家利益的侵犯”三个威慑层次分析太空威慑的作用机制，从力量、使用力量的决心和威慑信息的传递这三个威慑要素入手探究太空威慑的固有困境，构建研究美国太空威慑战略的分析框架。

2. 美国的太空威慑战略是如何演变的？为何演变？要实现怎样的战略目标？本研究通过梳理第二太空时代美国太空威慑战略的历史演变，发现美国太空威慑战略的变化规律，研究其战略形成的国际和国内环境，明确美国在太空的利益范围和进行太空威慑的战略目标，探究美国太空威慑战略的演变规律和深层意图。

3. 美国的太空威慑战略是如何实践的？存在哪些问题？具有什么特点？本研究通过梳理美国太空威慑战略的主要方法和工具，勾画美国进行太空威慑的战略体系和实现路径，分析美国实施太空威慑的具体项目和相关进展，探讨其实施过程中的困境，并从中发现美国太空威慑战略的特点。

4. 美国的太空威慑战略会对国际环境，尤其是中国造成怎样的影响？中国又该如何应对？本研究通过探究美国太空威慑对国际社会和中国的影响，为中国的应对提供启示。

三、研究意义

在理论意义方面，首先，本研究有助于拓展威慑理论的研究范围，完善威慑理论的研究体系。威慑的现象自古有之，威慑理论也自二战以来发展为战略研究的核心理论之一。但随着科学技术的发展，人类将军事斗争延伸至更广阔的太空，以核武器“相互确保摧毁”为基础的传统威慑理论已经不能解释太空领域的安全竞争。本研究以威慑理论的基本理论框架为基础，依据当前太空领域的物理环境和国际互动特点，对威慑理论进行有益的延伸与发展，提出太空威慑的相关概念和作用机理，推动威慑理论更好地适应和解释第二太空时代的国际关系。

其次，本研究构建了一个研究美国太空威慑战略的研究框架。美国的太空威慑战略是美国安全战略和太空政策的重要组成部分，贯穿美国开发利用太空以来的历史。本研究参考战略研究“战略目标—战略方法—战略工具”的基本框架，按照美国太空威慑的两个层次——“威慑中的太空”与“太空中的威慑”，为研究美国太空威慑战略构建了一个分析框架，有助于更清晰地呈现美国太空威慑战略的内涵、动因、目标和实践。

在现实意义方面，首先，本研究有助于拓展对美国太空威慑战略的相关认识，有助于增进对美国太空威慑的判断。在相当长的一段时期内，美国都是也将是太空能力和军事能力最强的国家。太空威慑是美国发展太空能力的重要思想和政策指引。对美国太空威慑战略的科学把握，有助于分析和判断美国在一段时期内的战略目标和战略布局，有助于掌握美国战略变化的原因和规律，研究美国的整体安全动向。

其次，本研究对中国应对美国的太空威慑战略有所启示。特朗普政府上台后，已经将大国竞争作为美国最大的安全威胁，将中国作为最主要的战略对手。美国的太空威慑战略不仅会对中国所处的国际环境造成影响，其中的许多战略举措更是为中国"量身定制"，力图维护美国的世界霸权和绝对安全。本研究通过分析美国太空威慑的战略方法和战略工具，为中国作出有效应对提供了参考。

四、相关概念界定

（一）威慑（deterrence）

威慑，是谋求"不战而屈人之兵"的古老智慧。作为与"实战"并列的军事概念，威慑的目的在于维持现状、避免战争爆发或冲突升级。通过威慑，能够减少国家实现安全目标所付出的代价，也能够为军队发展更高层次的实战能力赢得更多时间。从名词概念来看，威慑是指通过影响对手决策，促使其放弃损害我方利益的行为。广义上的威慑可以包括运用政治、经济手段在内的各种国家权力慑止有损于我方利益的各种行为；但在国际关系理论研究中，威慑的范围基本局限于军事领域。托马斯·谢林（Thomas C. Shelling）认为，威慑的方式是提出可信的威胁，这种威胁来源于威慑方兑现威胁的代价和风险，并可以通过设立行为"红线"（trip wire）、做好报复准备等手段来提高可信性。[①] 格伦·斯奈德（Glenn H. Snyder）认为，威慑是通过向对手展现其采取军事行动的代价和风险将大于其预期的收益，从而劝阻对手放弃行动。威慑的价值在于减少对手采取军事行动的可能性。[②] 威慑可以通过减少

---

① Thomas C. Shelling, *The Strategy of Conflict* (Cambridge: Harvard University Press, 1960), p.6.

② Glenn H. Snyder, *Deterrence and Defense: Toward a Theory of National Security* (Princeton: Princeton University Press, 1961), p.3.

对手的收益和增加报复的威胁来实现，并据此分为拒止性威慑（deterrence by denial）和报复性威慑（deterrence by punishment）。[①] 亨利·基辛格（Henry A. Kissinger）则认为，威慑包括三个要素：力量、使用力量的意志和让潜在的侵略者估计到这两点，威慑是这些因素的产物，而不是它们的综合。[②]

美国政府文件对威慑的对象和方法有更明确的阐述。美国参谋长联席会议制定的联合出版物《JP1-02国防部军事及相关术语词典》将威慑定义为“通过威胁将采取对手难以接受的报复，或使对手相信将得不偿失来阻止其采取行动”。[③] 2006年美国国防部公布的《威慑行动联合作战概念》将威慑定义为“通过对敌人的决策施加决定性影响，说服对方放弃采取有损美国利益的行动”。这种“决定性影响”可以通过三种方式达成：拒止收益、增加代价和鼓励克制。[④] 联合出版物《JP3-0联合作战》界定威慑是一种通过向对手发出可信的威胁来阻止敌对行为的活动，这种威胁包括实施对手无法接受的报复，或使对手行动的成本远高于其收益。[⑤]

从历史实践来看，威慑作为一种军事行动样式已经被美国长期采用，并在实践中逐渐发展为系统性的军事战略。冷战时期，核威慑作为美国外交政策的基石，成为避免美苏大战的主要手段，主要通过核武器“相互确保摧毁”的极大杀伤力实现美苏之间的战略平衡。随着科学技术的发展和战争形态的变革，常规威慑、网络威慑、太空威慑等依靠新型军事力量的威慑样式相继出现，并与核威慑相互联系、彼此依赖。在冷战结束后，威慑思想依然贯穿于美国的安全战略、军事战略中，威慑战略也随着时代的发展在方法和工具上不断更新。威慑战略的核心，始终是通过以武力相威胁，以达到不战而屈人之兵的目的。

威慑通过影响对手预期的得失计算发挥威慑效果。通过增加被威慑方发动攻击所带来的损失，使其利益计算中的代价大于预期而放弃行动可以称为

---

① Glenn H. Snyder, *Deterrence and Defense: Toward a Theory of National Security* (Princeton: Princeton University Press, 1961), p.14.

② 亨利·基辛格：《选择的必要》，国际关系研究所编译室译，商务印书馆，1973，第18页。

③ Joint Chiefs of Staff, *Joint Publication 1-02 Department of Defense Dictionary of Military and Associated Terms*, November 8, 2010 (as amended through February 15, 2016), p.67.

④ Department of Defense of the United States, *Deterrence Operations Joint Operating Concept, Version 2.0*, December 2006, p.3.

⑤ Joint Chiefs of Staff, *Joint Publication 3-0 Joint Operations*, January 17, 2017, pp.VI-4.

"报复性威慑"。通过减小被威慑方实现预期目标的可能性，使其利益计算中的收益小于预期而放弃行动的威慑可被称为"拒止性威慑"。[①]

综上所述，威慑是以军事实力为后盾，通过威胁使用武力，使对手因担忧遭受无法接受的报复，或无法实现预期目标而导致得不偿失，自愿放弃军事行动。就美国而言，威慑的基础是美国的军事实力，威慑的对象是对美国利益发起挑战的国家或非国家行为体，慑止的行为是有损于美国利益的军事活动，威慑的方法是威胁对敌方施加报复或对敌对行为实施拒止，即报复性威慑和拒止性威慑。威慑的种类包括核威慑、常规威慑、网络威慑、太空威慑等。

（二）第二太空时代（the second space age）

本研究的时间范围限定在第二太空时代（1991年至今）。2001年，唐纳德·亨利·拉姆斯菲尔德（Donald Henry Rumsfeld）领导的美国国家安全太空管理和组织评估委员会提交了一份报告，提出了"第一个太空时期"和"新的太空时期"的说法。二者的区别在于"第一个太空时期"是试验与发现太空的时期，而在"新的太空时期"中，美国将掌握在太空作战的能力。[②] 2014年，美国国家航空航天局（NASA）高级咨询师托马斯·克雷明（Thomas E. Cremins）首次提出了"第二太空时代"一词，指代当前越来越多国家、企业和私营部门参与到太空活动中来的时代背景。[③] 托德·哈里森（Todd Harrison）在2016年与人合著的文章《第二太空时代的国家航空航天局：探索、合作与安全》[④] 及2017年参与的美国智库国际战略研究中心（CSIS）研究报告《第

---

① Glenn Snyder, *Deterrence and Defense: Toward a Theory of National Security* (Princeton: Princeton University Press, 1961), p.15.

② The Commission to Assess United States National Security Space Management and Organization, *The Report of the Commission to Assess United States National Security Space Management and Organization*, January 11, 2001, pp.9-10.

③ Thomas Cremins, "A New Space Age: Maximizing Global Benefits," *Strategic Foresight: Perspectives on Global Shifts*, World Economic Forum, 2014, http://reports.weforum.org/global-strategic-foresight/thomas-e-cremins-nasa-a-new-space-age/.

④ Todd Harrison and Nahmyo Tomas, "NASA in the Second Space Age: Exploration, Partnering, and Security," *Strategic Studies Quarterly* 10, no.4 (2016): 2-13.

二个太空时代的冲突升级与威慑》① 中，进一步对“第二太空时代”作出了阐述。哈里森对两个太空时代的具体时间范围进行了划分：第一太空时代为人类首次发射卫星的1957年到1990年，第二太空时代为苏联解体的1991年至今。

第二太空时代的出现是地缘政治环境、大国军事平衡和太空商业利用几乎同时变化所造成的，其特点是多样性、颠覆性、无序性和危险性。在第一太空时代，美国和苏联主导了绝大多数太空活动，虽然双方都有能力给对方的太空能力造成破坏，但都惧怕由此将冲突升级为核战争。核威慑能够延伸至太空，使太空中也形成一种相互威慑的状态，从而保持了太空领域的相对和平。② 冷战结束后，苏联的解体意味着两个超级大国在太空长期稳定的竞争已经不复存在了。同样发生在1991年的“沙漠风暴”行动（Operation Desert Storm）则是太空军事利用的转折点，太空力量首次在常规军事作战中发挥了主导作用，这次行动也因此被人们称为“第一次太空战争”。1991年就此成为第一与第二太空时代的分界点。除此之外，20世纪90年代后，越来越多的国家和企业也获得了太空能力。③ 按照2011年奥巴马政府在《国家安全太空战略》中的表述，太空环境更加拥挤（congested）、竞争（competitive）和对抗（contested）。④ 第二太空时代也呈现出与第一太空时代截然不同的时代特征。

（三）太空威慑（space deterrence）

通常意义上，太空是指地球稠密大气层之外的、距地面110千米以上的广阔空间。⑤ 太空威慑也就是与太空领域和太空能力相关的威慑。1999年版美国国防部文件《太空政策》这样定义：太空威慑是指通过威胁或有限使用实力，使敌人确信无法通过打击我方太空能力而获取不对称优势，也无法利用太空

---

① Todd Harrison, Zack Cooper, Kaitlyn Johnson, et al., *Escalation and Deterrence in the Second Space Age* (Washington D.C.: Center for Strategic and International Studies, 2017).

② Todd Harrison, Zack Cooper, Kaitlyn Johnson, et al., *Escalation and Deterrence in the Second Space Age* (Washington D.C.: Center for Strategic and International Studies, 2017), p.4.

③ Todd Harrison, Zack Cooper, Kaitlyn Johnson, et al., *Escalation and Deterrence in the Second Space Age* (Washington D.C.: Center for Strategic and International Studies, 2017), p.5.

④ Department of Defense of the United States, Office of the Director of National Intelligence, *National Security Space Strategy*, January 2011, p.1.

⑤ 仪明海等:《外层空间国际关系》，清华大学出版社，2015，第2页。

系统和服务达成敌对目的。[①]

作为一个技术性和政策性很强的概念，太空威慑的理论发展基本与美国的太空能力和战略需要保持同步。作为本文的研究对象，第二太空时代的太空威慑是“太空中的威慑”（deterrence in space）与“威慑中的太空”（space in deterrence）两个层次的叠加。[②] 这一概念由时任美国副助理国防部长的格里高利·舒尔特（Gregory L. Schulte）于2011年在国会做证时首次提出。“太空中的威慑”，即通过威胁使用各种国家能力，使敌人因害怕遭受报复，或无法实现行动目标而放弃对我方太空资产的攻击。在这一层次中，威慑行为所要保护的对象是威慑方的太空资产，威慑的手段是威胁动用各种国家能力。也就是说，这一层次的“太空”指的是威慑所要保护的对象。“威慑中的太空”则是通过威胁使用太空能力，使敌人因害怕遭受报复或无法实现行动目标而放弃对我方各种国家利益的侵犯。在这一层次中，威慑行为所要保护的对象是威慑方的各种国家利益，威慑的手段是威胁使用太空能力。也就是说，这一层次的“太空”指的是威慑的手段。为了更便于理解和区分，本研究将“太空中的威慑”明确为“作为保护对象的太空”，而“威慑中的太空”则是“作为威慑手段的太空”，太空威慑是这两个层次的叠加。

在“作为保护对象的太空”和“作为威慑手段的太空”这两个层次的基础上，根据保护对象和威慑手段的异同，又可以将太空威慑分为相对独立的三个部分：以太空能力慑止对太空资产的攻击，以太空能力慑止对其他国家利益的侵犯，以其他国家能力慑止对太空资产的攻击。其中，太空资产（space asset）指用于组成太空系统的设备，这些设备被放置于太空或在地表直接支持太空活动。太空能力（space capability）即是太空资产为完成一项任务所具备的能力，这既包括位于太空的设备的能力，也包括位于地表的设备在太空或经由太空而完成任务的能力。[③] 其他国家能力既包括除太空实力以外的陆、海、空、网等军事能力，也包括政治、外交、经济等非军事能力；其他国家利益既包括除太空资产以外的陆、海、空、网等军事资产，也包括政

① Department of Defense of the United States, *Department of Defense Directive 3100.10: Space Policy*, July 9, 1999, p.2.

② 夏立平等：《美国太空战略与中美太空博弈》，世界知识出版社，2015，第126页。

③ Joint Chiefs of Staff, *Joint Publication 1-02 Department of Defense Dictionary of Military and Associated Terms*, November 8, 2010 (as amended through February 15, 2016), p.219.

治、外交、经济等非军事利益。

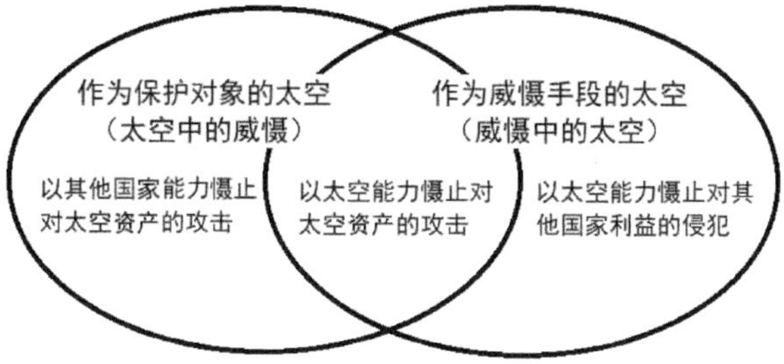

图0-1 太空威慑的内涵

（四）战略（strategy）

战略本义上是指为实现政治或军事目标而运用军事力量的方法。马基雅维利（Niccolo Machiavelli）将战略定义为“为实现战争目的而对战斗的运用”，拿破仑·波拿巴（Napoléon Bonaparte）认为战略是“利用时间和空间的科学”，利德尔·哈特（Basil H. Liddell Hart）认为战略是“为实现政策目标而分配和利用军事手段的科学”。[①] 美国《国防部军事及相关术语词典》对战略的定义是：“以同步或综合的方式利用国家权力，以实现战场、国家或多国目标的一个或一系列审慎的想法。”[②]

根据美国陆军军事学院编写的《军事战略》一书中的解释，战略的要素包括追求的目标（ends）、行动方案（ways）和实现目标的工具（means）。[③] 国内学界对 ways 和 means 有多种译法，ways 被翻译为战略方针、战略原则、战略途径、战略规划等，means 被翻译为战略手段、战略行动等。本研究认为，目前的这些译法并不能很好地反映英文 ways 和 means 的区别，很难从译文上直观判断其分别所涵盖的内容，在 ways 和 means 并列出现时更是容易混淆。根据《牛津高阶英汉双解词典》和《柯林斯高阶英汉双解学习词典》中

---

① Robert F. Grattan, *The Strategy Process: A Military–Business Comparison* (Houndmills: PALGRAVE MACMILLAN, 2002), p.10.

② Joint Chiefs of Staff, *Joint Publication 1-02 Department of Defense Dictionary of Military and Associated Terms*, November 8, 2010 (as amended through February 15, 2016), p.227.

③ 美国陆军军事学院：《军事战略》，军事科学院外国军事研究部译，军事科学出版社，1986，第 3—4 页。

的解释，ways 指的是实现目的的方式、方法或路径，means 则指的是达成目标的具体行动、工具或系统。也就是说，从英文语义的角度来看，ways 是人类通过主观意志运用资源实现目标的方法，而 means 则是实际存在的客观资源、工具。因此，为了更好地明确战略研究中各要素的内涵，本研究直接将 ways 译为“战略方法”，将 means 译为“战略工具”。“战略方法”指的是国家为实现战略目标，主观上分配和运用各项资源的方式，如发展蓝图、军事计划等；而“战略工具”则是国家所拥有、可运用的客观资产，如军事装备、科技成果等。

因此，结合本研究的研究对象和研究目标，可以将战略概括为：为实现国家政治和军事目标，对国家军事力量及国家其他必要能力进行运用的方法。构成战略的关键要素包括战略目标、战略方法和战略工具。

本研究的研究对象是第二太空时代的美国太空威慑战略。根据以上对“威慑”“第二太空时代”“太空威慑”“战略”等关键概念的阐释，“第二太空时代的美国太空威慑战略”即1991年以来，美国为实现其在太空和全球安全领域的威慑目标，威胁使用或有限使用以军事力量为主的国家能力的一系列想法。为了更全面和有效地达成研究目标，对这一战略的研究既要分析战略思想呈现出的具体内容，也要探究战略思想产生的背景和原因；既要研究美国为实现战略目标而运用战略工具的方法，也要对这些方法在客观环境下的实践进行分析判断。因此，本研究即按照战略目标、战略方法、战略工具的基本框架，对第二太空时代的美国太空威慑战略进行研究。

五、国内外研究现状

（一）国外研究现状

1. 关于太空威慑理论的研究

对太空威慑理论的研究肇始于冷战时期美苏两国对制天权的争夺，其后主要以维护美国太空优势为出发点。大卫·勒普顿（David E. Lupton）是较早开展天权理论研究的美国学者。在就职于美国空军研究所的三年中，他撰写了《论太空战：一种天权理论》，认为从技术上和政治上都难以通过“高边疆”战略中的反导系统来实现威慑。强化太空资产的防御能力成本过高，也得不偿失。[①] 福利斯特·摩根（Forrest E. Morgan）为兰德公司撰写的报告《太空中的威慑与首攻稳定性：一项初步评估》认为当前太空的首攻稳定性已经减弱，分析了当前保持太空威慑遇到的挑战，并为美国的太空威慑政策构建了框架。[②] 艾丽嘉·萨德哈（Eligar Sadeh）的《国际太空治理的困境》认为，各种形式的国际太空规则有利于实现对太空攻击活动的威慑。太空环境中各国的相互依赖和利益、资产的相互交织也有利于提高攻击成本，弱化潜在攻击行为的意图。[③] 罗杰·哈里森（Roger Harrison）的《太空威慑：风险的微妙平衡》分析了太空威慑的四种挑战："脆弱性差距"、太空资产难以防御、报复威慑可信度差、太空态势感知和太空攻击归因困难，由此提出了太空威慑的四层体系：国际规范、相互牵连、报复、拒止。[④] 他的另一篇文章《太空在威慑中的角色》认为，太空领域不存在核时代相互确保摧毁的情况，太空作战不会带来致命的破坏，因此决策者有更多的余地和手段来进行太空威慑。当前，太空威慑的目标应当是维护太空环境的稳定和可预测性，"应当通过提高太空活动透明度和太空大国克制研发太空武器等手段提高威慑对战争的遏止作用"[⑤]。詹姆斯·芬奇（James P. Finch）的《实现太空危机稳定性》分析了太空系统在维持国际战略稳定性、危机稳定性和军备竞赛稳定性中的重要作用，认为各国对太空安全互动的共同认知是实现太空威慑的关键。[⑥]

在探索太空威慑理论时，学者常常将太空威慑与其他威慑手段进行比较，从而更好地突显出太空威慑的特点。一些学者认为，太空威慑的原理与核威慑有许多共同之处，可以通过借鉴成熟的核威慑理论和实践来为太空威慑提供思路，还有学者将太空威慑和网络威慑并列探索其作用。詹姆斯·芬奇和肖恩·斯蒂恩（Shawn Steene）是美国国防部下属太空政策和战略发展办公室

---

① David E. Lupton, *On Space Warfare: A Space Power Doctrine* (Maxwell: Air University Press, 1988).

② Forrest E. Morgan, *Deterrence and First-strike Stability in Space: A Preliminary Assessment* (Santa Monica: RAND, April 2010).

③ Eligar Sadeh, "Obstacles to International Space Governance," in Kai-Uwe Schrogl et al., eds., *Handbook of Space Security* (New York: Springer, 2015), pp.23-40.

④ Roger Harrison, "Space Deterrence: The Delicate Balance of Risk," *Space and Defense* 3, no.1 (2009): 1-29.

⑤ Roger Harrison, "The Role of Space in Deterrence," in Kai-Uwe Schrogl et al., eds., *Handbook of Space Security* (New York: Springer, 2015), pp.113-130.

⑥ James P. Finch, "Bringing Space Crisis Stability Down to Earth," *Joint Force Quarterly* 76, no.1 (2015): 15-20.

的研究人员，他们的论文《发现太空中的威慑：探究“太空威慑”的基本准则》认为核威慑的相关理论不能适用于太空威慑。要在太空构成威慑，应当从扩大成本、减少收益、鼓励克制三个方面向对手发出信号。[①] 美国史汀生中心2013年出版的文集《反卫武器、威慑与中美太空关系》中也收录了数篇这样的文章，如迈克尔·克里朋（Michael Krepon）的《太空与核威慑》和卡尔·米勒（Karl Mueller）的《绝对武器和高边疆：核威慑与太空威慑为何如此相似又显著区别》。克里朋从决策的角度对核威慑与太空威慑进行了比较，认为反卫星武器与核武器一样，由于其巨大的破坏性和争议性反而使其难以具有威慑效果。非动能性杀伤、太空态势感知、太空归因和太空弹性能力能够发挥太空威慑作用。跨域报复也能够传递威慑信息，但并不会在威慑失败时使后续决策更容易。太空威慑失败的原因多半是敌对双方都希望在有限战争的范围内获取战术优势，因此并不会导致大规模战争。[②] 而米勒则从理论和战略原则的角度比较核威慑和太空威慑。[③]

一些学者还探讨了太空能力与太空威慑的具体关系。美国空军军官罗林达·弗雷德里克（Lorinda A. Frederick）撰写的《威慑与天基导弹防御》分析了非国家行为体和流氓因素给国家安全带来的新隐患，认为弹道导弹防御能够减少武力升级的可能性，抑制流氓因素的扩散，是威慑战略的重要组成部分。文章还分析了天基导弹防御是如何发挥其威慑作用的，并对可能的反制措施提出了应对方法。[④] 西蒙·沃登（Simon P. Worden）和马丁·弗朗斯（Martin E. B. France）的《探寻新的威慑战略：太空和信息优势》建议研发关键的太空和信息系统，利用不间断的监视、太空态势感知、信息封锁以及必

---

① James P. Finch and Shawn Steene, “Finding Space in Deterrence: Toward a General Framework for ‘Space Deterrence’,” *Strategic Studies Quarterly* 5, no.4 (2011): 10-17.

② Michael Krepon, “Space and Nuclear Deterrence,” in Michael Krepon and Julia Tompson, eds., *Anti-satellite Weapons, Deterrence and Sino-American Space Relations* (Washington D.C.: Stimson Center, 2013), pp.15-40.

③ Karl Mueller, “The Absolute Weapon and the Ultimate High Ground: Why Nuclear Deterrence and Space Deterrence Are Strikingly Similar–Yet Profoundly Different,” in Michael Krepon and Julia Tompson, eds., *Anti-satellite Weapons, Deterrence and Sino-American Space Relations* (Washington D.C.: Stimson Center, 2013), pp.41-60.

④ Lorinda A. Frederick, “Deterrence and Space-Based Missile Defense,” *Air & Space Power Journal* 3 (2009): 107-118.

要时的太空精确打击来实施威慑。①

2. 关于美国太空威慑政策的研究

研究美国太空威慑政策的人员基本局限于美国军方和相关智库，因此研究内容主要是针对美国太空威慑的政策建议。在近年的研究成果中，对美国太空威慑战略的建议主要包括提高太空态势感知能力、增强美国太空弹性能力、跨域威慑、构建国际机制，等等。在对太空战略的解读上，时任美国战略司令部司令的罗伯特·凯勒（C. Robert Kehler）在《落实国家安全太空战略》一文中指出，根据美国2011年版《国家安全太空战略》，阻止和威慑针对美国太空资产的攻击是美国太空安全行动的五大支柱之一。为了实现太空威慑，美国需要提升太空态势感知能力，还应发展部队在太空能力降级或失效时继续战斗的能力。② 罗林达·弗雷德里克的《威慑与天基导弹防御》总结了美国自里根以来历任总统在弹道导弹防御方面的威慑战略及其各自特点。③ 约翰·谢尔顿（John B. Sheldon）的《太空力量与威慑：我们是认真的吗？》认为，美国的太空威慑应当分为五个层次：被动防御、快速重组、太空态势感知、国际太空合作、威胁报复。威慑的可信性需要由可靠的军事准备和相应的外交政策共同体现。美国必须明确太空威慑的必要性并投入足够多的资源和经费。④

一些学者主张通过加强太空弹性能力建设增强美国的太空威慑。美国空军学院达蒙·科莱塔（Damon Coletta）的论文《太空和威慑》梳理了威慑理论研究的三个方向：政治意愿对军事实力和威慑效果的影响、威慑与危机管控的关系和技术进步带来的攻防实力差距对威慑的影响，认为在21世纪攻防平衡和军备控制并不能取代威慑成为遏制挑战者的手段。在太空威慑方面，科莱塔认为美国应该采取报复和拒止之外的第三条路径来打消对手的攻击意

---

① Simon P. Worden and Martin E. B. France, "Towards an Evolving Deterrence Strategy: Space and Information Dominance," *Comparative Strategy* 20, no.5 (2001): 453-466.

② C. Robert Kehler, "Implementing the National Security Space Strategy," *Strategic Studies Quarterly* 6, no.1 (2012): 18-26.

③ Lorinda A. Frederick, "Deterrence and Space-Based Missile Defense," *Air & Space Power Journal* 3 (2009): 107-118.

④ John B. Sheldon, "Space Power and Deterrence: Are We Serious?" The Marshall Institute Policy Outlook, November 2008, http://marshall.org/wp-content/uploads/2013/08/616.pdf.

图——减少美国对易受攻击的太空资产的依赖。[①] 美国空军太空司令部太空和导弹系统中心的艾伦·保利科夫斯基（Ellen Pawlikowski）等人的论文《太空——破坏性的挑战、新的机遇和新的战略》讨论了美国太空能力当前面临的挑战，认为应当将太空能力分散到数量更多的载体上，提倡平台小型化、多样化，以此来提升其弹性。[②]

部分学者建议通过跨域威慑增强太空威慑效果。时任美国战略司令部司令的凯文·奇尔顿（Kevin Chilton）将军在与高级研究员格雷格·韦弗（Greg Weaver）共同撰写的论文《在21世纪运用威慑》中把太空威慑放在美国总体威慑战略的全局考虑，认为美国的太空威慑战略应先运用拒止性威慑，使敌人明白对美国进行太空攻击无法获得预期的收益。然后通过威胁跨域反击实行报复性威慑，使敌人因为害怕战争升级而不敢发动攻击。[③] 美国国防大学研究员文森特·曼佐（Vincent Manzo）的《跨域作战中的威慑和升级：太空和网络空间是否适用？》认为，美国与其潜在对手缺少一个关于太空对抗和行动升级的共用框架，这使得美国战略界很难进行有效的跨域反击规划，也难以让对手明确美国会对太空攻击进行怎样的跨域反击，从而使威慑失效。曼佐建议将对太空目标实施打击、影响其他域能力的真正效果作为评估其影响的基础，从而确定美国在不同域作出的反击的水平。[④] 约翰斯·霍普金斯大学应用物理学实验室在2013年6月举办的“美中战略中的跨域威慑”研讨会[⑤]集中探讨了美国针对中国的跨域威慑。研讨会对跨域威慑的概念作出了分析，认为美国针对中国的太空威慑必须要以跨域的报复行动为后盾，通过报复增加中国实施攻击的成本，通过防御减少中国实施攻击的收益。

在通过构建国际机制进行威慑上，2010年，美国战略与国际研究中心就

---

① Damon Coletta, “Space and Deterrence,” *Astropolitics* 7 (2009): 171-192.

② Ellen Pawlikowski, Doug Loverro, and Tom Cristler, “Space–Disruptive Challenges, New Opportunities, and New Strategies,” *Strategic Studies Quarterly* 6, no.1 (2012): 27-52.

③ Kevin Chilton and Greg Weaver, “Waging Deterrence in the Twenty-First Century,” *Strategic Studies Quarterly* (Spring 2009): 31-42.

④ Vincent Manzo, “Deterrence and Escalation in Cross-domain Operations: Where Do Space and Cyberspace Fit?” National Defense University Strategic Forum, December 2011, https://ndupress.ndu.edu/Portals/68/Documents/stratforum/SF-272.pdf.

⑤ James Scouras, Edward Smyth, and Thomas Mahnken, *Cross-Domain Deterrence in U.S.-China Strategy, a Workshop Report* (Laurel: The Johns Hopkins University Applied Physics Laboratory, 2014).

太空威慑举办了一次研讨会。在其公布的会议报告[①]中，与会专家认为，美国的太空威慑战略应由四部分组成：制定太空行为准则、促进国际太空合作和相互依赖、减少对手太空攻击可能得到的好处、明确会对太空攻击开展报复。报复性威慑在过去曾经是美国太空威慑战略的首选，但现在却由于各国缺乏对太空攻击行为的共识而难以达到威慑效果。2014年，美国国会授权国家研究委员会开展一项关于美国太空防御与保护的研究。2015年，国家研究委员会成立了国家安全太空防御与保护委员会，专门就该问题进行了一系列研究和讨论，最终向国会、情报总监办公室和国防部长办公室提供了两份报告。在公开的报告摘要中，委员会建议美国应当在应对威胁前首先明确什么是太空威胁，以及国内国际环境对美国太空活动的容忍程度。通过系统保护措施、威慑和构建国际太空机制来维护由太空提供的国家安全能力，其中，系统保护措施和国际太空机制都能够提升太空威慑能力。[②]新美国安全中心2016年发布的研究报告《从庇护所到战场：美国太空防御与威慑战略框架》将中国和俄罗斯明确作为对美国太空能力造成威胁的国家，提出美国应在太空威慑战略下准备太空有限冲突的框架。太空有限冲突框架包括以制定太空准则的形式来明确冲突升级的标准、发展有限但有效的太空攻击能力、发展卫星防御能力、向对手传递美国太空威慑的相关内容、寻求国际共识合作，等等。[③]该报告的作者艾尔布里奇·科尔比（Elbridge Colby）曾是美国前国防部长罗伯特·盖茨的高级幕僚，也是2014年美国国防委员会的成员。他认为，太空有限冲突的目的不是使冲突合法化，而是为更好地实施威慑和控制战争升级作准备。特蕾莎·希钦斯（Theresa Hitchens）和琼·约翰逊－弗里泽（Joan Johnson-Freese）为大西洋理事会撰写的报告《探究新的国家安全太空战略——战略再平衡时机已到》认为，新一届美国政府在修改太空安全战略时应当采用“主动预防”的原则，改变过去“太空控制”的霸权主义思路，

---

① Center for Strategic and International Studies, “Space Deterrence Workshop Report,” May 2010, https://swfound.org/media/7176/space_deterrence_workshop_report_final.pdf.

② Committee on National Security Space Defense and Protection, *National Security Space Defense and Protection: Public Report* (Washington, D.C.: The National Academies Press, 2016).

③ Elbridge Colby, “From Sanctuary to Battlefield: A Framework for a U.S. Defense and Deterrence Strategy for Space,” Center for a New American Security, January 2016, https://www.files.ethz.ch/isn/195913/CNAS%20Space%20Report_16107.pdf.

以全面的太空威慑敦促各方保持“战略克制”，防止发生太空战争。[①]

3. 关于美国太空威慑实践的研究

外国学者对美国太空威慑实践的研究偏重技术和战术讨论，主要包括太空军事化和太空军事系统两方面。对太空军事化的研究主要讨论如何发展美国的太空军事力量，是否有必要部署太空武器等。1995年9月，美国空军历史基金会在安德鲁空军基地召开了一次研讨会，会后出版了论文集《美国空军在太空：1945年至21世纪》，对1945年到20世纪末美国的太空军事活动进行了历史梳理，其中既包括军用项目、军民合作、技术分析、实战案例，也有未来展望和发展建议。[②] 巴里·瓦特（Barry D. Watts）的研究报告《太空的军事利用：诊断评估》讨论了美国发展近地空间军事力量的优势，通过考察卫星、航天发射、航天商业化等多方面的发展趋势，作者认为美国在25年内对太空军事利用的主要方式仍然是力量增强而非力量运用，技术上不会出现突破性的进展。[③] “天缘政治学”理论的提出者埃弗里特·多尔曼（Everett C. Dolman）在2006年发表论文《关于太空武器的争论：美国的军事转型和太空武器》，为美国研发部署太空武器张目，力证太空武器能够为美国提供无所不在的精确报复能力，从而慑止来自敌国的进犯。也只有美国能够控制运用太空武器的力量，防止其滥用，以此来维护世界和平。[④] 美国空军太空司令部主办的杂志《高边疆》分别在“施里弗”–5和“施里弗”–6两次太空战演习后出版了专题评论文集，就演习中出现的问题和启示进行反思。[⑤] 2018年，兰德公司的研究报告《太空博弈：用于评估太空控制选项威慑价值的博弈论方法》探讨了美国进行太空威慑时的战略选择，运用博弈论的方法，对美国太空控制的威慑效果进行评估，得出的结论是太空对抗中的任何一方都无法获

---

① Theresa Hitchens and Joan Johnson-Freese, *Toward a New National Security Space Strategy – Time for a Strategic Rebalancing* (Washington D.C.: Atlantic Council, 2016).

② R. Cargill Hall and Jacob Neufeld, eds., *The U.S. Air Force in Space: 1945 to the Twenty-first Century: Proceedings* (Andrews: Air Force Historical Foundation Symposium, 1995).

③ Barry D. Watts, *The Military Use of Space: A Diagnostic Assessment* (Washington D.C.: Center for Strategic and Budgetary Assessments, 2001).

④ Everett C. Dolman, “A Debate About Weapons in Space: For U.S. Military Transformation and Weapons in Space,” *SAIS Review of International Affairs* 26, no. 1 (2006): 163-175.

⑤ Air Force Space Command, *High Frontier* 5, no. 4 (2009); Air Force Space Command, *High Frontier* 7, no. 1 (2010).

得绝对优势，率先发动攻击可能是获取胜利的最佳选项。[①]

对美国太空军事系统的研究主要包括弹道导弹防御系统、太空信息支援系统、航天发射能力等。罗琳达·弗雷德里克在《威慑与天基导弹防御》一文中分析了美国的导弹防御系统在威慑中发挥的作用，认为导弹防御系统能够避免战争升级，为美国寻求核战争之外的冲突解决办法提供余地。为盟友提供导弹防御系统也能够向对手展示美国的安全承诺，从而实现延伸威慑的效果，甚至打消盟友的安全疑虑，避免产生技术扩散和军备竞赛。[②] 劳伦·汤普森（Loren B. Thompson）为列克星敦研究所撰写的报告《导弹防御：美国几乎无法防御最大威胁的原因及对策》认为，当前的导弹防御体系无法保护美国避免大规模的核攻击，必须通过太空防御等其他手段加强威慑。[③] 美国《空军杂志》高级编辑马克·尚茨（Marc V. Schanz）撰写的论文《航天发射的复兴》介绍了美国空军太空司令部进行的太空发射任务，并对其军事价值进行了评估。[④] 托德·哈里森（Tod Harrison）的报告《军事通信卫星的未来》分析了当前美国发展军事通信卫星的外部环境和军费限制，认为美国未来应当适当强化军事通信卫星的防护能力，利用盟友加强国际合作以分担成本，避免因开展过多的新项目而落入军备竞赛的陷阱。[⑤] 2021年7月，兰德公司的克里斯塔·兰格兰德（Krista Langeland）和德里克·格罗斯曼（Derek Grossman）发表报告《为中国量身定制太空威慑》，强调美国应利用其军事联盟实现对中国的太空威慑，并针对中国依赖天基能力这一弱点，为中国量身定制威慑战略。[⑥]

---

① Forrest E. Morgan, Gary McLeod, Michael Nixon, et al., *Gaming Space: A Game-Theoretic Methodology for Assessing the Deterrent Value of Space Control Options* (Santa Monica: RAND Corporation, 2018).

② Lorinda A. Frederick, "Deterrence and Space-Based Missile Defense," *Air & Space Power Journal* (2009): 107-118.

③ Loren B. Thompson, "Missile Defense: Why America Has Almost No Protection from the Greatest Threat It Faces, and What to Do About It," Lexington Institute, 2015, http://lexingtoninstitute.org/wp-content/uploads/2015/03/Missile-Defense.pdf.

④ Marc V. Schanz, "Space Launch Renaissance," *Airforce Magazine* 97, no. 6 (2014): 20-25.

⑤ Todd Harrison, *The Future of MILSATCOM* (Washington D.C.: Center for Strategic and Budgetary Assessments, 2013).

⑥ Krista Langeland and Derek Grossman, *Tailoring Deterrence for China in Space* (Santa Monica: RAND Corporation, 2021).

（二）国内研究现状

1. 关于太空威慑理论的研究

国内学界关于太空威慑理论的研究始于冷战之后，主要通过梳理太空威慑形成的历史背景和太空威慑的特点、手段，分析太空威慑在增强国家军事效能上发挥的作用，重点关注太空威慑带来的宏观效果。在太空威慑的基本特点方面，李津军和单玉泉的《空间威慑战略刍议》明确了太空威慑战略的形成背景，总结了太空威慑具有全方位性、一体性、战略性和综合性等特点，认为太空威慑对常规威慑和核威慑起到制约作用，其威慑作用也不局限于军事领域。在运用太空威慑战略时，应当科学确定威慑目标，加强威慑力量建设，并与其他威慑手段配合使用。① 徐伟和常显奇的《试论空间威慑》明确了太空威慑相比其他威慑的主要特征，认为太空威慑将在未来成为军事威慑的支柱，并提出了太空威慑运用的五种基本方式：武器试验、实兵演习、军事部署、信息压制和惩戒打击。② 周碧松的《浩渺太空的竞相角逐》分析了太空威慑战略的形成历史，认为太空威慑战略是世界政治、军事斗争的结果，具有全方位性、一体性、战略性、技术依赖性、灵活性和综合性等特点。③ 仪明海等人的专著《外层空间国际关系》将太空威慑理论作为太空军事化的主要理论之一，列举了太空威慑的三种手段，并将太空威慑与美国发展太空作战能力结合起来。④ 吴挺的硕士学位论文《从中美战略稳定性看太空武器化问题》认为，太空武器化会导致战略进攻能力的增强，会破坏威慑双方之间的稳定关系，不同的太空武器对战略威慑效果的削弱作用不同；相比之下，陆基反卫星武器防御性更强，对危机稳定性的破坏性较小。⑤

在太空威慑的主要手段上，孙海洋、王金安的《军事威慑的新形式——太空威慑》认为，太空威慑的主要机制包括以侦察能力暴露敌方意图、放大其他威慑效果、增强使用力量的可信性、增强防御力量，等等，并以此让敌

---

① 李津军、单玉泉：《空间威慑战略刍议》，《中国军事科学》2002年第1期，第18—22页。

② 徐伟、常显奇：《试论空间威慑》，《装备指挥技术学院院报》2002年第1期，第10—13页。

③ 周碧松：《浩渺太空的竞相角逐》，军事科学出版社，2015。

④ 仪明海、郝江东、周慎等：《外层空间国际关系》，清华大学出版社，2015。

⑤ 吴挺：《从中美战略稳定性看太空武器化问题》，硕士学位论文，复旦大学，2012。

方放弃攻击。[1] 国防大学袁泽禄的专著《联合战役太空作战》将太空威慑作为太空作战的任务之一，通过威胁敌方太空系统的安全、提高我方天军攻防作战的能力，以及增强联合战役其他作战力量的效能达成威慑目的。[2] 周新红的《空间威慑：战略威慑新样式》提出，太空威慑能够通过威胁对手力量生存、提高战略攻防能力和增强其他作战能力达成威慑目的，在不同时期可以采取显势渲染、造势施压、蓄势待动、惩戒打击等方式。[3] 姜连举主编的《未来作战将在太空打响——拉直太空作战那N多问号》认为，太空威慑的手段按照行动强度可分为太空力量显示、太空军事演习、太空力量部署、太空震慑打击四种。[4] 宁凌、王春和荣晖编著的《太空对抗》将太空威慑作为太空对抗的一部分，认为太空是建立在位置优势、技术优势和力量优势三大基础之上的新型威慑，在未来将会成为起决定性作用的最高威慑形式。太空威慑能够影响常规威慑与核威慑的发挥，其作用已经超出了军事威慑范围。而太空军事力量的威慑作用主要体现在“先为不可胜”的战略造势和攻防一体两方面。[5] 杨学军和张望新主编的《优势来自空间——论空间战场和空间作战》认为，太空军事威慑发挥作用的主要方式包括以位慑敌、攻心威慑、反导威慑、实战威慑等。[6] 辛奇等人的《太空战略威慑略探》认为，应当推动建设信息网络系统、发展太空力量和健全太空力量运用机制来实现太空威慑。[7]

还有学者将太空威慑与核威慑、海洋威慑等其他威慑形式进行比较研究，并对不同威慑种类之间的相互关系进行分析。鲍世修的《外层空间：回归的威慑》认为，太空威慑有效性的门槛比核威慑要高，中国要构成太空威慑必须紧跟美国步伐，延续核威慑的“积极防御”战略。[8] 杨乐平的《惊人相似又如此不同——核威慑与太空威慑比较》从威慑的概念出发，比较了太空威慑与核威慑的概念内涵，从技术需要、破坏程度、战略影响等方面列举了二者的异同，认为核威慑、太空威慑、网络威慑虽然涉及不同的战略属性和需求，

① 孙海洋、王金安：《军事威慑的新形式——太空威慑》，《军事学术》2003年第10期，第32—35页。
② 袁泽禄：《联合战役太空作战》，国防大学出版社，2004。
③ 周新红：《空间威慑：战略威慑新样式》，《解放军报》2005年4月20日。
④ 姜连举主编《未来作战将在太空打响——拉直太空作战那N多问号》，军事科学出版社，2015。
⑤ 宁凌、王春、荣晖编著《太空对抗》，军事谊文出版社，2006。
⑥ 杨学军、张望新主编《优势来自空间——论空间战场和空间作战》，国防工业出版社，2006。
⑦ 辛奇、贾均刚、杨振宇：《太空战略威慑略探》，《军事学术》2014年第9期，第36—37页。
⑧ 鲍世修：《外层空间：回归的威慑》，《卫星应用》2007年第2期，第30—34页。

但不应把它们从更广泛的威慑领域中分离。[①] 周黎妮、傅中力、王姝的《太空威慑与核威慑比较研究》回顾了太空威慑的发展历程，分析了太空威慑与核威慑的异同，认为太空威慑以太空技术为基础，在运用时与核威慑互为依靠，并具有一定的独立性。[②] 左立平主编的《国家海上威慑论》认为，太空威慑是以太空力量为后盾，通过威胁使用或实际有限使用太空力量来震慑和遏制对手。其手段是将使用太空力量的可能性及其引起的严重后果预先警告对手，使其产生畏惧心理，目的是迫使对手放弃原先的企图。航天技术的发展与威慑战略的变革相辅相成，太空力量不但具有极大的威慑能力，还提高了海上威慑等其他威慑手段的效能。[③]

2. 关于美国太空威慑政策的研究

国内学者对于美国太空威慑政策的研究着重在其战略意义和战略目的。黄志澄的《太空武器化与太空威慑》将美国的太空武器化与其太空威慑战略相联系，指出美国利用太空优势拓展战略边疆、形成“综合军事威慑”的图谋。[④] 夏立平的《美国太空安全战略与中国应对战略思考》从美国太空安全战略文件着手，认为美国的太空威慑战略是一个自上而下的综合性的国家防务战略，其意义在于保护美国太空系统的安全，主导国际太空机制。[⑤] 方勇的《信息时代战略威慑新高地——美国空间威慑战略分析》主要探讨了近年来美国太空威慑战略的新变化——通过制定国际太空行为准则、加强国际太空合作、加强空间系统防护、发展太空态势感知能力和报复性打击能力等实现“多层次的威慑”，认为美国未来可能采取非对称手段实施空间威慑，并不断加以调整。[⑥]

在美国太空威慑战略造成的影响方面，何奇松的《脆弱的高边疆：后冷战时代美国太空威慑的战略困境》简要回顾了美国太空威慑战略的发展历史，

---

① 杨乐平：《惊人相似又如此不同——核威慑与太空威慑比较》，载《纵论太空》，世界知识出版社，2017，第53—65页。

② 周黎妮、傅中力、王姝：《太空威慑与核威慑比较研究》，《国防科技》2015年第3期，第51—54页。

③ 左立平主编《国家海上威慑论》，时事出版社，2012。

④ 黄志澄：《太空武器化与太空威慑》，《国际技术经济研究》2006年第1期，第24—28页。

⑤ 夏立平：《美国太空安全战略与中国应对战略思考》，《世界知识》2016年第5期，第55—57页。

⑥ 方勇：《信息时代战略威慑新高地——美国空间威慑战略分析》，《国际太空》2016年第6期，第22—28页。

认为美国的太空威慑在信息传递、设立战争红线、实施报复、构建威慑机制等方面都存在困境。[①] 彭舒帅的硕士学位论文《冷战后美国外空威慑战略研究》通过梳理冷战后美国太空威慑战略的基本构想和重要部署，对美国太空威慑的攻防选择偏好进行了分析，认为美国的太空威慑战略会恶化国际战略稳定性和太空武器化程度。[②] 徐能武和黄长云的《太空威慑：美国战略威慑体系调整与全球战略稳定性》分析了美国太空威慑战略对首攻稳定性、军备竞赛稳定性和危机稳定性发挥的不利影响，认为美国在太空威慑方面的霸权主义和轻率行为最终会有损其大国地位。[③]

此外，也有部分文献在研究美国太空安全战略、美国威慑战略中涉及美国太空威慑政策的相关内容。唐笑虹的博士学位论文《美国军事太空战略研究》分析了里根政府军事太空战略中的威慑内涵，认为里根政府时期的军事太空战略将太空威慑作为核威慑的有效补充，通过政策宣示、太空试验和推进战略防御系统实现威慑效果。同时，论文在梳理里根至奥巴马政府时期美国军事太空战略的过程中，也将威慑作为各时期军事太空战略的目标和任务之一。[④] 罗曦的《美国战略威慑体系的调整与中美战略稳定性》与《美国构建全域制胜型战略威慑体系与中美战略稳定性》认为，奥巴马政府以来的美国威慑体系更加强化太空威慑的作用，并通过太空威慑、网络威慑与传统威慑的结合，构建优势互补、全域制胜的威慑体系。[⑤]

3. 关于美国太空威慑实践的研究

国内对美国太空威慑实践的研究主要包括弹性能力建设、导弹防御、太空军事演习、太空信息支援等几个方面。在弹性能力建设上，李新洪、张育林的《美军“作战响应空间”分析及启示》对美国“作战响应空间”概念及其相关的措施进行了分析总结，推断其概念设计已经走向实用化，并将对美

---

① 何奇松：《脆弱的高边疆：后冷战时代美国太空威慑的战略困境》，《中国社会科学》2012年第4期，第183—204页。

② 彭舒帅：《冷战后美国外空威慑战略研究》，硕士学位论文，国防科技大学，2013。

③ 徐能武、黄长云：《太空威慑：美国战略威慑体系调整与全球战略稳定性》，《外交评论》2014年第5期，第62—84页。

④ 唐笑虹：《美国军事太空战略研究》，博士学位论文，解放军外国语学院，2013。

⑤ 罗曦：《美国战略威慑体系的调整与中美战略稳定性》，《国际关系研究》2017年第6期，第32—49页；罗曦：《美国构建全域制胜型战略威慑体系与中美战略稳定性》，《外交评论》2018年第3期，第37—62页。

国太空作战能力提高起到极大推动作用。[①] 贺婷、梁波的《美军太空安全与应急响应发展研究》从顶层设计、信息网络、态势感知、作战应用等方面分析了美军太空安全体系的建设现状，重点指出了其在太空安全应急响应方面的发展趋势。[②] 在导弹防御能力建设上，周碧松的《战略边疆——高度关注海洋、太空和网络空间安全》对美国从“星球大战”计划、全球防御有限打击计划到弹道导弹防御计划的历史进程进行了梳理，分析了美国进行太空监视和太空作战的部分案例，认为美国近年来将中国作为太空战的假想敌，其太空军事计划必将进一步刺激太空军备竞赛的产生。[③] 在太空演习方面，郭俊的《从“施里弗”演习看美军太空威慑力量构建》对七次“施里弗”太空战演习进行了归纳总结，从打击力量、防御力量、态势感知能力、合作结盟和综合战略威慑五个方面分析美国太空威慑能力在演习中的展示和作用。[④] 李向阳、孙龙等编著的《美军“施里弗”空间战演习解读》对“施里弗”系列太空战演习的具体内容和重点进行梳理，并翻译汇总了部分国外研究。[⑤] 孙学霄的硕士学位论文《从太空控制理论看中美太空冲突与合作》认为，“施里弗”太空战演习、美国的反导系统建设等向中国展示了美国的太空威慑能力，会引发中国采取研发反卫星武器等反制措施，导致双方的安全困境。[⑥] 在太空信息支援方面，张召才的《美国深挖小卫星潜力，欲提升军事用天能力》[⑦] 和《美军典型小卫星军事应用模式案例分析》对美国研发小型军事卫星的动因和进展进行了分析，认为其未来的实战化军事应用将从支撑作战向融入作战、从局部应用到全体系应用、从低轨向中高轨道进一步深入。[⑧] 高庆德和程英编著的《美国空间信息对抗发展及其政策导向》对美国太空信息对抗的政策沿革进行

---

① 李新洪、张育林:《美军“作战响应空间”分析及启示》,《装备指挥技术学院学报》2007年第6期，第33—36页。

② 贺婷、梁波:《美军太空安全与应急响应发展研究》,《指挥控制与仿真》2016年第3期，第142—144页。

③ 周碧松:《战略边疆——高度关注海洋、太空和网络空间安全》，长征出版社，2015。

④ 郭俊:《从“施里弗”演习看美军太空威慑力量构建》,《国防科技》2015年第1期，第68—89页。

⑤ 李向阳、孙龙、慈元卓、石培新、杜彦昌、程绍驰编著《美军“施里弗”空间战演习解读》，国防工业出版社，2016。

⑥ 孙学霄:《从太空控制理论看中美太空冲突与合作》，硕士学位论文，复旦大学，2010。

⑦ 张召才:《美国深挖小卫星潜力，欲提升军事用天能力》,《卫星应用》2015年第2期，第37—44页。

⑧ 张召才:《美军典型小卫星军事应用模式案例分析》,《卫星应用》2015年第10期，第13—17页。

了梳理，从太空态势感知、进攻性对抗、防御性对抗三个方面列举了美国太空信息对抗能力的相关发展，认为美国在太空信息对抗发展方面注重顶层设计和概念创新，以关键技术为突破口、以实现创新军事能力为目标、以服务创新为基本原则。未来美国仍将继续政策导向，加强太空信息系统基础建设、加强太空合作，并主导建立国际规范和相关法律。[①]

（三）研究现状总结

不同于核威慑理论的完备和成熟，关于太空威慑的理论研究虽然自20世纪50年代反卫星能力（anti-satellite, ASAT capabilities）出现后就已肇始，但在冷战时期的研究零星而分散，随着苏联的解体又逐渐消没，直到近年来随着中国太空能力的迅速发展才又兴起。冷战时期，学者更多只将太空威慑作为核威慑的一部分加以研究，太空威慑是附属于核威慑的一种辅助手段。冷战后，太空威慑才逐渐与核威慑分离。就国外文献而言，在太空威慑理论方面，学者侧重于将经典威慑理论引申到太空领域中，尤其对核威慑与太空威慑的异同进行比较，但却并没有进一步将其与美国的太空威慑政策结合，分析其政策基础和实施前景。在美国太空威慑的政策方面，国外学者主要研究不同威慑手段对美国太空威慑所产生的作用，致力于为美国的政策提供反思和建议，缺少从宏观立场界定美国太空威慑政策内涵、剖析美国战略目的和战略实质的研究。在美国太空威慑的实践方面，国外学者通常将视野放在单独的技术和战术能力上，缺少将太空实力与太空威慑紧密结合的学术成果，也缺少对具体太空威慑案例的系统性研究。

而在国内学术成果方面，太空威慑理论研究基本局限于对美苏太空威慑活动的理解、归纳和批判，主要将太空威慑作为战略威慑的一部分进行研究，对太空威慑发挥作用的逻辑、困境和特性探索较少。在对美国太空威慑政策的研究上，国内学者主要探讨的是美国政策的意义和影响，缺少对具体政策内涵、变化的梳理和分析。在美国太空威慑的实践方面，国内研究则更多是从技术上、战术上对特定威慑举措进行研究，缺少从威慑战略视角对相关太空项目的整体把握。

总体而言，目前关于美国太空威慑战略的研究视角主要包括威慑理论、

---

① 高庆德、程英编著《美国空间信息对抗发展及其政策导向》，国防工业出版社，2016。

军备控制理论、非传统安全理论、军事作战理论等。虽然已经形成了广泛多样的研究成果，但从研究深度上来看还缺少具有广泛影响力的观点，国内外学者对这一战略领域尚未形成共识。在太空威慑理论的建构上，对太空威慑的内涵与外延缺少权威性的界定，同时过于强调对太空环境特性的分析，对太空威慑的实现路径缺少系统性的解释，也缺少将威慑理论与美国太空威慑政策相结合、客观分析其特点和影响的研究。在美国太空威慑政策的研究上，侧重于对政策文本的分析批判，缺少从战略层次对美国太空威慑意图的理解，更没有对美国太空威慑战略的方法、工具等组成要素进行全面、系统的分析。在美国太空威慑实践的研究上，更多是对单个太空军事项目和能力的具体剖析，缺少从威慑领域理解美国太空任务的视角，对最新的美国太空威慑实践也缺少全方位的特点总结和影响评估。

六、创新点、研究方法和研究思路

（一）创新点

在研究路径上，首先，对太空威慑的内涵、层次与实现路径进行全面分析和科学建构。将传统威慑理论延伸至太空领域，结合太空领域的特殊现实和国际环境的客观变化，创新性地按照“作为保护对象的太空”与“作为威慑手段的太空”两个威慑层次，将太空威慑划分为“以太空能力慑止对太空资产的攻击”，“以其他国家能力慑止对太空资产的攻击”和“以太空能力慑止对其他国家利益的侵犯”三个部分。按照“拒止性威慑”与“报复性威慑”这两种威慑方法，探究太空威慑发挥作用的条件及其存在的固有困境。其次，将太空威慑理论与美国的太空安全、太空发展及其他国家安全政策相结合，对美国太空安全活动的威慑本质进行批判性分析，探讨其政策背后的战略目标和长期规划，从威慑的角度分析其实施中所采取的手段、面临的困境，论证美国太空威慑战略的特点和影响。

在研究内容上，首先，对第二太空时代以来的美国太空威慑战略进行历史回顾和特点梳理。以太空威慑两个层次之间的相互关系为参照，对第二太空时代的美国太空威慑历史进行分期，归纳总结各个时期的太空威慑特点和重点，探究美国太空威慑战略调整的历史规律。其次，按照战略研究的分析框架，对第二太空时代美国太空威慑战略的战略环境、战略目标、战略方法、战略工具进行系统性的梳理和分析，深入研究美国太空威慑战略的形成原因、真实意图、实施困境及影响。跳出过往的研究囿于政策文本分析的局限，从威慑能力和决心的展现中全面审视美国太空威慑战略的实践。最后，多角度呈现美国太空威慑战略指导下太空能力建设的最新进展。从太空进攻能力、太空防御能力、太空外交、太空演习等多个方面全方位展现美国太空威慑战略的实施现状。

在研究材料上，深入挖掘美国太空威慑战略文本和实践的最新材料，为研究当前美国的太空威慑战略提供及时、全面的研究素材。系统整理美国政策文件中关于太空威慑的内容，对各类国家安全战略、军事战略、军事条令、太空政策、太空法规、关键人物发言等进行详细的收集梳理，捕捉其政策文本中的细微调整和措辞变化。收集美国太空威慑战略实践的最新情况，大量采用其国会及政府审计部门的评估报告、承包商工程进展报告、智库研究报告等，为呈现美国太空威慑战略的最新进展提供客观翔实的数据资料。

（二）研究方法

文献研究法。通过分析归纳美国太空威慑战略的政策文件、官方讲话、项目文本等，探究美国太空威慑的战略目的、战略方法和战略工具，辨析文献背后美国进行太空威慑的真实意图，考量美国为实现太空威慑所运用的软、硬件资源，判断美国太空威慑战略的实施方案和最新进展。

历史研究法。从太空威慑的战略目的出发，通过对美国太空威慑战略演变的历史事实进行梳理，分析美国太空威慑战略的沿革变迁，探究美国太空威慑战略变化的时代原因和国际环境，为当前美国太空威慑战略的调整提供历史参照和研究基础。

比较研究法。通过比较太空威慑与传统威慑的异同，分析太空威慑的作用条件和固有困境，探究美国太空威慑战略实施中存在的问题。通过比较不同时期美国太空威慑战略的变化，对美国调整太空威慑战略目的、方法、工具的原因进行分析，判断其太空威慑的深层意图和战略特点。

（三）研究思路

本研究以第二太空时代的美国太空威慑战略为研究对象，按照战略研究的基本范式，从理论基础，历史沿革，战略环境，战略目标，战略方法，战略工具，战略的困境、特点和影响进行研究，旨在发现美国太空威慑战略演进的客观规律，剖析美国进行太空威慑的原因和目的，梳理美国太空威慑的实施路径和相关举措，评估太空威慑战略实施所造成的影响。

本研究由绪论和六个章节组成，各部分主要内容如下：

绪论包括本研究的选题依据、研究内容、研究意义；划定和明确基本概念的范围和内涵；对国内外的研究现状进行梳理归纳；概括研究的创新点、研究方法和研究思路。

第一章是美国太空威慑战略的理论基础和历史演变，旨在从宏观上把握美国太空威慑的理论依据、基本思路和变化规律。首先，从太空环境的特性入手，分析太空威慑与传统威慑在客观条件上的不同。将太空威慑的两个层次划分为“以太空能力慑止对太空资产的攻击”，“以其他国家能力慑止对太空资产的攻击”和“以太空能力慑止对其他国家利益的侵犯”这三个部分，按照报复性威慑和拒止性威慑两种威慑方法，对太空威慑的作用方式及固有困境进行分析，构建太空威慑的基本研究框架。然后，按照“太空支援”“太空控制”“太空结盟”“太空建军”的特点将第二太空时代的美国太空威慑战略划分为四个时期，并对每个时期太空威慑的重点变化、层次关系作出判断，厘清美国太空威慑战略的变化规律。

第二章到第五章按照战略研究的基本要素，对第二太空时代美国太空威慑战略的战略环境、战略目标、战略方法和战略工具进行系统性的研究分析。第二太空时代的国际太空环境呈现出迥异于过往的特点，美国认为其太空霸权遭遇了挑战。为了确保其太空资产的绝对安全、地面利益的不可挑战、世界霸权的至高无上，美国为强化“威慑中的太空”和“太空中的威慑”采取了一系列兼具拒止与报复，囊括外交、军事、法律等多个方面的举措。

第六章对第二太空时代美国太空威慑战略的困境和特点进行了评估，分析其对国际关系，尤其是对中国的影响。根据太空威慑的作用机制和固有困境，结合美国太空威慑战略实施过程中的具体情况，本研究认为，美国太空威慑战略在威慑的三个要素上都存在问题，难以保证其绝对安全和太空霸权。美国的太空威慑战略呈现出霸权性、心理性、引领性、联合性、跨域性五种特点。美国太空威慑战略的困境和特点决定了其不但难以实现其战略目标，还会对国际安全形势造成不利影响。

第一章 美国太空威慑战略的研究框架和历史演变

对美国的太空威慑战略进行研究，有必要先对太空威慑构建一个分析框架。美国的太空威慑战略首先是依据太空威慑的基本原理来制定和实施的。太空威慑在基本概念和实现路径上都与传统的威慑一脉相承，但由于第二太空时代战略需要的变化和太空物理环境的特殊性，太空威慑呈现出“作为威慑手段的太空”和“作为保护对象的太空”两个相互交织的层次，在报复性威慑和拒止性威慑两种路径上都开辟出新的方式。太空威慑在第二太空时代以来的30年中也在不断发展更新，美国的太空威慑战略正是其中的典型。美国的太空威慑最初从属于核威慑，是美苏两国“相互确保摧毁”的核恐怖平衡中的一部分，强调通过太空居高临下的监视能力，实现对敌方动向的准确掌握。随着太空技术的不断发展和国际形势的不断变化，美国的太空威慑逐渐从核威慑中独立出来，成为保护国家太空资产的重要手段，同时也与其他威慑紧密联系，共同构成了美国的整体威慑体系，成为美国维护太空霸权、主导全球秩序的重要举措。

第一节 美国太空威慑战略的研究框架

威慑作为人类社会生活中的一种客观现象古已有之。《孙子兵法》中的“不战而屈人之兵”、《伯罗奔尼撒战争史》中希腊通过威胁使用武力而实现目标、近代欧洲均势体系的形成可以说都是威慑作用的体现。“威慑”作为国际关系中的术语以理论概念的形式呈现出来是在核武器出现以后。经典威慑理论对威慑的解释是：威慑是以实力为后盾，通过威胁使用或实际有限使用武力，使敌方认识到将会面临无法承受的后果而不敢采取行动，或是由于无法达到目的而放弃行动。[①] 简言之，威慑就是通过显示武力和决心使对手意识到采取行动将得不偿失，从而放弃改变现状的行动。由于太空安全环境与传统军事环境不同，太空威慑在实现路径上具有新的延伸和变化，也导致了太空威慑在实施过程中存在无法缓解的困境。

一、太空安全环境的特性

太空安全环境是决定太空威慑作用机制和实践方法的关键因素。在第二太空时代，太空技术的两用性和太空行为体的多样性使得太空环境更加呈现出军民两用的特点，难以判断太空资产或能力的军用或民用属性。太空国际法规难以达成共识，远远跟不上当前太空技术和太空国际关系的发展速度。与此同时，太空环境易攻难守，进攻性太空能力发展迅速且门槛降低，防御性太空能力则成本巨大而进展缓慢。在这样特殊的太空安全环境下，进攻行为所获得的预期收益大、相对成本小，能够给对抗中太空能力较弱的一方带来不对称优势，导致了太空中“攻击占优”的客观现实。

（一）军民两用

太空领域的军民两用性体现在太空技术的两用性和太空行为体的多样性上。就太空技术而言，并不能从功能来判断某一种太空技术是军用还是民用，卫星通信、导航定位、遥感成像等主要的太空技术都在军用和民用两方面具有广泛的实践。军用航天器可以提供许多民用服务。美国的全球定位系统（GPS）、俄罗斯的“格罗纳斯”、欧洲的“伽利略”和中国的“北斗”卫星导航定位系统早已覆盖全球各个角落，虽然这项技术最早应用于军事领域，但目前已扩展至精密授时、汽车导航、大气观测、地理勘探、海洋救援、载人航天器探测等各个方面。而遥感成像技术最初是为了获取敌国的军事情报，现在已经普遍应用于资源调查、环境监测评估及自然灾害救援、区域分析建设规划、测绘制图、考古调查等多个领域。许多民用航天器也被用于军事目的。用于地球表面成像的高分辨率遥感卫星是一个主要的例子，这些卫星有的完全具备军用卫星的能力，如印度的“制图卫星-2”（Cartosat-2）和“技术试验卫星”（Technology Experiment Satellite）；有的只是在战时军队需求增

① 吴莼思:《威慑理论与导弹防御》，长征出版社，2001，第1—8页。

加时发挥辅助作用，如美国的“陆地卫星”（Landsat）计划；还有一些完全就是为军民两用设计的，如意大利的“地中海天宇”（Cosmos-Skymed）星座。许多民用通信卫星和导航系统也同样可用于军事目的（见图1–1）。[①]

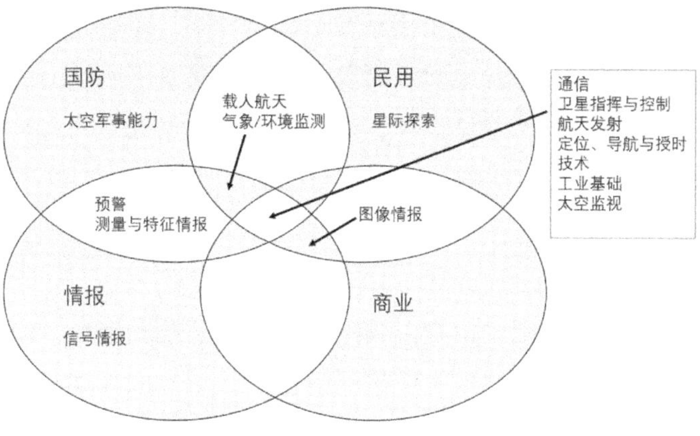

图1–1　太空活动的军民两用性[②]

太空行为体的多样性也是造成太空领域军民两用性的原因之一。在第二太空时代，太空行为体的多样性一方面表现为越来越多的国家参与到太空活动中来，另一方面表现为除国家以外的非政府组织和私营部门也在太空活动中发挥愈加重要的作用，企业和政府在太空任务中的合作日益普遍和紧密。在第一太空时代，美国和苏联垄断了绝大多数太空发射。而进入第二太空时代，欧盟国家、日本、中国等行为体的发射数量呈现5.5%的指数级增长[③]，1991年到2016年，43%的新卫星和39%的发射活动都来自美俄以外的国家。[④]此外，商业公司在太空领域发挥的作用日益重要。在第一太空时代，只有4%的卫星用于商业用途，而第二太空时代商业公司所属的卫星大大增多。仅美

---

① Jessica West, ed., *Space Security Index 2009* (Ontario: Pandora Press, 2010), p.64.

② Center for Strategic & International Studies, “Briefing of the Working Group on the Health of the U.S. Space Industrial Base and the Impact of Export Controls,” February 2008, p.42, https://csis-prod.s3.amazonaws.com/s3fs-public/legacy_files/files/media/csis/pubs/021908_csis_spaceindustryitar_final.pdf.

③ Todd Harrison, Zack Cooper, Kaitlyn Johnson, et al., *Escalation and Deterrence in the Second Space Age* (Washington D.C.: Center for Strategic and International Studies, 2017), p.50.

④ Todd Harrison, Zack Cooper, Kaitlyn Johnson, et al., *Escalation and Deterrence in the Second Space Age* (Washington D.C.: Center for Strategic and International Studies, 2017), p.6.

国太空探索公司的“星链”项目就计划要发射4.2万颗卫星，一些商业太空技术甚至比军方的技术更为先进。这也就使各国为节省军费更倾向于直接购买商业太空能力，并使太空领域的军民融合更加深入。2014年，美国授予14家商业机构“寄宿有效载荷解决方案”（Hosted Payload Solutions, HoPS）合同，进一步实现利用商业卫星搭载军用载荷。① 2009年，商业太空公司阿斯特里姆与哈萨克斯坦签署了两份地面观测卫星合同，又拿下了越南的对地卫星观测项目，为越南提供包括卫星设计、地面控制、数据处理和人员培训在内的多项商业太空服务。②

（二）缺少规范

太空领域的行为规则主要是由国际法和国际条约确定的，但现有的国际条约对许多争议性的概念并没有作出明确说明，新的国际规范又迟迟无法达成共识，导致各行为体都按照对自己有利的角度解释规则，对太空冲突的门槛和“红线”缺乏权威界定。目前，主要的太空国际条约有1967年签署的《关于各国探索和利用外层空间包括月球与其他天体活动所应遵守原则的条约》（简称《外层空间条约》，The Treaty on Principles Governing the Activities of States in the Exploration and Use of Outer Space, including the Moon and Other Celestial Bodies），1968年的《营救宇宙航行员、送回宇宙航行员和归还发射到外层空间的物体的协定》（简称《营救协定》，The Agreement on the Rescue of Astronauts, the Return of Astronauts and the Return of Objects Launched into Outer Space），1972年的《空间物体所造成损害的国际责任公约》（简称《责任公约》，The Convention on International Liability for Damage Caused by Space Objects），1975年的《关于登记射入外层空间物体的公约》（简称《登记公约》，The Convention on Registration of Objects Launched into Outer Space），以及1979年的《关于各国在月球和其他天体上活动的协定》（简称《月球协定》，The Agreement Governing the Activities of States on the Moon and Other Celestial Bodies）。其他与太空活动有关的条约还包括1972年美国与苏联签订的《反导条约》（Anti-Ballistic Missile Treaty），1973年的《国际电信公约》（International

① 马鹏飞、葛腾飞：《美国太空军民融合研究》，《国防科技》2017年第2期，第22页。
② 周威：《2009年商业通信卫星与发射服务市场综述》，《中国航天》2010年第2期，第17页。

Telecommunications Convention），1980年的《禁止为军事或任何其他敌对目的使用改变环境的技术的公约》（Convention on the Prohibition of Military or Any Other Hostile Use of Environmental Modification Techniques）等。[①]

但这些条约诞生于美苏争霸的冷战时期，对许多具体概念都没有详细解释或形成国际共识，尤其是在处理太空碎片，控制太空武器化和军事化，规范太空轨道和频率竞争等方面无法发挥作用。[②]《外层空间条约》规定，各缔约国需“出于和平目的”利用太空。[③] 但条约却没有具体界定何为“和平目的”，导致国际社会对这一太空利用的原则出现了“非侵略的”和“非军事的”两种解释，美国空军条令《太空作战》就声称没有任何法律约束美国在太空、从太空和向太空研发、部署和使用武器。[④] 对太空武器的界定也存在争议，中国和俄罗斯提出的《防止在外层空间放置武器、对外层空间物体使用或者威胁使用武力条约草案》（Treaty on Prevention of the Placement of Weapons in Outer Space and of the Threat or Use of Force against Outer Space Objects, PPWT）将太空武器定义为“制造或改造的，基于任何物理原理用来消除、损害或干扰在外空、地球表面或空气空间中物体的正常功能，以及用来消灭人口和对人类生存至关重要的生物圈组成部分或对其造成损害的任何外空物体或其组成部分”。[⑤] 美国则认为这一提法没有包含由地表投送的反卫星武器，在2008年否决了这一提案。[⑥] 各国在某些关键的太空问题上缺少共识，同时完善一项太空相关法规也需要极长的时间，大国之间的博弈和主导权竞争往往又使太空国际规则陷入停滞不前、自说自话甚至相互指责的僵持状态。新的太空行为规范在短期内很难形成。

---

① John J. Klein, *Space Warfare: Strategy, Principles and Policy* (Abingdon: Routledge, 2006), p.11.

② 何奇松、南琳：《太空安全治理的困境及其出路》，《北京航空航天大学学报（社会科学版）》2012年第1期，第28页。

③ Department of State of the United States, "Treaty on Principles Governing the Activities of States in the Exploration and Use of Outer Space, including the Moon and Other Celestial Bodies," https://www.state.gov/t/isn/5181.htm.

④ United States Air Force, *Air Force Doctrine Document 2-2 Space Operations*, November 27, 2006, p.27.

⑤ 中华人民共和国常驻联合国日内瓦办事处和瑞士其他国际组织代表团：《防止在外空放置武器、对外空物体使用或威胁使用武力条约（草案）》，2014年6月16日，http://www.fmprc.gov.cn/ce/cegv/chn/cjjk/hdft/t1164486.htm。

⑥ David C. DeFrieze, "Defining and Regulating the Weaponization of Space," *Joint Force Quarterly* 74, no.3 (2014): 111.

（三）攻击占优

太空环境具有易攻难守的特点，这一方面是由于太空的物理环境远离地球，另一方面是由于航天器自重和轨道的限制。从攻击的角度来看，对航天器的攻击种类多样，既包括动能攻击等能造成永久性物理毁伤的“硬杀伤”，也包括网络攻击、电子攻击等只会造成暂时性功能失效的“软杀伤”。攻击类型涵盖了冲突频谱上从网络攻击到核攻击的多种层次，攻击效果也可根据作战需要灵活调节。针对太空资产的攻击既可以由地表的陆、海、空平台发动，也可以利用天基武器发动，其中许多都是相对小型的移动系统。[①] 攻击的技术和经费门槛也由于太空行为体的增加和商业太空产业的发展而不断降低。

而从防御的角度来看，保护航天器不受破坏的方式却远没有太空攻击的手段多样。典型的太空防御手段包括加固、机动，以及其他抵抗太空攻击的方法，如针对反卫星导弹的拦截系统等。航天器由于重量和经费的限制，更倾向于尽可能地提升其任务能力和使用寿命，很难为防御加固留出更多的空间。一些用于侦察和通信的卫星由于其任务需要，必须长期驻留在固定的轨道上，这使它们更加容易被瞄准。卫星的机动会消耗燃料缩短其使用寿命，防御电磁干扰和激光攻击需要暂时关闭卫星的正常功能，而这本身可能就已经达到了攻击者的目标。[②]

也正是由于这种易攻难守的特性，太空领域的攻防对比（offense-defense balance）更有利于进攻的一方。攻防对比是指为了获得胜利，进攻方与防御方投入的武装力量成本之比。[③] 由于太空攻击的手段多样，初期较少的投入就能够获得很大的成效；而太空防御则面临着研发时间长、经费消耗大、成效不明显的困境。也就是说，在太空防御真正发挥效果之前，低门槛的太空攻击就已经可以对其造成破坏，甚至进一步打断太空防御的发展进程。这就造成了太空军事竞争中“攻击占优”的现实情况——行为体出于提高效费比的

---

① 聂春明等编译《太空力量与国家安全》，航空工业出版社，2016，第351页。

② Roger Harrison, “The Role of Space in Deterrence,” in Kai-Uwe Schrogl et al., eds., *Handbook of Space Security* (New York: Springer, 2015), p.116.

③ Charles L. Glaser and Chaim Kaufmann, “What Is the Offense-Defense Balance and How Can We Measure It?” *International Security* 22, no. 4 (1998): 46-50.

偏好更倾向于在太空率先发动攻击。[①]

二、太空威慑的实现路径

第二太空时代的太空威慑是“作为威慑手段的威慑”与“作为保护对象的威慑”两个层次的叠加。这两个层次存在交集又各有不同，可以按照威慑手段和保护对象的不同划分为三类：以太空能力慑止针对太空资产的攻击，以其他国家能力慑止对太空资产的攻击，以太空能力慑止对其他国家利益的侵犯。由于威慑主要通过报复和拒止两种途径影响对手的得失计算，因此太空威慑也同样具有报复性威慑和拒止性威慑这两种威慑方法。通过构建、展示报复性和拒止性能力，显示使用这些能力的决心，威慑方向外传递出能够抵御对手挑战或向对手施加报复的威慑信息。

（一）以太空能力慑止针对太空资产的攻击

威慑方通过威胁运用或实际有限运用太空能力，以报复性威慑或拒止性威慑两种方式向对手实施威慑。报复性威慑即通过威胁向对手施加同等甚至更加严厉的太空攻击，使其意识到发动攻击后将会遭受无法接受的损失，从而放弃攻击，主要手段是对敌方太空资产实施报复性的攻击。根据对太空资产攻击方式的不同，可以将针对太空资产的攻击划分为物理攻击和非物理攻击两种。其中，物理攻击包括动能物理攻击（kinetic physical attacks）和非动能物理攻击（non-kinetic physical attacks）。动能物理攻击是指直接击中太空目标或在其附近引爆弹头，从而对太空系统实现物理摧毁的攻击方式。这种攻击既可以通过地面发射的反卫星导弹实现，也可以通过太空中的卫星对敌方卫星实行拦截、抓捕和破坏。非动能物理攻击是运用激光、电磁波等定向能武器使太空系统的部分元件丧失效能，从而达到干扰、降级或破坏太空能力的效果，但并没有与太空目标有物理接触。激光可使卫星上的传感器暂时或永久性致盲，或导致卫星组件过热引发故障。高功率微波武器可能会破坏卫星的电子设备或对卫星的电路和处理器造成永久性损害。非物理攻击的主要形式为电子攻击（electronic attacks）和网络攻击（cyber attacks）。电子攻击

---

① 徐能武：《21世纪初美国外空攻防对抗准备论析——基于攻防理论的视角》，《外交评论》2013年第3期，第79—92页。

是运用射频信号干扰或欺骗太空数据系统，并不会对太空设备造成直接的破坏，攻击的持续时间有限，一旦超出了信号接收的范围，太空能力就能恢复正常。网络攻击则是对运行太空设备的网络系统进行攻击，可用于截获、损坏数据或恶意控制系统，甚至导致太空设备的永久性损坏。①

表 1-1 针对太空资产的攻击种类

攻击类型		主要工具
物理攻击	动能物理攻击	反卫星导弹；共轨拦截、抓捕
	非动能物理攻击	激光致盲；电磁脉冲辐射
非物理攻击	电子攻击	射频信号干扰、欺骗
	网络攻击	数据窃取、截获、破坏；恶意操控网络系统

以太空能力慑止太空攻击的拒止性威慑则通过增强太空资产的防御能力抵消对手攻击的效果，或通过强化太空系统的恢复能力减少对手太空攻击所造成的损失，使对手意识到发动攻击无法给威慑方的太空系统造成足够的伤害，从而放弃攻击。主要手段包括卫星轨道机动、卫星快速发射、在轨服务、分散部署等。卫星轨道机动（satellite orbital maneuver）能够改变卫星的飞行轨道，使卫星离开敌方的攻击范围，避免受到损害。卫星快速发射能力能够迅速替代已经受损的卫星，减少因太空能力削弱而造成的损失。在轨服务（on-orbit servicing）指在太空中通过人、机器人或二者结合，来完成涉及延长太空中设备的寿命或能力的太空装配、维护和服务②，能够及时发现卫星存在的故障并进行修复。分散部署包括将卫星分散部署到多个轨道，或将原本集中在一个卫星中的功能、模块分散到不同的卫星上，由小型卫星组成星座来实现原本只有

表 1-2 以太空能力慑止针对太空资产攻击的主要方式

威慑类型	威慑方法	威慑工具
报复性威慑	威胁对敌方太空资产进行还击	针对太空资产的攻击能力
拒止性威慑	增强太空系统抗毁能力和恢复能力	分散式卫星体系、快速发射能力、轨道机动能力等

① Todd Harrison, Zack Cooper, Kaitlyn Johnson, et al., *Escalation and Deterrence in the Second Space Age* (Washington D.C.: Center for Strategic and International Studies, 2017), pp.16-21.

② 崔乃刚等：《空间在轨服务技术发展综述》，《宇航学报》2007 年第 4 期，第 805 页。

一颗卫星实现的功能，能够有效减少遭受太空攻击时造成的损失。[①]

（二）以其他国家能力慑止对太空资产的攻击

除了以能够产生报复或拒止效果的太空能力慑止针对太空资产的攻击，政治、经济，以及海、陆、空、网等其他军事能力也能够发挥威慑太空攻击的效果。由于各行为体对太空能力掌握、应用和依赖的程度不同，对不同风险和代价的承受能力也不同，仅仅用太空能力对敌人的太空设备施加同等的报复有时并不能给其造成足够的损失。威胁运用其他国家能力对攻击太空资产的行为实施报复，能够更有针对性地增加对手实施攻击的代价，从而使其因预期得不偿失而放弃发动进攻。这种报复性威慑可以主要划分为政治、经济和军事三种类型。政治上，威慑方可以通过引领国际舆论导向，将对太空资产的攻击判定为违反国际法、危害全球安全的行为，增加挑战者发动攻击的政治成本，使其担忧成为国际社会孤立的对象。经济上，可以威胁对挑战者关键的经济行为实施制裁，使其因担忧经济上遭受重大损失而放弃攻击。军事上，"跨域威慑"（cross-domain deterrence）是指威胁对一个作战域实施报复来阻止敌人对另一个作战域的攻击。[②] 对于慑止太空威慑来说，就是通过威胁对挑战者其他领域的军事能力实施打击，破坏挑战者最关键的军事设施和重点物资，使其不但无法将先前借助太空攻击实现的不对称优势应用于地面作战，还会面临更大的资产损失和人员伤亡。

其他国家能力同样可以通过发挥拒止性作用，改变挑战者对太空资产发动攻击的得失计算。在政治上，可以通过倡导国际合作、建立国际太空行为规范明确太空行为的"红线"，以国际规则对各行为体产生约束作用。经济上，可以对太空技术和其他商业活动进行出口管制，防止重要技术流向潜在的挑战方。军事上，可以发展能够替代或辅助太空能力的地表设施，例如地基伪卫星系统、临近空间飞行器等，间接增强太空系统的弹性，使威慑方在遭受太空攻击后也依然能够正常发挥军事效能，从而减少挑战方可能获得的收益，促使其放弃攻击。

---

① 魏锦文、李颖:《太空系统弹性架构发展研究》,《中国航天》2017年第10期，第54页。

② James Scouras, Edward Smyth, and Thomas Mahnken, *Cross-domain Deterrence in US-China Strategy* (Laurel: The Johns Hopkins University Applied Physics Laboratory, 2014), p. vii.

表 1-3 以其他国家能力慑止对太空资产攻击的主要方式

威慑类型	威慑方法	威慑工具
报复性威慑	威胁实施国际舆论谴责	国际影响力、太空联盟等
	威胁实施经济手段制裁	贸易禁令、金融制裁等
	威胁跨域打击对手资产	其他领域的军事打击能力
拒止性威慑	以太空行为规范限制对手行为	国际太空安全机制
	限制对手的太空国际合作	卫星出口管制法规
	发展太空替代能力	可替代太空能力的地表作战力量

（三）以太空能力慑止对其他国家利益的侵犯

其他国家利益是指除太空资产以外的国家利益。对其他国家利益的侵犯既包括军事上对海、陆、空、网等资产的攻击，也包括政治、经济利益的侵犯。以太空能力慑止对其他国家利益的侵犯也包括报复性和拒止性两种手段。

报复性手段的威慑效果来源于太空作为军事制高点的巨大优势，使部署在太空或经由太空实施的对地打击能给对手造成致命的损失，极大增加对手发起挑战的代价。天对地打击武器不受领土领空的限制，可以对地面目标实施全球性的打击，反应速度快，与目标的距离相对短，生存能力强，也不容易被敌人防御反击。[①] 天基对地打击武器主要包括定向能武器（directed-energy weapons）、针对地面目标的动能武器（kinetic-energy weapons against surface targets）和针对地面目标的天基常规武器（space-based conventional weapons against surface targets）。定向能武器通过激光、高功率微波或粒子束等破坏目标，能在数秒内穿透大气层实施攻击，杀伤效果可以根据能量的强弱进行调节。针对地面目标的动能武器是以低地球轨道为基地，利用弹头高速飞行产生的巨大动能破坏静止或移动缓慢的地面目标，轻易穿透大型船只、导弹发射井、硬化的飞机掩体、高层建筑、燃料箱或弹药储存掩体。[②] 针对地面目标的天基常规武器是装载于天基平台的各式常规武器，比动能武器更具灵活性。虽然由于目前国际法和舆论的限制，上述武器还没有真正部署，但各大

① 宋亚飞、高峰、文科等：《天基对地打击武器发展综述》，《飞航导弹》2011 年第 2 期，第 44 页。

② Robert Preston, Dana J. Johnson, Sean J.A. Edwards, et al., *Space Weapons Earth Wars* (Santa Monica: RAND, 2002), p. xvi.

国对天对地打击武器的试验和探索一直在稳步前进，一些技术和装备已经完全可用于实战。相较之下，经由太空的弹道导弹和空天飞行器则早已开始执行任务，其快速、精确的多样化打击能力同时增强了实施报复的破坏性和可信性。

拒止性手段的威慑效果首先来源于太空实力作为力量“倍增器”（multiplier）和“赋能器”（enabler）所发挥的独特效用。太空系统的天基情报信息支援能力为及时发现对手的挑衅活动提供了可能，对挑战者行为的发现和公开能对其产生有力的震慑效果，使其因担忧挑战行为无法得逞而自愿放弃，具体手段包括目标指示和预警、目标分析、对手能力估计、作战环境描述等。由于太空没有国界的划分，卫星可以在地球任一区域的上空驻留，侦察卫星能够在更广阔的区域内拍摄地面目标或截获电子信号，对敌方进行长时间、大范围的连续监视，便于及时发现敌方的攻击企图。预警卫星受地球曲率的影响较小，能够提供比地面雷达长得多的预警时间，为抵御敌方攻击创造了条件。[①] 此外，反导系统也是减少挑战者攻击收益的有效手段。依靠太空技术预警、导航、发射的反导系统能够实现对敌方导弹从太空到大气层的重重拦截，减少了挑战者成功攻击的概率。

表 1-4　以太空能力慑止对其他国家利益的侵犯的主要方式

威慑类型	威慑方法	威慑工具
报复性威慑	威胁以在太空的军事能力对地表实施打击	定向能武器、动能武器、天基常规武器等
	威胁以经由太空的军事能力对地表实施打击	弹道导弹、空天飞机等
拒止性威慑	及时发现判断来自对手的威胁	天基情报监视侦察能力
	有效防御对手的弹道导弹攻击	反导系统

三、太空威慑的困境

亨利·基辛格在《选择的必要——美国外交政策的前景》一书中提出，威慑具有三个要素：力量、使用力量的决心和让潜在的侵略者估计到这两点。并且，威慑是这些因素的乘积，而不是它们的综合。如果有一种因素不存在，

① 徐颖盾编《空天竞争的历史与现实》，军事科学出版社，2014，第219—230页。

威慑就无法发挥作用。[①] 然而，由于太空安全环境军民两用、攻击占优、缺乏规范的特性，太空威慑在这三要素上都存在无法避免的困境。

（一）"脆弱性"（vulnerability）悖论难消除

在力量上，并不是太空能力越强的国家就越安全。太空领域存在着能力越强反而越"脆弱"的悖论。在国际关系中，"脆弱性"是在应对压力和变化时行为体承受代价的能力。[②] 在信息安全领域，"脆弱性"又指系统在攻击和故障下受影响的程度。[③] 因此，太空能力上的脆弱性可以概括为行为体在遭受太空攻击时受影响的程度。不同的太空行为体对太空能力的依赖性不同，对遭受太空攻击的脆弱性存在差距。太空能力更强的一方既在太空技术、太空产业上具有优势地位，也更依赖太空能力在军事行动中所发挥的"赋能器""倍增器"作用。而太空依赖性越大的国家，其太空资产遭受攻击时所带来的损失也越大，相对来说也就更加脆弱。这种由依赖性所带来的脆弱性与其强大的太空能力相比是不平衡的。同时，由于太空飞行器远离地球，难以防御且易受干扰，即使是太空能力较弱的行为体，也可以对太空强国的系统薄弱环节进行攻击，而弱者本身在受到太空攻击时却并不会比强者遭受更大的损失，这种遭受攻击的损失程度差距与二者的能力差距相比也是不平衡的。

这种由于能力不对称导致的"脆弱性差距"（vulnerability gap）意味着不同国家对太空攻击的承受能力不同，在面临太空对抗时所采取的策略也不同。太空能力偏弱的一方倾向于率先发动攻击，以求对高度依赖太空能力的强国带来牵一发而动全身的影响，由此即便会带来报复，相对来说受到的损失也比太空能力强的一方要小。例如朝鲜，其国家安全对太空能力的依赖性很小，因此太空能力的丧失和太空环境的恶化并不会使其损失过多的利益。与此相反，太空领域能力越是强大的国家，其太空资产也最易受到干扰攻击；越是能够利用太空能力增强作战效能的国家，其太空能力一旦被削弱也就将丧失越多的军事优势。这种强大与脆弱的悖论在如今太空攻击门槛不断降低

---

① 亨利·基辛格：《选择的必要——美国外交政策的前景》，国际关系研究所编译室译，商务印书馆，1972，第18页。

② Robert O. Keohane and Joseph S. Nye, *Power and Interdependence: Fourth Edition* (London: Pearson, 2012), p.13.

③ 张建伟：《基于图模型的空间信息网络脆弱性分析框架》，《信息技术》2009年第9期，第80页。

的国际环境中更加突出。

表1-5 太空能力与太空依赖性、脆弱性的关系

太空能力对比程度	对太空能力的依赖性	遭受太空攻击时的脆弱性
太空能力强	依赖性大	脆弱性大
太空能力弱	依赖性小	脆弱性小

（二）战略稳定（strategic stability）难实现

在使用力量的决心上，由于太空领域的战略稳定性难以实现，决策者担忧运用实力会导致冲突升级，从而无法下定使用实力的决心。战略稳定性包括危机稳定性和军备竞赛稳定性。危机稳定性指行为体在与另一行为体关系陷入危机时首先发动攻击的可能性；军备竞赛稳定性则描述一种军备行为是否会引起对手的反应并导致军备竞赛。① 由于太空中攻击占优的特性，一方面，攻击所带来的利益远远大于遭受报复所带来的损失，太空环境天然地就存在危机稳定性低的情况；另一方面，太空实力强的一方会更希望利用自身优势夺取先机，其对手为了避免处于被动，也会铤而走险，试图首先发动攻击。② 如此便会降低太空领域的危机稳定性，更容易导致太空冲突的发生。在目前尚无太空战争升级框架的情况下，由双方认知不同引发的太空冲突极易导致两国的全面战争，带来无法控制的灾难性后果。

同时，太空中的军备竞赛稳定性也很低。虽然各国发展太空实力的水平参差不齐，但普遍都认识到太空作为战略制高点的重要性，也都在各自能力范围内加紧了对太空资源的争夺。因此，任何行为体太空实力的进步都必然成为其他行为体效仿或反制的对象。太空实力强的国家在太空信息支援能力、天对地打击能力等方面你追我赶，太空实力弱的行为体则努力通过发展反卫星技术等以求获得不对称优势。太空军事化和太空武器化日趋严重。在战略稳定性难以实现的情况下，爆发冲突的可能性也随之增加。

此外，在战略稳定性本就脆弱的情况下，太空领域还存在缺少行为规范的特点，这意味着国际社会对太空秩序缺少共识，难以控制冲突升级。传统威慑可以通过设定战争“红线”的行为向敌方明确一旦其行为跨过“红线”，

① 李彬：《军备控制理论与分析》，国防工业出版社，2006，第77—83页。

② 张曙光：《威慑理论：美国国际战略学的一个重要领域》，《美国研究》1990年第4期，第51页。

就将遭到报复。但太空威慑目前由于缺少太空行为准则而难以明确“红线”。即使一国单方面设立了“红线”，也可能导致其他国家在“红线”以内的范围肆意妄为。传统威慑中所威胁采取的报复措施通常是对等的报复，即通过同样的手段在同样的作战领域进行同等伤害的报复。但在太空领域，各国对太空资产遭受攻击的脆弱性不同，太空攻击所造成的损失也不局限于太空领域，所以难以实施对等的报复。由于对冲突层次缺少共识，太空领域又难以实施对等的报复，这就使决策者无法下定决心使用能力，担忧一旦对挑衅行为进行报复，将会不可避免地导致战争升级，使威慑双方付出更大的代价。

（三）对抗主体难明确

在威慑信息的传递上，首先需要明确将信息传递给谁。然而，由于太空物理环境的复杂和太空环境的军民两用性，追溯太空攻击的原因、明确对手的身份都颇具难度，更加难以有针对性地判断挑战者对利益得失的考量。在这种“归因”难题中，报复性手段无法及时锁定反击对象，拒止性手段无法合理采取防御手段，因此无法将太空威慑的信息有效传递给挑战者，也就无法通过威胁运用能力来影响挑战者的得失计算。太空物理环境复杂多变，电磁辐射、带电粒子和太空碎片等时常会对航天器运行造成干扰甚至破坏。来自太阳的电磁辐射会导致航天器表面材料和电子元件的老化受损，太阳辐射压力还会干扰轨道；太阳风的带电粒子和宇宙微粒会给航天器元件造成充电、溅射、单粒子效应和总剂量效应，导致航天器功能的变化或引起故障；① 太空中直径大于10厘米的碎片和人造物体已经超过2.2万个②，在1到10厘米之间的物体则超过50万个。③ 这些碎片不仅能以每秒8千米以上的速度撞击正在运行的太空航天器，还会因为撞击彼此而产生更多的碎片，不断扩大互相撞击的可能性。在航天器远离地球的情况下，这些恶劣的物理环境甚至很难让人判断太空设备的故障到底是人为还是意外导致的。

不仅如此，太空环境中活动主体众多，既包括国家，还包括企业和非政府组织。许多太空系统由多个主体联合开发运行，军用、民用和商用三类太

---

① 聂春明等编译《太空力量与国家安全》，航空工业出版社，2016，第69—71页。

② Department of Defense of the United States, *National Security Space Strategy*, 2011, p.1.

③ Aerospace Industries Associations, “Issue Paper: Space Debris-Preventing Catastrophe in Orbit,” www.aia-aerospace.org/assets/AIA_Space_Debris_Issue_Paper.pdf.

空系统相互之间交集众多。商业航天系统和服务的扩散，使缺乏太空能力的对手也能够利用商用的、第三方的太空资源实现军事目的，这更增加了判断太空攻击来源的难度。陆基的激光照射和电磁干扰连源头都难以追查，更不用说找出发起攻击的行为体。2003年，美国怀疑伊朗借用其盟友古巴的设备对美国通信卫星Telestar-12进行了干扰，从干扰开始到查证花费了一个月的时间，最终也无法提供确凿的证据使古巴承认该行动。① 攻击者可以在政府无法监控的区域利用中立的行为体甚至是美国盟友的资产开展太空攻击，同时，也有可能出现太空资产由于自然原因发生故障但却被归因于敌国攻击的情况。②

第二节　第二太空时代美国太空威慑战略的历史演变

美国的太空威慑战略自冷战时期已经形成。冷战初期，太空技术所能发挥的实际军事效能还比较有限，国家的太空能力更多是一种先进科技和优越制度的象征，是国际政治影响力的代表。美国的太空威慑战略在这一时期只具有“作为威慑手段的太空”这一层次，战略目标体现为慑止共产主义阵营的政治影响，阻止苏联获得技术和政治上的领袖地位，以先进的科技和俯视全球的能力证明资本主义的制度优越性，慑止苏联在政治和意识形态上的扩张。20世纪60年代后，美国的太空威慑目的开始转向慑止对手对美国及其盟友的领土发动攻击。美国的太空威慑开始与核威慑紧密联系，为携带核弹头的战略轰炸机、核潜艇和陆基洲际导弹这“三位一体”的国家威慑体系提供任务支持，主要慑止对地球表面的核打击。

20世纪80年代后，“作为保护对象的太空”逐渐进入美国战略决策者的视野。太空能力在军事活动中的重要性不断增加，使美国进一步意识到太空已经不是战场以外的“避难所”，远离地面的太空资产同样可能受到来自敌方的破坏攻击。1982年美军出台的第一份太空条令AFM1-6《军事太空条令》中规定，军事太空活动目标包括维持美国的太空自由、保护美国资产、避免

---

① 李静：《美指古巴、伊朗“非法”干扰美国之音广播信号》，中国新闻网，2003年8月7日，http://www.chinanews.com/n/2003-08-07/26/332892.html.

② Roger Harrison, “The Role of Space in Deterrence,” in Kai-Uwe Schrogl et al., eds., *Handbook of Space Security* (New York: Springer, 2015), p.117.

对手利用太空等。[①] 1987年里根政府时期的《国防部太空政策》明确提出，国防部的太空活动需要发挥威慑的作用，并在必要时防御敌人的攻击。[②]

冷战结束后，第二太空时代拥挤、竞争和对抗的环境使太空威慑逐渐与核威慑分离，成为独立的威慑手段。自1991年海湾战争以来，在太空技术的不断进步中，太空信息支援能力、太空对抗能力、太空联盟、太空部队逐步成为新的威慑战略工具。太空威慑先后经历了"太空支援""太空控制""太空结盟""太空建军"这四个阶段，侧重以不同的战略方法实现威慑目标。虽然不同阶段美国决策者侧重的领域不同，但"作为威慑手段的太空"与"作为保护对象的太空"始终共同构成了美国太空威慑的一体两面。第二太空时代的太空威慑既包括威胁利用太空能力慑止危害美国各种国家利益的行为，也包括威胁利用各种国家能力慑止攻击美国太空资产的行为。不管美国的太空威慑战略如何变化，其根本目标都是维护美国在太空的绝对安全，太空威慑始终是美国维护军事领先和全球霸权的工具。

一、"太空支援"时期（1991—2001年）

1991年的海湾战争首次将太空能力大规模运用于常规军事行动中，被称为"第一次太空战争"。[③] 以此为标志，太空能力作为美国军事力量的"倍增器"和"赋能器"发挥着日益重要的信息支援作用。在此基础上，美国不断通过发展太空信息支援能力强化整体战略优势，向世界传递出"美国不可战胜"的威慑信息，并以此慑止敌方对美国地表利益的挑战。太空威慑极大强化了美国整体的军事威慑效能，也在此过程中与核威慑分离，发展成为相对独立的威慑体系。在这一时期，"作为威慑手段的太空"是威慑的重点。

（一）以太空支援强化整体军事威慑

1991年到2001年，美国太空威慑战略的特点是重视太空系统的信息支援能力。通过彰显太空系统的作战支援能力，传递美国军事力量不可战胜的信息，警告对手其一举一动都在美国的太空监视之下，从而发挥太空能力的威

① United States Air Force, *AFM1-6 Military Space Doctrine*, October 15, 1982, p.5.

② Department of Defense of the United States, *Department of Defense Space Policy*, March 10, 1987, p.2.

③ Craig Covault, "Desert Storm Reinforces Military Space Directions," *Aviation Week and Space Technology* (1991): 42.

慑作用。

美国的太空威慑战略从属于美国的威慑战略和太空安全战略，并最终受美国国家安全战略的指导。在这一时期，体现美国太空威慑战略的政府文件包括《国家安全战略》《国家太空政策》《国防部太空政策》以及美国空军、太空司令部等出台的各项太空作战条令、规划等。海湾战争前，老布什政府在《国家太空政策》中就提出，国家太空活动的基本目标是确保在与国家安全、科学、技术、经济和外交政策目标密切相关的关键太空领域保持领先，强调太空军事活动应当支持指挥与控制、通信、导航、环境监测、预警、战术情报、目标定位、海洋战场监视和力量运用的相关功能（包括支持这些功能的研发项目）。同时，军事太空项目还应该满足国家情报的需要。① 太空能力的信息支援作用已经逐步凸显，并成为美国维护国家安全等重要利益的手段。海湾战争后，美国更加重视发挥太空系统“力量倍增器”的作用。克林顿政府在1996年版的《国家太空政策》中进一步明确，支援美国在全球的军事行动、监控和影响战略性的军事威胁、监控军备控制和防扩散协议的执行是美国太空安全活动的关键事项。太空安全活动发挥作用的首要途径就是为美国及其盟友的国防活动提供支援。②

在不断发挥太空系统信息支援能力的过程中，太空威慑也依托这种信息支援能力的建设和彰显，从过去几乎完全与核威慑相结合，到逐渐体现出独立的威慑能力。在1991年的海湾战争中，美国第一次将太空系统综合运用在军事冲突中，太空系统强大的信息支援能力对战争结局发挥了关键作用。美国的太空能力通过战争得到了全面的展示，太空威慑开始成为核威慑、常规威慑之外独立的威慑力量。1989年和1996年公布的两份《国家太空政策》总统指令都明确将“威慑、警告、抵御来自敌方的攻击”作为太空安全活动的任务。③ 1997年版的《AFDD 1 空军基本条令》中明确：“从太空中对敌方活动的连续性观察，以及冲突爆发后迅速以多种手段应战的能力体现了威慑的

---

① The White House, *National Security Directive 30, National Space Policy*, November 2, 1989, pp.1-4.

② The White House National Science and Technology Council, *Fact Sheet: National Space Policy*, September 19, 1996, p.3.

③ The White House, “National Space Policy Directives and Executive Charter NSPD-1, National Space Policy,” November 2, 1989, http://www.globalsecurity.org/space/library/policy/national/nspd1.htm; The White House National Science and Technology Council, “Presidential Policy Directive NSTC-8, National Space Policy,” September 19, 1996, http://www.globalsecurity.org/space/library/policy/national/nstc-8.htm.

实质。”[①] 1998年版的《AFDD 2–2 太空作战》指出了太空力量实现威慑效果的具体手段——“通过提供军备控制核查数据、指示和预警、侦察和监视、指挥和控制通信系统来发挥威慑作用，为决策者辨别威胁，确认敌方情况并有效应对提供参考”。[②] 1999年版的《国防部指令3100.10 太空政策》将威慑作为政策主要内容之一，具体阐述了太空威慑的原理——借助太空能力让美国向敌方发出的威胁更加可信。[③]

（二）侧重“作为威慑手段的太空”

在“太空支援”时期，美国的太空威慑战略更加突出“作为威慑手段的太空”这一层次，即强调利用太空对地面的支援作用，通过威胁运用太空能力来慑止针对美国地面资产的攻击。同时，美国政府也开始认识到保护太空资产的重要性，“作为保护对象的太空”逐渐浮出水面。

在太空威慑的目标上，各项战略文件基本都首先强调“作为威慑手段的太空”，将太空能力对地面作战力量的支援作为优先实现的目标；其后补充讨论“作为保护对象的太空”，要求对美国太空资产采取保护措施，从而确保太空信息支援能力的正常发挥。1991年版的《美国国家安全战略》肯定了天基系统、传感器等在海湾战争中对地面部队发挥的重要支援作用，同时提出，未来的太空将成为同海洋一样的战略通道，有可能被敌方封锁甚至作为进一步攻击的跳板。因此，美国需要监控太空中的活动，及时预警威胁，保护重要的太空资产。这种保护既要包括强化重要系统生存能力这样的被动举措，还要包括例如反卫星系统在内的主动防御措施，在挑战者运用太空系统威胁在太空或来自太空的物体、人员前就阻止它。[④] 1994年版的《美国国家安全战略》指出，“保持太空目前的特性（美国占据领先地位）对实现美国的国家安全目标至关重要”，并将美国在太空领域的任务目标之一确定为“慑止对美国太空利益的威胁，并在威慑失败时击败入侵”。[⑤] 1997年美国太空司令部发

---

① United States Air Force, *Air Force Doctrine Document 1, Air Force Basic Doctrine*, September 1997, p.32.

② United States Air Force, *Air Force Doctrine Document 2-2, Space Operations*, August 23, 1998, pp.21-22.

③ Department of Defense of the United States, *Department of Defense Directive 3100.10 Space Policy*, July 9, 1999, p.3.

④ The White House, *National Security Strategy of the United States*, August 1991, pp.23-30.

⑤ The White House, *National Security Strategy of Engagement and Enlargement*, July 1994, p.10.

布的《远景2020》提出，太空力量的作用是保护国家的军事和商业利益，并同时保护国家在太空的投资。① 1998年版的《AFDD 2-2 太空作战》更加侧重要求太空能力要增强美国在其他军事领域胜利的机会。② 太空军事力量的职能首先是“收集对美国国家安全至关重要的情报，并通过对民用、商业和盟友太空系统的谨慎计划和利用为军事行动提供更多支援”，并在此能力的基础上发挥威慑作用。③

在美国太空威慑的方法上，也包括以太空能力慑止地面威胁和以各种手段慑止太空威胁两个方面的内容。通过对比不同时间太空威慑战略相关文件的表述，可以发现对“作为保护对象的太空”的重视与日俱增。虽然以太空系统的作战支援能力提升地面作战效能仍是太空威慑的主要手段，但美国政府保护太空资产的意识也在不断增强。1996年版的《国家太空政策》指出，国家安全太空活动发挥作用的途径包括“为美国和盟友的自卫提供支援；慑止、预警，如有必要，抵御敌人的攻击；确保敌人无法阻止我们使用太空；对抗用于敌对目的的太空系统和太空服务；强化美国及盟友的作战能力等”。④ 1999年版的《国防部指令3100.10 太空政策》列出了太空活动促进国家安全的9种方式，其中，“为美国的自卫和对盟友的承诺提供支援”，“威慑、预警并在必要时抵御敌人的攻击”，“确保美国进行军事和情报太空活动的能力”，“提高美国及其盟友部队的作战效率”，“满足从平时到战时的各个阶段的军事和情报需求”，“支持国家决策者、情报界、作战指挥官、其他联邦官员和政府的各项活动”，“必要时反制用于敌对目的的太空系统及相关服务”都强调了发挥太空能力对其他域作战效能的增强作用，肯定了太空能力在慑止其他域攻击时的威慑效果。同时，“确保敌人无法阻止美国利用太空”也显示出美国保护太空资产的需要。在2000年版的《国家安全战略》中，首次明确“美国要确保在太空的优势；能够不受阻碍地进入和利用太空；慑止对美国太空利益构成威胁的行为；对抗阻碍美国进入和利用太空的敌对行为”。⑤

① United States Space Command, *Vision for 2020*, February 1997, p.2.

② United States Air Force, *Air Force Doctrine Document 2-2, Space Operations*, August 23, 1998, p.1.

③ United States Air Force, *Air Force Doctrine Document 2-2, Space Operations*, August 23, 1998, p.21.

④ The White House National Science and Technology Council, *Fact Sheet: National Space Policy*, September 19, 1996, p.3.

⑤ The White House, *A National Security Strategy for a Global Age*, December 2000, p.26.

太空能力作为美国太空威慑的保护对象逐渐浮出水面。

二、“太空控制”时期（2001—2009年）

2001年小布什宣誓就职美国总统前夕，美国国家安全太空管理和组织评估委员会发布报告，警告美国需要警惕“太空珍珠港”事件发生的可能性，防范敌方对美国太空资产发动攻击。同年，美国宣布退出美苏1972年签署的《限制反弹道导弹系统条约》(Treaty on the Limitation of Anti-Ballistic Missile Systems, ABM)，标志着美国开始采取更加单边主义的战略路线，旨在“以实力求和平”。在小布什政府任期内，美国的太空威慑战略以实现“太空控制”为目标，要求确保美国在太空的自由行动。太空能力的发展开始超越支援地面作战的功能，进攻性和防御性的太空对抗能力成为新的威慑工具。太空威慑在这一时期正式分化为两个层次——“作为威慑手段的太空”和“作为保护对象的太空”。

（一）以太空控制发出威慑信息

小布什政府上台后不久，面对了恐怖组织发动的“9·11”袭击，其军事战略呈现出“先发制人”和单边主义的特点。在这一时期，美国寻求将太空力量从支援型利用转变为武器化利用，“太空控制”成为美国太空战略的目标，要求确保美国和盟友能自由进入和利用太空，并阻止敌人这样做。同时，“太空控制”也被作为美国实现战略威慑的手段之一，成为这一时期美国太空威慑战略的主要表现和突出特点。[①]

太空控制，是指自由利用太空并阻止敌人利用太空的能力。[②] 太空控制一方面利用太空对抗能力向敌人发出信息：若要攻击太空资源必将受到惩罚；另一方面使敌人意识到攻击并不能有效削弱美军及盟友的作战能力。这突破了先前太空能力仅通过发挥信息支援能力实现威慑的途径，而是将太空能力作为独立的作战样式，使其发挥出更大的威慑效果。2002年1月小布什政府发布的《核态势审议》报告（Nuclear Posture Review），不仅突出了太空能力对其他作战力量的增强作用，也为太空对抗能力单独发挥威慑效果提供了指

---

① Department of Defense of the United States, *Strategic Deterrence Joint Operating Concept*, February 2004, pp.42-46.

② Department of Defense of the United States, *Quadrennial Defense Review Report*, September 30, 2001, p.7.

引。报告正式提出了“新三位一体”的威慑战略：以核与非核的进攻性打击系统、主动和被动的防御系统，以及后备反应基础设施组成的威慑体系代替过去由洲际弹道导弹、潜射弹道导弹和远程轰炸机组成的核威慑体系。[①]“新三位一体”威慑的形成标志着美国开始逐步减少对核威慑的依赖，更加强调太空技术、信息技术与常规武器结合所发挥的威慑作用。这在提升太空威慑地位的同时，也扩展了太空威慑的对象和手段。2004年，美国空军专门出台《太空对抗作战条令》，指出太空对抗作战是保护美国军方及其盟国太空能力，并在必要时拒止敌方太空能力的方法，是空军实现和保持太空优势的途径。条令明确了美国太空控制的目标和太空作战的任务，并以此威胁将向其发起挑战的对手开展防御性和进攻性太空对抗。防御性太空对抗通过保护、维持、恢复、重建太空能力使敌人认识到对美国太空系统的攻击是无效的，进攻性太空对抗则通过对敌方太空系统的主动攻击降低、消除敌人的太空和其他军事活动能力。[②]

在报复性威慑上，美国在充分实现太空作战支援效果的同时，要求进一步发挥太空远程打击的威慑作用，使美国的全球打击和力量投送能力进一步增强，提高敌人破坏美国利益的代价，以强大的进攻性太空能力实现太空控制，发挥威慑效果。2001年版的《四年防务评估》指出，国防部不仅将太空资产视为当前军事力量的“赋能器”，更将其视为未来军事力量的主要能力。[③] 美国空军2004年出版的空军条令文件《AFDD 2–2.1太空对抗作战条令》提出利用欺骗、干扰、拒止、降级和摧毁的方式对敌方的太空能力造成破坏。进攻的目标既包括敌方的在轨卫星、通信链路、地面接收站、发射设施、C4ISR系统，也包括第三方供应商。[④] 2006年版的《国家太空政策》史无前例地明确反对任何禁止或限制美国进入、利用太空的法律，所有军备控制协议都不能妨碍美国在太空的研究、开发、试验、运行或其他活动。[⑤] 为此，小

---

① Christopher G. Owens, “The Promise and Peril of the New Strategic Triad,” U.S. Army War College Strategic Research Project, April 4, 2003, http://www.dtic.mil/dtic/tr/fulltext/u2/a414262.pdf.

② United States Air Force, *Air Force Doctrine Document 2-2.1 Counterspace Operations*, August 2, 2004, p.3.

③ Department of Defense of the United States, *Quadrennial Defense Review Report*, September 30, 2001, p.38.

④ United States Air Force, *Air Force Doctrine Document 2-2.1 Counterspace Operations*, August 2, 2004, pp.31-32.

⑤ The White House, *U.S. National Space Policy*, August 31, 2006, p.2.

布什政府时期，美国规划了43个太空武器发展项目，包括天基武器、全球攻击系统、轨道作战飞行器、轨道机动飞行器等，美国太空军事力量的发展已经从作战支援向太空作战乃至天对地打击全面迈进。[①]

在拒止性威慑上，美国着力以防御性太空能力防范对手对美国太空资产和能力的破坏，让美国始终掌握对太空的控制权，使对手因无法实现目标而放弃挑战。2001年12月，美国单方面宣布退出《反导条约》，打破了冷战以来“相互确保摧毁”的战略平衡。2002年，美国成立导弹防御局（Missile Defense Agency, MDA），设立项目研发用于拦截助推段导弹的天基发射器。地基拦截器也迅速在阿拉斯加和加利福尼亚两个空军基地实现部署。2006年版的《国家太空政策》进一步明确要建立多层次的综合导弹防御系统。[②] 一般意义上的多层次导弹防御包括陆基、海基、地基、天基系统，这实际上为部署天基拦截器提供了政策空间。在导弹防御能力之外，美国还要求提高太空能力的弹性，使其在遭遇攻击后依然能够正常提供服务。2004年版的《战略威慑联合作战概念》指出，潜在敌人对美国、盟友、商业卫星的攻击会对美国的作战效能、情报能力、经济和社会稳定，甚至国家意志造成削弱。[③] 美国需要防范敌人借助突然性、欺骗性和不对称的战争来实现目的，不断强化太空系统的能力和抗毁性，具体包括太空系统保护、卫星小型化、低成本快速发射系统、太空态势感知等。

（二）巩固“作为保护对象的太空”

在“太空控制”时期，美国进一步认识到太空资产的脆弱性，美国政府就防止“太空珍珠港”事件的发生、慑止对美国太空资产的攻击开展了广泛而深入的讨论，“作为保护对象的太空”正式成为独立的威慑层次。与此同时，小布什政府单边主义和进攻性的军事政策推动“作为威慑手段的太空”进一步发展，从过去的主要依靠信息支援能力实现威慑，转变为依靠进攻性和防御性两种太空对抗能力实现威慑。

2001年1月，由时任美国国防部长唐纳德·亨利·拉姆斯菲尔德（Donald

① 唐笑虹：《美国军事太空战略研究》，博士学位论文，解放军外国语学院，2013，第99页。

② The White House, *U.S. National Space Policy*, August 31, 2006, p.4.

③ Department of Defense of the United States, *Strategic Deterrence Joint Operating Concept*, February 2004, p.42.

Henry Rumsfeld）领导的美国国家安全太空管理和组织评估委员会提交了一份报告，同时提到了利用太空能力保护国家安全和利用各种手段保护太空资产两个层次。在“作为威慑手段的太空”这一层次，报告建议美国对国家太空政策进行修订，使美国能够通过部署太空系统加速军事转型，从而慑止和抵御针对美国本土、前沿部署部队、美国盟友海外利益，以及针对美国太空资产的威胁。[①] 报告甚至呼吁美国政府尽早部署太空武器，以慑止和抵御针对美国利益的攻击。在“作为保护对象的太空”方面，报告重点警示了可能出现的“太空珍珠港”事件，认为美国对太空系统的依赖性使其成为敌人很有吸引力的攻击目标，攻击卫星、通信干扰、窃取数据等攻击手段不但被越来越多的行为体所拥有，甚至还能从商业市场上购买到。[②] 报告为美国慑止太空攻击提出了三条路径：一是发展向太空、从太空、在太空、经过太空的新型军事能力，二是运用商业卫星和新型技术增强情报搜集能力，三是不断塑造对美国有利的国际法环境。[③] “作为保护对象的太空”条理逐渐明晰，成为独立的威慑体系。

“9・11”事件后，美国更加意识到其利益随时可能受到来自恐怖主义的袭击。美国迅速将“作为保护对象的太空”与“作为威慑手段的太空”整合起来，既慑止针对美国太空资产的攻击、确保美国在太空自由行动的能力，也慑止敌方运用太空能力对美国利益造成威胁。2001年9月30日公布的《四年防务评估》指出，美国军事力量和社会对信息系统的依赖既带来了机遇，也增加了脆弱性。未来的敌人不仅将利用太空来实现目的，还会阻止美国利用太空。太空监视、地基的激光和太空干扰能力、能够贴近目标的微小卫星技术都不再难以获得。因此，美国国防部改革的一项主要目标就是不仅要确

---

① The Commission to Assess United States National Security Space Management and Organization, *The Report of the Commission to Assess United States National Security Space Management and Organization, Executive Summary*, January 11, 2001, p.7.

② The Commission to Assess United States National Security Space Management and Organization, *The Report of the Commission to Assess United States National Security Space Management and Organization, Executive Summary*, January 11, 2001, p.8.

③ The Commission to Assess United States National Security Space Management and Organization, *The Report of the Commission to Assess United States National Security Space Management and Organization, Executive Summary*, January 11, 2001, pp.16-17.

保美国军事利用太空的能力，还要拒止敌方拥有这些能力。[①] 同时，报告认为，美国需要具备实施太空作战的能力，建设从陆、海、空、经由太空和网络的打击能力，并最大化地综合运用这些能力。[②]

三、“太空结盟”时期（2009—2016年）

2009年奥巴马政府上台后，改变小布什政府时期片面强调硬实力的外交和安全路线，转而提出利用“巧实力”塑造美国的世界领袖形象，主张借助外交、经济、军事、法律等多种政策工具重新恢复美国的绝对优势。在太空领域，奥巴马政府先后推出《国家太空政策》《国家太空安全战略》等文件，将与盟友伙伴的太空合作作为扩展太空能力、实现太空威慑的新方向，实质上是利用太空结盟将盟友的资源为美国所用。太空威慑更加侧重于“作为保护对象的太空”，力求慑止所有针对美国太空资产的攻击。

（一）以太空结盟提升威慑实力

2009年后，面对小布什政府留下的战争泥潭和政府赤字，新上台的奥巴马政府必须对太空安全战略进行调整。追求美国对太空的绝对控制已经不再现实，美国需要广泛借用盟友和国际社会的力量，通过成为国际太空规则的制定者和领导者继续维持其在太空的霸权地位。美国太空威慑战略的手段再一次得到了扩展，不再强调通过太空对抗能力实现威慑，而是倡导通过国际合作利用太空，使美国在国际太空领域中获得领导地位，充分利用盟友和伙伴的太空资源，从而保持美国的太空优势。

在这一时期，美国认为获得国际太空领域的领导地位是构建太空联盟的关键。2010年版的《四年防务评估》将“确保进入太空和利用太空能力”作为慑止冲突的手段之一，并特别强调，国防部将扩大和深化与其他国家和私营公司的关系，建立互利的伙伴关系，分享能力、系统、技术和人员。[③] 同年6月公布的《国家太空政策》也不再强调太空能力对国家安全和军事力量发挥

---

① Department of Defense of the United States, *Quadrennial Defense Review Report*, September 30, 2001, p.31.

② Department of Defense of the United States, *Quadrennial Defense Review Report*, September 30, 2001, p.34.

③ Department of Defense of the United States, *Quadrennial Defense Review Report*, February 2010, p.33.

的战略制高点作用，而是认可所有国家都有利用太空的权力，突出太空能力对改善人类生活，促进经济发展带来的好处，从而引出美国领导国际社会制定太空行为规范的合理性和正义性。①

通过塑造太空领导地位和成为太空“盟主”，美国将盟国的太空资源为己所用，迅速提高了美国的威慑实力。一方面，通过倡导建立“负责任”的太空行为规范，美国掌握了国际太空活动话语权，给侵犯美国太空利益的行为增加政治成本。实质上，是否属于“负责任的太空活动”完全取决于其是否符合美国的利益。另一方面，通过国际联盟与伙伴合作，在促使盟友分担部分安全责任的同时，分散和加强美国阵营的太空能力。这样既成功借用盟国力量为美国利益服务，也实现了增强美国太空能力抗毁性的效果。2011年版的《国家军事战略》对这两种方式指明了方向，提出美国需要全力支持和倡导国际太空规则的制定，加强太空态势感知能力，促进信息透明和共享。与盟友、伙伴一道提高太空合作能力，增强太空体系的弹性。② 美国还要训练如何在太空能力受损的情况下保持作战能力，增强对太空攻击行为的归因和防御能力，并训练部队在太空能力受损的情况下作战。③

2011年，美国出台了首部《国家安全太空战略》，指出美国的国家安全日益依赖于美国在和平、危机和冲突时期在联盟与伙伴关系中的领导作用，美国将通过国内建设和国际合作保持美国在太空的领导地位。④ 该文件要求建立一个多层次的威慑体系以慑止针对美国太空资产的攻击，包括以政治手段倡导负责任的太空活动，寻求国际合作并由此增加太空攻击的成本，提高对太空攻击的归因能力，提升太空系统的弹性能力，以及在威慑失败后进行反击的能力。⑤ 此后，美国国防部很快发布了名为《国防部在太空的威慑战略》的情况说明，对《国家安全太空战略》中提出的威慑体系作出了进一步阐释。明确将在太空的威慑分为四个层次：支持制定关于“负责任行为”的国际太

---

① The White House, *National Space Policy of the United States of America*, June 28, 2010, pp.1-2.

② Joint Chiefs of Staff, *The National Military Strategy of the United States of America*, February 8, 2011, p.9.

③ Joint Chiefs of Staff, *The National Military Strategy of the United States of America*, February 8, 2011, p.19.

④ Department of Defense of the United States, Office of the Director of National Intelligence, *National Security Space Strategy, Unclassified Summary*, January 2011, p.13.

⑤ Department of Defense of the United States, Office of the Director of National Intelligence, *National Security Space Strategy, Unclassified Summary*, January 2011, p.10.

空准则；以合作加强集体安全能力；加强太空结构的弹性和联合部队在太空能力降级时的作战能力；做好反击的准备，且这种报复行为可以是不对称、不同域的。[①]

（二）侧重“作为保护对象的太空”

奥巴马政府第一任期中，在倡导国际太空合作、促进太空和平利用的政策宣传下，“作为威慑手段的太空”显得不太合时宜，更具自卫色彩的“作为保护对象的太空”——慑止针对美国太空资产的攻击——成为美国太空威慑战略的焦点。但在政策实践中，美国意识到“作为保护对象的太空”不足以完全发挥太空优势促进国家安全和维护美国霸权的作用，“作为威慑手段的太空”仍是美国太空能力必须实现的目标。

在奥巴马政府第一任期内，美国太空威慑战略聚焦于“作为保护对象的太空”，致力于运用包括政治、经济、军事在内的各种手段慑止对美国太空资产的攻击。2010年版的《四年防务评估》指出，国防部将持续执行2008年的太空保护战略，减少太空系统的弱点，并部署太空快速增强和重建能力，增强太空结构的整体弹性。[②] 2011年5月，负责太空政策的副助理国防部长格里高利·舒尔特在国会做证时表示，当时美国面临的问题是“拥挤、竞争、对抗”的太空环境，美国首先需要在保护太空环境安全和推动太空产业上开展行动，从而维护美国在太空的优势。“作为威慑手段的太空”只大略提及。[③]《国家安全太空战略》提出的太空威慑四层次体系也完全围绕“作为保护对象的太空”展开，将威慑目标锁定为维护太空的安全稳定。美国《国防部指令3100.10太空政策》重申了这一体系。

进入奥巴马政府第二任期后，美国政府对太空威慑战略相关文件的原有内容和措辞进行了修订，不再局限于“作为保护对象的太空”，增加了“作为威慑手段的太空”的相关篇幅。2013年，美国参谋长联席会议重新修订了联合出版物《JP 3-14 太空作战》，将“作为保护对象的太空”纳入太空控制的

---

① Department of Defense of the United States, *Fact Sheet: DOD Strategy for Deterrence in Space*, 2011.

② Department of Defense of the United States, *Quadrennial Defense Review Report*, February 2010, p.33.

③ Gregory L. Schulte, “China and the New National Security Space Strategy,” Testimony before the U.S.-China Security and Economic Review Commission, May 11, 2011, http://archive.defense.gov/home/features/2011/0111_nsss/docs/Schulte_USCC_Final.pdf.

任务范畴，旨在“为友军提供太空行动自由，并在需要时挫败对手干扰、攻击美国或联盟的太空系统，并使对手的太空能力失效”。① 2016年，美国国防部又对2012年版的《国防部指令3100.10太空政策》进行了修订，指出国防部太空政策的目的不再只是应对不安全的太空环境，而是包括“慑止侵犯，促进太空的稳定与负责任的利用，整合太空能力，以及提高太空任务完成能力”。该版本对原先关于太空威慑的部分进行了大幅度修改，威慑的对象从过去“对美国及盟友太空资产的攻击”改为“对美国及盟友利益的攻击”，威慑的方式也从之前完全聚焦于“太空中的威慑”的四个层次，改为更注重发挥太空作战效能的威慑作用。②

四、“太空建军”时期（2017年至今）

2017年特朗普政府上台后，美国的安全政策更趋强硬。美国政府通过筹建天军（space force）推动太空力量升级，并发布《国防战略》《国家太空战略》《国防太空战略》等文件，向世界宣示美国同样要在太空领域实现“美国第一”。根据美国白宫网站披露的声明，特朗普总统的新战略主张在任何可能的时间、地点、方式和领域对干扰或攻击美国太空系统的行为予以反击，并在太空中慑止对美国及其盟国的国际利益怀有敌意的威胁。③ 这标志着“作为威慑手段的太空”的重要性再次得到加强，与“作为保护对象的太空”同等重要地共同构成了美国太空威慑战略的两个层次。

（一）以建立“天军”显示威慑决心

2017年12月，特朗普政府推出《国家安全战略》，将大国竞争重新定位为美国当前面临的主要威胁。太空作为主要竞技场之一，成为美国发展的优先领域。2018年1月，美国发布新版《国防战略》，明确将太空作为一个“作战域”（the warfighting domain），美国需要通过建设“更具杀伤力的联合部

---

① Joint Chiefs of Staff, *Joint Publication 3-14 Space Operations*, May 29, 2013, pp.II-8.

② Department of Defense of the United States, *Department of Defense Directive 3100.10 Space Policy, Incorporating Change 1*, November 4, 2016, p.2.

③ The White House, “Fact Sheet: President Donald J. Trump Is Unveiling an America First National Space Strategy,” March 23, 2018, https://www.whitehouse.gov/briefings-statements/president-donald-j-trump-unveiling-america-first-national-space-strategy/.

队”，确保在各领域的竞争力。[①] 在这两份顶层战略的构建指引下，特朗普于2018年6月18日下令国防部组建天军，将其作为与其他军种并列的“第六军种”。特朗普不仅要求美国在太空有存在感，更要求实现在太空的统治地位，并以此威慑所有敌对行为。[②] 天军作为集成美国太空军事能力、综合实施太空军事行动的作战部队，其筹建过程本身就能够向外界展现美国强化和运用太空能力的决心。而天军建成后将推动美国太空能力乃至整体军事实力的升级，进一步向外界传递威慑信号，影响对手的利益得失计算。

威慑大国竞争对手是美国筹建天军的主要意图。2018年8月，美国国防部向国会提交《国防部国家安全太空部门组织与管理机构的最终报告》，明确天军的任务目标包括通过慑止敌对活动来保护国家经济，确保美国太空系统满足国家安全需求，以及在冲突中为联合部队和盟军提供能力支持。[③] 2019年2月19日，特朗普总统签署其任内的第四份《太空政策指引》，规定美国天军将慑止威胁，保护美国、美国的盟友和美国的利益免遭在太空和来自太空的敌对行为的侵犯。[④] 相比美国先前的太空威慑，特朗普时期的太空威慑战略将威慑的对象聚焦于中俄等大国竞争对手，在能力建设和信息传递上都更具有针对性。在接受《华盛顿邮报》记者采访时，时任美国副总统彭斯表示，中国和俄罗斯都已经成立了各自的太空部队，美国也需要在组织结构上实现领先，确保美国在太空的军事优势。[⑤] 2020年6月，美国国防部出台首份《国防太空战略》，认为中俄对美国的太空行动构成了最紧迫、最严峻的威胁，中俄正“通过构建针对美国的政策、组织和能力，与美国进入和利用太空的能

---

① Department of Defense of the United States, *Summary of the 2018 National Defense Strategy of the United States of America*, January 2018, p.6.

② The White House, “Remarks by President Trump at a Meeting with the National Space Council and Signing of Space Policy Directive-3,” June 18, 2018, https://www.whitehouse.gov/briefings-statements/remarks-president-trump-meeting-national-space-council-signing-space-policy-directive-3/.

③ Department of Defense of the United States, *Final Report on Organizational and Management Structure for the National Security Space Components of the Department of Defense*, August 9, 2018, p.3.

④ The White House, “Text of Space Policy Directive-4: Establishment of the United States Space Force,” February 19, 2019, https://www.whitehouse.gov/presidential-actions/text-space-policy-directive-4-establishment-united-states-space-force/.

⑤ Washington Post Live Center, “Interview of Vice President Pence by Robert Costa at the Washington Post’s Space Summit ‘Transformers: Space’,” the White House, October 23, 2018, https://www.whitehouse.gov/briefings-statements/interview-vice-president-pence-robert-costa-washington-posts-space-summit-transformers-space/.

力竞争和对抗”。因此，美国需要“慑止和击败任何对太空的敌对利用”，“慑止太空中的挑衅”。[①]

天军筹建之初在美国也遭遇了许多反对，但这并没有阻碍特朗普政府成立天军的步伐，反映出美国强化、运用太空作战能力的决心。特朗普表达建立天军的意愿后，时任美国国防部长吉姆·马蒂斯（Jim Mattis）曾公开表态没有必要单独成立天军，美国国会也否决了成立天军的法案。2018年9月10日，美国国防部副部长帕特里克·沙纳汉（Patrick Shanahan）发布《太空重组与管理任务》备忘录，指示成立太空司令部、太空发展局和太空作战部队。2018年12月18日，美国副总统彭斯宣布，特朗普总统已经下令成立太空司令部作为美军第11个联合作战司令部。这一举措迅速提升了太空作战的地位，也将进一步推动太空部队的成立。2020年8月，美国太空军发布首份太空作战条令《太空力量》，强调太空具有重大的战略价值，美国必须使其太空安全机构、条令和能力具备慑止和击败挑衅的能力。[②]

2020年11月，美国举行新一轮总统换届选举。但无论政党轮替发生何种变化，美国建立太空军、强化太空威慑的政策已经成为既成事实，并被写入国防部政策和军种条令中。这类政策和条令通常在4—6年内不会发生改变，相应的政策落实也正在稳步推进中。可以说，美国新一阶段的太空威慑战略已经完成了起步搭建阶段，正在向着更具体、更完善的政策落实阶段深化发展。

（二）同时强调太空威慑的两个层次

2017年版的《国家安全战略》表示，美国将“不受阻碍地进入和利用太空”作为重要利益，任何对这一利益造成损害的行为都将受到美国在任何可能的时间、地点、方式和领域发起的报复。[③] 这一说法与小布什政府时期的“太空控制”异曲同工，显示特朗普政府提升了“作为威慑手段的太空”这一威慑层次的重要性。相比奥巴马政府时期较为侧重“作为保护对象的太空”，特朗普时期同时强调“作为威慑手段的太空”和“作为保护对象的太空”两个层次，致力于从进攻和防御、主动和被动等多种角度构建全方位的太空威

---

① Department of Denfese of the United States, *Defense Space Strategy Summary*, June 2020, pp.2-3.

② United States Space Force, *Space Power*, June 2020, p. vi.

③ The White House, *National Security Strategy of the United States of America*, December 2017, p.31.

慑体系。

一方面，太空资产仍是美国太空威慑战略最重要的保护对象，美国将构建有弹性的太空能力作为当前力量发展的重点，以期利用太空系统强大的抗毁性和恢复性打消对手的进攻意图。2017年6月，时任美国战略司令部司令约翰·海腾（John E. Hyten）在一次演讲中表示，太空威慑意味着将战争阻绝于太空之外，而阻止太空战争最好的办法是“确保每个人都知道我们已经为战争作好了准备”。① 2018年版的联合出版物3–14《太空作战》新增“威胁”一节，对美国面临的主要自然和人为太空威胁作出了阐释，并由此引出“太空任务保证”——利用防御行动、重构和弹性确保太空能力的正常运行，并将其作为太空作战的前提。②

另一方面，进攻性和防御性的太空能力作为美国太空威慑的主要工具，对美国构建“具有杀伤力的部队”、以太空军事化和武器化实施威慑发挥了重要作用。《国防战略》提出太空是与陆、海、空、网并列的“作战域”，2018年版的《太空作战》条令设立了“太空联合作战区域”，将各类作战条令扩展到太空，明确太空作战时各司令部之间的协调关系。③ 这些政策实质上为美国从太空或向太空发起火力攻击（包括硬杀伤和软杀伤）提供了基础，向外界传递出美国将会使用太空武器的威胁信号。2018年4月，美国国防部长马蒂斯就2019财年军备预算向参议院提交书面证词，表示包括太空能力在内的每一项军备投资都是为了确保美军的杀伤力，使美国能够部署足够的力量，从而阻止冲突或控制战场。④ 美国太空军首份“拱顶石”出版物《太空力量》也指出，太空军事力量能够向对手实施致命或非致命的暴力行为，美国“太空军必须根据战略目标需要，坚定地准备向对手施加必要的暴力”。⑤ 美国反复表达将会在冲突来临时运用太空能力，尤其是进攻性太空能力的立场，旨在进一步应对大国竞争，慑止针对美国霸权的挑战。

---

① Cheryl Pellerin, “Hyten: Deterrence in Space Means No War Will be Fought There,” Department of Defense of the United States, January 26, 2017, https://dod.defense.gov/News/Article/Article/1061833/hyten-deterrence-in-space-means-no-war-will-be-fought-there/.

② Joint Chiefs of Staff, *Joint Publication 3-14 Space Operations*, April 10, 2018, pp. I-6.

③ Joint Chiefs of Staff, *Joint Publication 3-14 Space Operations*, April 10, 2018, pp. I-3.

④ Jim Mattis, *Secretary of Defense Jim Mattis Senate Armed Services Committee Written Statement for the Record*, April 26, 2018, p.15.

⑤ United Stats Space Force, *Space Capston Publication: Space Power*, June 2020, p.21.

本章小结

由于太空安全环境具有太空系统军民两用、缺少国际太空行为规范、太空环境易攻难守等特性，太空威慑呈现出与其他威慑方式不同的实现路径。在以太空能力慑止针对太空资产的攻击，以其他国家能力慑止对太空资产的攻击，以太空能力慑止对其他国家利益的侵犯这三类太空威慑中，都具有不同的报复性和拒止性威慑方式。其主要原理是通过构建和对外展现报复和拒止能力，宣示使用这些能力的决心，从而传递威慑信息，影响对手的利益得失判断和决策。然而，也正是由于太空安全环境的特性，太空威慑在力量、使用力量的决心和威慑信息的传递这三要素上都存在缺陷，存在“脆弱性”悖论难消除、战略稳定难实现、对抗主体难明确的固有困境。

在美国太空威慑战略的历史演变上，第二太空时代以来，美国的太空威慑战略已经历了“太空支援”“太空控制”“太空结盟”“太空建军”这四个阶段。“太空支援”阶段主要凭借太空信息支援能力发挥威慑作用，同时侧重“作为威慑手段的太空”这一层次；“太空控制”阶段利用以太空对抗能力为基础的太空控制来发挥威慑作用，“作为保护对象的太空”逐渐成为独立的威慑层次；“太空结盟”阶段强调通过太空联盟来强化整体的威慑效果，更加侧重“作为保护对象的太空”这一威慑层次；“太空建军”阶段把成立专门的太空作战部队作为提升太空威慑的手段，“作为威慑手段的太空”与“作为保护对象的太空”同等重要地共同构成了美国太空威慑战略的两个层次。随着科技的进步和美国利用太空能力的深入，美国的太空威慑战略方法和工具日益增多，体系不断完善，太空威慑的程度和范围也在不断扩展深化，美国对太空威慑战略的重视与日俱增。

第二章 美国太空威慑战略的环境

战略环境是指国家制定战略时所处的背景和条件，是影响国家战略规划的外部因素。战略环境既包括自然的因素，也包括社会的因素，是实力竞争因素、制度合作因素和文化观念因素组成的复合体。[①] 在讨论太空威慑时，美国的战略环境就是美国所处的太空安全环境，即积极的外部安全因素与安全威胁的总和。[②] 这既包括世界、地区的太空安全形势，也包括这些外部因素对美国产生的影响。在第二太空时代，世界进入“一超多强”的权力格局，美国仍然有能力主导国际太空秩序，并能够利用盟友对太空力量的需求，引导其发展可为美国所用的太空能力。潜力巨大的国际太空商业市场也为美国扩大影响力提供了平台。但美国面临的问题不是如何获取霸权，而是如何维护、保持和运用霸权地位。随着人类利用太空的程度加深，太空“公地悲剧”所带来的环境恶化无疑对美国太空资产的安全构成了威胁。同时，国际政治权力多极化的趋势也影响到了太空，美国在太空政治和经济上的地位受到了来自其他太空大国的挑战。为了维护霸权，美国不断推动太空军事化甚至武器化，这又进一步刺激了太空军备竞赛的产生和进攻性太空能力的扩散。美国为了追求更多的积极安全因素，反而使自己面临更多的威胁。

第一节 美国面临的积极外部因素

积极的外部安全因素是指自身安全能力以外的、有利于化解安全威胁的

① 李少军：《国际战略学》，中国社会科学出版社，2009，第48—55页。

② 李彬：《军备控制理论与分析》，国防工业出版社，2006，第25页。

安全因素，包括有效的军事同盟、有利的国际制度等。美国在第二太空时代仍然对国际太空安全秩序保有极大的影响力，其领先的太空技术和相关产业仍是其他国家寻求合作甚至高度依赖的对象。人类对太空利用程度的加深也使得国际太空商业市场的潜力日益增加，能够在发展美国太空产业的同时为其研发新一代太空技术提供动力、提高效率。

一、美国仍然主导太空秩序

虽然相对优势有所下降，但美国始终在太空能力上较其他国家保持了极大优势，仍然能够在太空国际体系和国际组织运行、国际秩序和国际规则建构上发挥主导作用。作为冷战后唯一的超级大国，美国强大的经济和科技实力决定了美国可以在太空领域投入比其他国家更多的资源。在太空军事领域，美国的军费开支超过了其他所有国家太空军事开支的总和。2002年，美国的太空军费约为155亿美元，几乎是其余国家总和的两倍。2007年，美国250亿美元的太空军事预算仍将其他国家远远甩在后面。同样，在民用太空领域，美国的支出也是世界第一。2001年，美国的预算占到全世界总预算（238亿美元）的59%，这一比例远远高于其他所有民用太空预算的总和，比欧空局高出5倍以上。2006年，美国的预算为166亿美元，而欧空局和俄罗斯的预算分别为35亿美元和8.73亿美元。[①] 在这样远超他国的高额投入之下，美国在太空技术研发方面具备了其他国家无法比拟的优势。美国的太空军事能力在这样的技术基础上不断更新，又在战争和演习中得到检验，使美国具备了当前世界上最先进和完备的太空军事装备、太空作战指挥体系和太空作战部队，在整体实力上短期内不可能被其他国家超越。

凭借其巨大的太空技术和产业优势，美国可以无视国际上其他行为体对太空安全问题的关注和需求，阻止不利于美国太空行动自由的安全机制产生。由于美国超群的太空能力和国际政治权力格局的变化，第二太空时代的国际太空安全机制不再由两个超级大国共同主导，而是变为美国及其西方盟友主导下的、缺少硬性法律文本规制同时也难以发挥效用的机制。[②] 国际空间站看似是由美、俄、欧空局、巴西、日本等16个国家和组织共同建设实施的

---

① Efstathios T. Fakiolasa and Tassos E. Fakiolas, “Space Control and Global Hegemony,” *The Korean Journal of Defense Analysis* 21, no. 2 (Jun. 2009): 139.

② 夏立平等:《美国太空战略与中美太空博弈》，世界知识出版社，2015，第279页。

太空项目，实际上合作的对象完全由美国控制。美国坚决拒绝中国加入国际空间站，却邀请了太空能力明显较弱的巴西，而这种邀请也只是美国航空航天局单方面发出的，并未征得其他成员的同意。2008 年，中俄两国向联合国裁军大会提交了《防止在外空放置武器、对外空物体使用或威胁使用武力条约》草案，并在广泛征求其他国家意见的基础上，于2014年继续提交了该条约的修正草案，对“在太空的武器”“威胁使用武力”“太空物体”等与太空安全密切相关的概念作出了规定。条约草案得到了联合国绝大多数国家的支持，尤其是2014年的修正草案，得到了除美国以外所有国家的支持。美国拒绝就条约草案进行谈判的理由是其认为条约限制了美国部署天基武器。① 但由于裁军大会实行一票否决制，该草案最终没有得到通过。事实上，美国始终在利用其主导的国际太空秩序掌控太空霸权，也凭借这样的太空霸权进一步把持对其有利的太空秩序，围堵可能对其构成挑战的国家。

二、地区盟友渴望太空能力

在第二太空时代，美国的主要盟友，如欧盟、加拿大、澳大利亚、日本、韩国、以色列等，纷纷将目光投向太空，渴望更好更快地利用太空技术，获得太空能力。在这一过程中，这些国家往往会选择通过国际太空合作来减少研发成本，获得技术转让，而美国则无疑是盟友进行太空合作的首选对象。

在欧洲，北约成员早已具备了与美国进行太空安全合作的基础和传统。英国是美国最亲密的盟友，已经将太空作为英国国防力量的支柱之一，认为太空既是“赋能域”（enabling domain），也是“作战域”（operating domain）。而要借助太空增强英国的国防力量，就必须开展与美国的合作。英国国防部条令《英国的空天力量》指出，虽然太空能力的成本已经不断降低，但英国仍然难以独立承担一些太空项目，因此需要寻求国际合作，与其他国家共享服务、共担成本。“美国是英国卓越的国家安全伙伴，两国间的太空合作关系非常密切，这种关系对于确保获得大量的太空服务至关重要。同时，英国拥有一定的太空能力，也能给双方的合作带来互利。”②

在亚太地区，日本寻求通过发展太空力量增强其作为“政治大国”的影

---

① 何奇松：《国际太空新秩序与中国的责任》，《世界经济与政治》2016年第8期，第127页。

② UK Ministry of Defence, *Joint Doctrine Publication 0-30 UK Air and Space Power (2nd Edition)*, December 2017, p.84.

响力。20世纪90年代，日本以防卫朝鲜“大浦洞”导弹为理由开始搜集情报研发卫星。2008年，日本通过《宇宙基本法》，允许在太空行使自卫权，正式为日本的太空军事化松绑。2009年、2013年和2015年，日本3次制定《宇宙基本计划》，明确提出日本可以借助美国在亚太地区的威慑力量，在太空领域与其开展合作，具体项目包括太空态势感知、卫星定位导航系统、海洋监测、遥感数据处理等。[①] 2020年5月18日，日本首支太空部队“宇宙作战队”成立，该部队将与美国共享太空态势感知情报，配合美国太空军制约中国和俄罗斯。澳大利亚在2013年出台的文件《卫星利用政策》中将“强化和增加国际合作”作为澳大利亚实现太空目标的原则之一，并指出应当优先与美国在内的盟友进行合作，促进与其在学术上、政府间和工业界之间的交流。[②]

在美洲，加拿大在国家安全事务上高度依赖美国。早在1958年，美加两国签署了《北美防空协定》（North American Air Defence Agreement），共同威慑和防御针对北美地区的空中打击和导弹袭击。1996年，美加两国对该协定进行了修订，明确两国合作的主要任务是太空警戒和太空控制，包括大气层内防御、弹道导弹防御和太空防御。[③]

盟友国家对太空能力的渴望能够有效促进美国太空威慑战略的实施。美国不但可以利用盟主地位对太空合作的项目、条件进行符合自己需求的调整，还能够随时以中断太空合作为要挟对盟友行为进行限制。盟友出于获取太空能力、避免与美国发生矛盾的考虑，往往会按照美国的意愿发展本国的太空项目，无形中增加了美国可以利用的太空资源。

三、太空商业市场潜力巨大

日益增长的国际太空商业市场为美国发展太空产业、创新太空技术、强化太空能力提供了可能。太空技术的发展和太空行为体的增加使全世界对太空商业服务的需求不断扩大。2013年，全球卫星产业的收入几乎是2004年的3倍，全球卫星市场产值以平均每年10%的速度不断增长，在2016年达到了2610亿美元（见图2–1）。美国联邦航空局（Federal Aviation Administration,

---

① 包霞琴、杨雨清：《浅析安倍内阁的宇宙战略和宇宙外交——基于安倍内阁两部〈宇宙基本计划〉的解读》，《中国周边外交学刊》2016年第一辑，第277—278页。

② Australian Government, *Australia's Satellite Utilisation Policy*, 2013, pp.12-17.

③ 焦世新：《加拿大与美国的NMD》，《现代国际关系》2002年第4期，第36页。

FAA）的报告称，2016年全球航天工业整体收入约为3350亿美元。[①] 虽然其后几年这一增速稍有放缓，但仍然保持相当强劲的发展势头。根据美国卫星产业联盟的统计，2019年全球卫星产业总值达到2710亿美元，太空经济总值达到3660亿美元。[②] 投资机构预测，到2040年，全球太空经济将达到1万亿美元。[③] 因此，在全球太空商业蓬勃发展的大背景下，美国占据的市场份额虽然相对减少，但总量仍在不断增加。2012年，美国卫星工业的产值是901亿美元，到2016年已经增加到1103亿美元。[④] 这保证了美国太空产业发展的基本资金，也保持了美国太空产业对科研、人才和资本的吸引力。

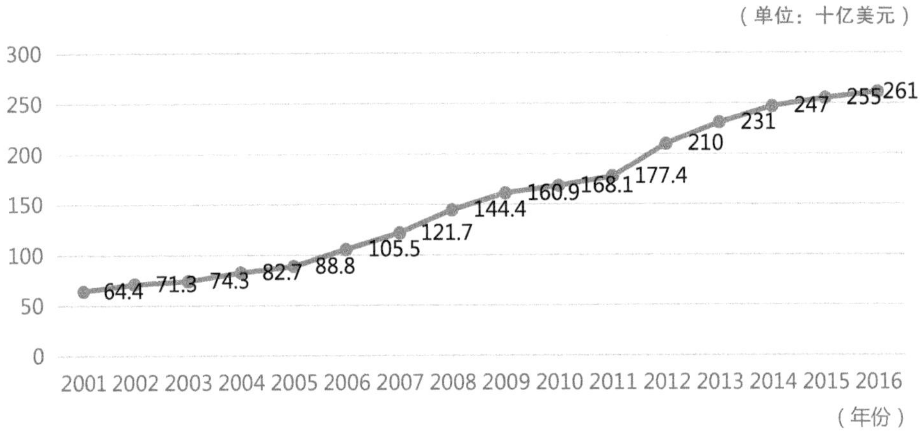

图2-1 全球卫星产业收入（2001—2016年）[⑤]

巨大的太空商业市场不但可以为美国的太空产业带来巨额收益，也促进了美国私营太空企业的发展。越来越多的私营企业为了追求利益加入太空产业，

---

① Jessica West ed., *Space Security Index 2017*, September 2017, p.78, http://spacesecurityindex.org/wp-content/uploads/2017/09/SSI2017FullHiRes.pdf.

② Satellite Industry Association, *2020 State of the Satellite Industry Report*, June 2020, https://sia.org/wp-content/uploads/2020/07/2020-SSIR-2-Pager-20200701.pdf.

③ Jeff Foust, "A Trillion-Dollar Space Industry Will Require New Markets," Space News, July 5, 2018, https://spacenews.com/a-trillion-dollar-space-industry-will-require-new-markets/.

④ Satellite Industry Association, *2017 State of the Satellite Industry Report*, October 2017, https://www.sia.org/wp-content/uploads/2017/07/SIA-SSIR-2017.pdf.

⑤ Satellite Industry Association, "State of the Satellite Industry Report," https://www.sia.org/state-of-the-satellite-industry-report/.

它们在全球商业竞争中不断研发新的商业模式，创新太空技术，减少研发成本，并以政府部门所不具备的灵活高效和敏锐的市场嗅觉深度参与到国际太空商业活动中。为了降低成本，太空商业企业采取缩短供应链的方式，以自主生产实现了从火箭制造到商业发射的垂直一体化生产模式。一旦产品研发成功，很快就投入批量生产，并在不断的实践检验中迅速更新换代。美国太空探索公司（Space X）位于霍桑（Hawthorne）的工厂在2015年已经可以生产18个火箭芯和200个发动机，在2016年已经可以实现年产24个火箭芯。① 其“猎鹰”（Falcon）系列火箭已经有5种型号，用于火箭助推的发动机目前已经更新到第四代，“猎鹰 -9”型火箭单次发射价格仅需3600万美元，从进入发射场到正式发射仅需16天，并能够实现火箭在陆地和海面上的回收。②

这些私营企业在国际太空商业竞争中所追求的价廉高效与美国对太空威慑能力的需求不谋而合，为美国实现快速发射、小型卫星组网等新型太空能力打下了基础。2014年，101颗商业“立方体卫星”（Cubesat）被发射到太空，用于执行地球观测的相关任务。其中93颗由美国的一家商业遥感卫星公司——行星（Planet）公司建造和运行，执行类似业务的还有位于旧金山的尖顶（Spire）卫星公司和科罗拉多州的数字地球（Digital Global）公司。③ 太空探索公司的“星链”（Starlink）项目计划建设覆盖全球的低轨小卫星通信星座，计划发射4.2万颗小卫星。为发射这些数量巨大的小卫星，太空探索公司已经多次执行一箭60星的发射任务。仅2020年，该项目就计划发射30次。这些小卫星不仅能够在战时为美军提供更加充裕的通信能力，其本身也完全可以作为太空武器影响其他国家卫星的正常运行。

第二节　美国在太空面临的威胁

2011年版的美国《国家安全太空战略》将美国面临的太空环境形容为

① Jeffrey Thornburg, “Statement before the Committee on Armed Services Subcommittee on Strategic Forces U.S. House of Representatives,” June 26, 2015, https://docs.house.gov/meetings/AS/AS29/20150626/103668/HHRG-114-AS29-Wstate-ThornburgJ-20150626.pdf.

② 夏宇、刘艳琼:《美国SpaceX公司技术创新的启示》,《国防科技》2017年第1期，第73页。

③ The Tauri Group, *2015 State of the Satellite Industry Report*, SIA, May 2015, p. 21, www.sia.org/wp-content/uploads/2015/06/Mktg15-SSIR-2015-FINAL-Compressed.pdf.

“拥挤、竞争、对抗”，这也正是第二太空时代美国在太空面临的威胁。“拥挤”——太空行为体数量不断增加，太空碎片难以控制，频率轨道资源竞争激烈。“竞争”——太空权力多极化已经成为无法逆转的趋势，美国在太空产业上的优势正在逐渐缩小，太空资产的脆弱性问题也更加明显。“对抗”——各国对太空的军事化利用将太空拉入了军备竞赛的困境，拥有太空作战部队成为大国追求的目标，太空进攻能力的扩散使实力不足的行为体也具有了太空攻击的可能。2020年6月，美国国防部发布《国防太空战略》，对上述三类威胁的次序进行了调整，大国“对抗”成为美国在太空的首要威胁。此外，美国对太空能力的依赖，缺少太空战经验，面临他国太空科技竞争，以及国际太空规则缺失，也是对美国太空霸权的重大挑战。①

一、国际太空军事化进程加快

太空军事化程度的加深激化了太空军备竞赛的发展，使美国无可避免地落入安全困境。对太空军事力量的依赖不仅使美国的太空资产更易成为攻击的目标，也促使其他国家争相研发太空军事能力，努力寻求太空优势。为了维护战略平衡，主要对手在信息支援、反卫星能力、反导系统等各个方面全力追赶美国。进攻性太空能力在技术和成本上门槛不断降低，也使更多太空能力有限的国家具备了攻击美国太空资产的能力。

（一）太空军备竞赛此起彼伏

太空军事化已经是不争的事实。自人类开发利用太空以来，太空就被赋予了“战略高地”的军事功能。进入第二太空时代以后，科学技术的发展使更多国家开始借助太空寻求军事优势，越来越多的国家拥有了自己的军事卫星，或将卫星用于军事用途。1990年，美国在海湾战争中大量运用军事卫星为地面作战提供服务保障，标志着战争正式进入太空时代。这一方面彰显了美国强大的军事实力，另一方面也宣传了太空力量的巨大效果，促使更多国家寻求、强化对太空的军事利用。从1961年7月到2018年4月，全世界一共登记发射了 571颗军用卫星，其中仅在2010年到2018年4月就发射了128

① Department of Defense of the United States, *Defense Space Strategy, Summary*, June 2020, pp.3-4.

颗。而在2017年发射的12颗军用卫星中，美国仅占1/6。[①] 印度在2007年发射了首颗军事侦察卫星，并在印度陆军公布的文件《太空展望2020》中明确提出向太空要“战斗力”。[②] 以色列、伊朗、朝鲜、土耳其、摩洛哥等国都纷纷拥有了自己的军事卫星。太空的军民两用性和太空商业化的发展也使太空军备竞赛更加复杂。据统计，军事卫星大约占所有航天器的8%左右，但可以用于军事目的的航天器却占到70%，实际所占比例可能还会更高。[③]

太空军事化还进一步向太空武器化延伸。目前的太空武器主要包括反卫星武器和反弹道导弹系统，这两种系统在技术原理上存在共通之处。2001年，由唐纳德·亨利·拉姆斯菲尔德领导的美国国家安全太空管理和组织评估委员会向国会建议，通过部署天基武器来预防“太空珍珠港”事件的发生。[④] 同年，美国退出《反导条约》，为美国建设以海上、空中、太空为基地的反导系统或陆基机动反导系统开辟了道路，美国进一步开始在全球部署战区导弹防御系统（TMD）。这一打破战略平衡的举动刺激了其他国家研发太空武器，以求通过更强的进攻性力量抵消美国的反导防御能力。截至2008年，俄罗斯已经建成15个反低轨道卫星系统发射台，其激光反卫星能力和共轨式反卫星能力也基本具备实战水平。[⑤] 印度在2007年就宣布掌握了反卫星武器的核心技术，正努力将其反弹道导弹能力转化为反卫星能力，并为其反卫星能力发展绘制了路线图。[⑥]

太空军事化和武器化导致国际太空军备竞赛日益激烈，也进一步造成了太空安全困境。美国为实现太空控制而发展太空武器，却导致了其他国家纷纷仿效，这增加了美国的不安全感。美国为强化自身在太空的绝对安全，又进一步增加对太空的军事利用和太空武器研发，使其他国家又纷纷开始寻求

---

① “Military Satellites,” April 15, 2018, http://www.n2yo.com/satellites/?c=30.

② 袁臻睿:《世界太空军备发展的新态势》,《国防科技工业》2009年第3期，第68页。

③ David Webb, “On the Definition of a Space Weapon,” 2006, p.13, http://praxis.leedsmet.ac.uk/praxis/documents/space_weapons.pdf.

④ The Commission to Assess United States National Security Space Management and Organization, *The Report of the Commission to Assess United States National Security Space Management and Organization, Executive Summary*, January 11, 2001, p.8.

⑤ 何奇松:《俄罗斯对美国太空武器化政策的回应》,《俄罗斯中亚东欧研究》2008年第5期，第60页。

⑥ Harsh Vasan, “India’s Anti-Satellite Weapons,” The Diplomat, June 14, 2016, https://thediplomat.com/2016/06/indias-anti-satellite-weapons/.

新的反制能力。对太空军事力量的渴求还刺激了其他领域武器的研发，使其能够与先进的太空能力更加匹配，这将导致太空国际关系陷入一种循环往复又缺乏规则制约的安全困境。

（二）主要对手强化太空作战能力

在太空军备竞赛的激烈角逐中，美国最为担心的还是主要对手的太空作战能力。俄罗斯一直是美国首要防范的对象。进入第二太空时代，俄罗斯继承了苏联的主要太空基础设施，并以此为基础发展了实力不逊于美国的太空军事力量指挥体制和太空军事装备系统。在力量指挥体制上，1992年，俄罗斯组建军事航天部队，作为隶属于国防部的独立兵种，后又纳入战略火箭军。2001年，俄罗斯正式成立独立的航天部队，隶属总参谋部，下辖约9万人，其中军事航天部队5.7万余人，导弹防御部队3万余人，包括3个大型航天试验发射场和1个航天器试验与控制中心。[①] 10年后，俄罗斯航天部队并入空天防御部队。2015年，空天防御部队与空军合并，成立新的空天军，其职责包括防止国家遭受航空航天打击、导弹防御、太空侦察监视、航天发射等。[②] 空天军成立不久就远赴叙利亚执行军事任务，在实战中表现出色。在太空军事装备建设上，俄罗斯始终是世界卫星技术最先进的国家之一。截至2017年8月，俄罗斯正常运行的卫星共有142颗，其中军事卫星85颗[③]，重点集中在导弹预警、光学侦察、通信、导航和信号情报上。1996年，俄罗斯建成拥有24颗卫星的格洛纳斯（GLONASS）全球卫星导航系统，至今已经有3代卫星、6种信号，其性能可以与美国的全球定位系统（GPS）相媲美。2008年以来，"角色"（Persona）光学成像侦察卫星和"猎豹–M"（Bars–M）数字测绘卫星的相继部署，标志着俄罗斯军用光学侦察卫星完成了从返回式向传输型的过渡。其军用光学侦察卫星分辨率达到0.3米，保持世界先进水平。[④] 电子侦察卫星"荷花"（Lotus）、"芍药–NKS"（Pion–NKS）可跟踪敌方目标

---

① 周洪波、王宏伟:《外军空天作战现状及发展趋势》,《国防科技》2007年第9期，第90页。

② Ministry of Defense of the Russian Federation, "Aerospace Forces," http://eng.mil.ru/en/structure/forces/aerospace.htm.

③ Union of Concerned Scientists, "UCS Satellite Database," September 1, 2017, https://www.ucsusa.org/nuclear-weapons/space-weapons/satellite-database#.Ws7Lw_ns4ZQ.

④ 徐鹏等:《俄罗斯军用侦察卫星发展分析》,《卫星应用》2007年第7期，第39页。

行动，为精确打击提供支持。同时，俄罗斯的反卫星能力也非常先进，曾多次成功进行反卫星试验。2013年后，俄罗斯发射的“宇宙”（COSMOS）系列卫星曾多次在太空中实施非正常变轨机动，飞行轨迹“怪异、活跃而精准”，能够“伴飞”现有的在轨航天器并对其构成威胁。[①] 俄罗斯的导弹防御能力更为出色，其S-400防空反导系统在速度、精度等方面均优于美国的“爱国者-3”（PAC-3）型反导系统，新型的A-235反导系统由过去的两层拦截扩展为三层拦截，已经成功进行了拦截试验。[②]

美国还对中国的太空计划保持警惕，始终认为中国将通过发展太空力量与美国争夺制天权。一方面，美国认为中国可能会利用反卫星能力攻击美国的太空系统；另一方面，美国也担忧随着中国对太空系统的进一步依赖，战时两国互相攻击太空资产、导致太空大战的情况很有可能发生。[③] 2017年，美国战略司令部司令约翰·海腾（John Hyten）曾公开表示，美国需要慑止太空中的不良行为和冲突，“尤其是针对中国和俄罗斯这种在太空建造武器的国家”。[④] 2019年，美国代理国防部长帕特里克·沙纳汉（Patrick Shanahan）指出，中国是对美国太空资产的最大威胁，如果美国不改变其在轨道上的战斗方式，这种威胁只会加剧。“威胁很明显：我们正处于强国竞争的时代，下一场重大冲突可能在太空中决胜负。”[⑤] 这一讲话被外界解读为解释了美国成立太空军、太空司令部、太空发展局三大机构的原因。可以说，对中国的威胁认知直接促成了美国太空军的建立。美国多家智库及研究机构也曾对来自中国的太空威胁做过评估。其中，兰德公司的报告《中美军力对比：兵力、地理、力量平衡的变化（1996—2017）》认为，从2010年开始，太空对抗的优

---

① 龙海东：《浅谈美俄争夺太空主动权的主要举措》，《黑河学刊》2016年第3期，第103页。

② “System A-235 /RTC-181M Complex 14TS033 /ROC ‘Nudol’,” GlobalSecurity.org, https://www.globalsecurity.org/wmd/world/russia/a-235.htm.

③ Hearing before the U.S.-China Economic and Security Review Commission, “The Implications of China’s Military and Civil Space Program,” May 11, 2011, http://large.stanford.edu/courses/2011/ph240/chan2/docs/11_05_11_final_transcript.pdf.

④ Cheryl Pellerin, “Hyten: Deterrence in Space Means No War Will be Fought There,” Department of Defense of the United States, January 26, 2017, https://dod.defense.gov/News/Article/Article/1061833/hyten-deterrence-in-space-means-no-war-will-be-fought-there/.

⑤ Aaron Mehta, “Chinese Threats Necessitate New Space Structures, Shanahan Warns,” Defense News, April 9, 2019, https://www.defensenews.com/space/2019/04/09/chinese-threats-necessitate-new-space-structures-shanahan-warns/.

势将向中国倾斜，中国尤其可能对美国的通信卫星和成像卫星构成威胁。① 战略与国际研究中心（The Center for Strategic and International Studies, CSIS）的报告《太空威胁评估2018》认为，中国要成为太空领域的“统治者”，并已经对美国卫星实施过电磁和网络攻击。② 2020年3月，美国智库2049计划研究所在一份呈送美中经济和安全评估委员会的报告中写道：“中国追求‘零和’的太空优势，会损害美国的经济竞争力，削弱美国的军事优势，抵消战略平衡。”报告建议，美国应利用各种手段禁止各行各业与中国的太空项目合作，惩罚与中国太空项目合作的部门，并更好地提升太空军的作战能力，以应对中国“日益增长的太空军事力量”。③ 由此可见，无论是美国政界、军界，还是学术界，对中国太空威胁上的认知几乎是一致的，就是要加快遏制中国的太空力量，尤其是太空军事力量的发展，并通过制度、法律、技术、战法上的种种变革，提升美军在太空的战斗力。

（三）进攻性太空能力门槛降低

进攻性太空能力的扩散使更多潜在对手能向美国太空系统的薄弱环节发动攻击。进攻性太空能力以对手的太空能力（太空系统、部队、信息链路或第三方太空能力）为目标，使用欺骗（deception）、干扰（disruption）、拒止（denial）、降级（degradation）或摧毁（destruction）的手段达到预期效果。虽然天基武器、动能打击武器等对太空系统造成“硬杀伤”的武器系统造价昂贵、数量稀缺，但在第二太空时代，随着技术的进步，电磁干扰等“软杀伤”进攻性太空能力的技术和成本门槛越来越低，很容易就能被缺少太空力量的国家、组织甚至个人获得。据报道，只需要耗费7500美元就可以研制出一台针对超高频卫星的干扰机，其制作方法甚至直接出现在互联网上。④ 技术的扩散使得卫星干扰事件频频发生，太空“软杀伤”行动成为部分国家进

---

① Eric Heginbotham, *The U.S.-China Military Scorecard: Forces, Geography, and the Evolving Balance of Power, 1996-2017* (Santa Monica: RAND, 2015), pp.245-257.

② Todd Harrison, Kaitlyn Johnson, and Thomas G. Roberts, *Space Threat Assessment 2018* (Washington D.C.: Center for Strategic and International Studies, 2018), pp.6-8.

③ Mark Stokes et al., “China’s Space and Counterspace Capabilities and Activities,” March 30, 2020, https://www.uscc.gov/sites/default/files/2020-05/China_Space_and_Counterspace_Activities.pdf.

④ Paul Marks, “Wanna jam it?” New Scientist, April 22, 2000, https://www.newscientist.com/article/mg16622351.400-wanna-jam-it/.

行太空对抗的首选。2003年，伊朗就利用位于古巴境内的干扰设备对美国Telestar-12卫星的电视和广播信号进行了干扰。[①] 2005年9月，一家位于伦敦的电台开始通过卫星将信号传送到利比亚，其信号立即遭到了来自利比亚政府的干扰拦截。与此同时，包括美国有线电视新闻网（CNN）和英国广播公司（BBC）在内的其他几家广播公司信号也被拦截。英国时任外交大臣金·豪斯（Kim Howells）后来在议会承认，由于干扰，政府与利比亚当地的通信曾一度中断。另一家英国报纸后来报道，美国军方通信也曾受到影响。[②]

针对网络系统的攻击也使破坏太空系统更加容易。网络系统与太空系统相互依赖，缺一不可。利用网络系统对太空资产发动进攻的意图多样，难以追溯来源，还可能引发非常复杂的连锁反应。1998年，德国的“伦琴”（ROSAT）卫星遭网络攻击，导致它朝向太阳，并最终使其关闭系统。[③] 2011年提交给美国国会的一份报告草案表示，2007年到2008年，至少有2颗美国环境监测卫星遭受了4次以上的网络攻击。美国地质调查局（US Geological Survey）管理的一颗“陆地-7”（Landsat-7）地球观测卫星在2007年10月和2008年7月遭遇了12次以上的干扰。2008年6月，美国国家航空航天局管理的“泰拉AM-1”（Terra AM-1）地球观测卫星曾遭受过2分钟以上的类似干扰，而在同年10月的一天中遭受过至少9分钟的干扰。美国国家海洋和大气管理局（NOAA）报告称，2014年9月发生严重黑客事件后，其卫星数据信息系统被迫关闭，这使得大量的数据在48小时内无法被全球各地的天气预报机构接收。[④]

二、美国太空霸权受到挑战

美国的太空霸权是其维护全球军事主导地位的关键因素。而在第二太空时代，太空权力格局呈现出多极化甚至民主化的趋势。美国虽然在技术和产业上仍然保持领先，但与其他国家的优势差距正在日益缩小。而由于太空“脆

① Safa Haeri, “Cuba Blows the Whistle on Iranian Jamming,” *Asia Times*, August 22, 2003.

② “Libya Jamming ‘Exposed Vulnerability’,” BBC, January 13, 2006, http://news.bbc.co.uk/2/hi/science/nature/4602674.stm.

③ Jana Robinson, “Governance Challenges at the Intersection of Space and Cyber Security,” The Space Review, February 15, 2016, http://thespacereview.com/article/2923/1.

④ David Livingstone and Patricia Lewis, *Space, the Final Frontier for Cybersecurity?* (London: The Royal Institute of International Affairs, 2016), p.10.

弱性悖论”的存在，美国的太空能力越强，对太空系统的依赖性越大，就越可能遭受来自对手的“不对称打击”。美国在太空绝对安全的局面已经被打破。

（一）美国太空产业优势缩小

太空产业是一个国家太空能力发展的支柱和太空技术创新的核心。随着技术的普及和太空商业市场准入门槛的降低，美国虽然仍在太空产业能力上保持整体优势，但其竞争力已经有所下降。2006年，美国太空行业组织太空基金会（Space Foundation）发布白皮书《国家安全太空工业基础》，指出至少在过去10年，美国太空产业经历了“高波动性、高风险、市场泡沫和经济损失”。①

为了防止先进太空技术的扩散，美国自1999年开始将卫星及其相关物项列入《美国军火清单》（U.S. Munitions List, USML），受《国际武器贸易条例》（International Traffic in Arms Regulations, ITAR）的管制。这不仅限制了美国太空产业界从国际市场中获得利润，也因为利润不足而导致美国的二三线太空项目供应商过于依赖国防项目，缺少资金和动力进行技术创新。在国内太空产业利润缩小和国际市场被严格限制出口的双重作用下，美国的太空工业在利润所得和市场份额两方面同时下跌。卫星制造所获得的利润从20世纪90年代占世界的60%—70%，下降为21世纪初的40%，目前基本稳定在44%左右②（见图2-2）。卫星出口的全球市场份额由1995年的73%下降到2005年的25%，同时，卫星出口国家也从先前的美、英、俄三足鼎立，发展为多国竞争、百花齐放（见图2-3）。虽然2009年奥巴马政府上台后着手对出口管制政策进行了改革，但短期内仍难以改变美国太空市场份额受到侵蚀的现实；虽然美国仍然是全球卫星出口份额最大的国家，但其市场竞争力已经受到其他国家的挑战，相对优势明显缩小。

更糟糕的是，旨在进行技术封锁的出口管制政策不但不能限制其他国家

---

① Jay DeFrank, “The National Security Space Industry Base,” Space Foundation, April 4, 2006, https://www.spacefoundation.org/sites/default/files/white-papers/The_National_Security_Space_Industrial_Base_0.pdf.

② Satellite Industry Association, “2017 State of the Satellite Industry Report,” October 2017, https://www.sia.org/wp-content/uploads/2017/07/SIA-SSIR-2017.pdf.

开发太空，还促使这些国家努力研发自主的太空技术。印度在美国限制卫星出口后转而与俄罗斯开展太空合作，于2001年发射了第一颗高分辨率成像卫星。2005年，印度开始参与建设欧洲“伽利略”（Galileo）系统，于2007年首次发射和回收无人航天器。目前，印度已经能够利用自主的运载火箭（印度极轨卫星运载火箭，PSLV）进行一箭多星的发射，建立了世界上第六个卫星导航系统（印度区域导航卫星系统，GAGAN），并开始进行火星探测计划。中国太空产业的发展则更加举世瞩目，虽然直到现在中国仍与朝鲜并列作为美国卫星禁止出口的国家，但中国在航天发射利润和地球同步轨道卫星订单数量这两项对太空技术要求极高的指标上已经位列世界第三，仅次于美国和欧洲。① 从发射能力上来说，虽然目前具备独立发射能力的国家仅增加了三个——韩国、伊朗和朝鲜，但与第一太空时代许多国家依赖美苏技术相比，第二太空时代具备发射能力的国家基本都拥有自主权。在卫星数量上，美国卫星占世界卫星的比例一直在下降，尤其在导航定位系统上，俄罗斯的“格洛纳斯”系统、欧盟的“伽利略”系统和中国的“北斗”系统可以与美国GPS系统平分秋色。2020年6月，中国的“北斗”导航系统提前完成了全球组网，在亚太地区的定位精度甚至比GPS还要更高一些。日本和印度也在发展各自的区域导航系统。② 在载人空间站建设上，中国空间站在2021年已经实现航天员长期在轨驻留。俄罗斯副总理米特里·罗戈津（Dmitry Rogozin）也宣布可能在2020年退出国际空间站（International Space Station, ISS），转而另外研发空间站。③ 在深空探测方面，中国的“嫦娥”系列月球探测器取得了五战五捷的辉煌成就，尤其是实现了人类首次将探测器在月球背面软着陆，被认为是改写规则式的创举。2020年8月，中国的“天问一号”火星探测器也成功发射。美国太空产业的竞争对手日益增多，美国在技术和资金上的领先优势正在不断缩小。

---

① Satellite Industry Association, “2017 State of the Satellite Industry Report,” October 2017, https://www.sia.org/wp-content/uploads/2017/07/SIA-SSIR-2017.pdf.

② 何奇松:《国际太空新秩序与中国的责任》,《世界经济与政治》2016年第8期，第109页。

③ “Russia Makes Plans to Kill Space Station in 2020 Due to Sanctions,” NBC News, May 14, 2014, https://www.nbcnews.com/storyline/ukraine-crisis/russia-makes-plans-kill-space-station-2020-due-sanctions-n104531.

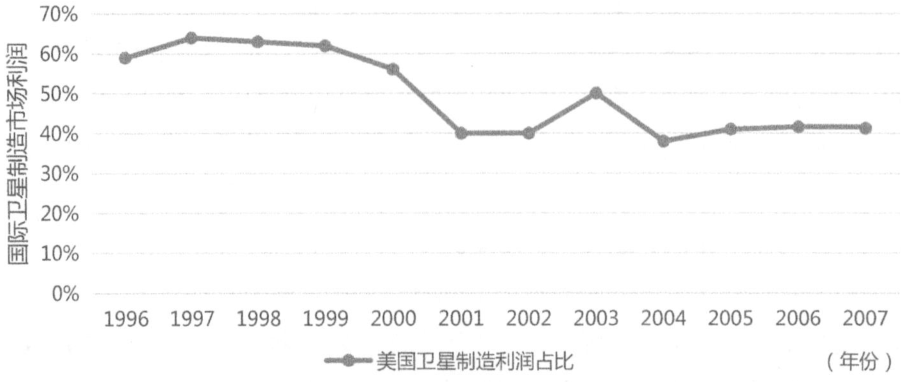

图2-2　美国卫星制造利润占世界总量的百分比（1996—2007年）①

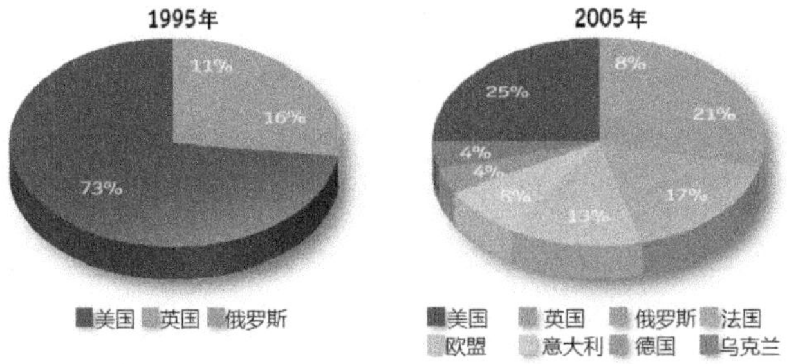

图2-3　卫星出口全球市场份额对比②

（二）太空政治多极化成为趋势

太空权力格局与世界政治格局紧密联系在一起。在第二太空时代，美苏两极对峙的战略平衡已经不复存在。虽然美国仍是太空实力最强的国家，但技术的进步和经济的发展催生了更多国家跻身太空领域，权力的多极化已经成为不可逆转的潮流。

① Patricia Cooper, "2008 State of the Satellite Industry Report," Satellite Industry Association, 2008, p.6, http://files.messe.de/www.cebit-america.com/cms_bin/1660822_PatriciaCooperStateofSatelliteIndustryISCe08.pdf.

② Center for Strategic and International Studies, "Briefing of the Working Group on the Health of the U.S. Space Industrial Base and the Impact of Export Controls," 2008, p.50, https://www.csis.org/analysis/health-us-space-industrial-base-and-impact-export-controls.

在国际太空安全议题上，中国、俄罗斯与欧盟正在发挥更大作用。俄罗斯与中国向联合国裁军谈判会议提出了《防止在外层空间部署武器、对外层空间物体使用或威胁使用武力条约》草案，欧盟提出了《国际太空行为准则》（ICOC），这两项倡议虽然遭到了美国的否决，但已经得到了国际社会的广泛认可。新兴太空国家成为推动构建国际太空规范、防止太空武器化的主要参与者。2013年，为回应中俄等国提出的要求，联合国大会通过了关于外空透明与建立信任（Transparency and Confidence-Building Measures, TCBMs）的报告，对国家间交换太空政策、太空活动、降低风险的相关信息提出了倡议。[①]虽然美国仍极力把持对国际太空秩序的控制，并在许多太空安全议题上拥有决定权，但随着越来越多的国家开始为自身的太空权益发声，美国的太空霸权受到挑战已经是不争的事实。

国际太空合作进一步推动了太空多极化的趋势，欧空局、亚太空间合作组织等太空合作机制不断发展，在促进各国太空利用的同时，形成了相对独立于美国的太空利益团体。2007年，29个欧洲国家通过了新的欧洲航天政策，旨在将欧盟各成员国与欧洲空间局的航天事业统筹起来。亚太空间合作组织（Asia-Pacific Space Cooperation Organization）于2005年在北京成立，目前共有中国、泰国、孟加拉国、伊朗、土耳其、巴基斯坦、蒙古国和秘鲁8个正式签约国，墨西哥为观察员国，埃及为准成员国，合作领域包括太空技术及应用、太空科学研究、太空科学技术教育等。除了太空国际组织，国家间的双边与多边太空合作更是不胜枚举。中国与发展中国家的太空合作是南南合作的典范，早在20世纪90年代，中国就已经与阿根廷、巴基斯坦、巴西、法国、马来西亚等十几个国家开展了太空合作，范围涵盖整星建造、卫星技术、卫星零部件和卫星应用的各个方面。印度也和众多国家开展了卫星合作。2009年，印度成功运用PSLV-C14运载火箭将6颗外国卫星送入太空。巴西与乌克兰，斯里兰卡与马来西亚等发展中国家也开展了形式多样的太空合作。[②]

---

① United Nations, “UN Group of Governmental Experts on Transparency and Confidence-Building Measures in Outer Space Activities Concludes Its Work,” July 16, 2013, https://www.un.org/press/en/2013/dc3441.doc.htm.

② 仪名海等:《外层空间国际关系》，清华大学出版社，2015，第101—103页。

（三）美国太空“依赖性”和“脆弱性”同时增加

美国军事力量对太空能力的依赖性与日俱增。从打击恐怖主义到保持核威慑，太空系统深入参与了美国开展的各项军事活动。缺少太空能力，美国几乎不可能实现精确打击和全球力量投送。这种依赖性的不断增强使美国的太空系统天然地成为对手打击的目标。在被称为“第一次太空战争”的海湾战争中，美国动用70多颗、近20个种类的卫星，24小时为地面作战提供保障。整场战争90%以上的战略情报信息、75%的军事通信和100%的导航定位是由卫星提供的。[①] 这些囊括侦察、通信、导航、气象、预警等各个方面的太空能力使伊拉克军队的兵力部署、指挥机构甚至作战企图都呈现在美军面前，为多国部队赢得战争发挥了重要的信息支援作用。时任美国空军参谋长的梅里尔·迈克皮克（Merrill A. McPeak）将军曾表示：“如果没有导弹预警、远程通信、气象预报，或是其他只因美国拥有太空能力而获得的优势，难以想象这场战争会是怎样的。太空资产将在未来的所有军事行动中发挥核心作用。”[②] 到阿富汗战争时，美国动用的卫星已经达到90多颗，而在伊拉克战争时则动用了100多颗。这种远超其他国家的太空能力在帮助美国实现战场透明化的同时，也形成了一种高度依赖太空系统的军事行动结构。

对太空能力依赖性的不断增加以及太空领域“攻击占优”的特性，使太空系统更容易成为美国的“阿喀琉斯之踵”——越是依赖太空，美国的太空系统越容易遭受攻击，在攻击后所受到的损失也越大。相比其他国家，美国的太空系统更加“脆弱”。时任空军太空司令部司令约翰·海腾承认，如果不能进入太空，美国的军事能力将会大大削弱，甚至退回到第二次世界大战或工业时代的战争模式。[③] 此外，由于第一太空时代较为单纯的太空环境，美国的太空资产在很长时间内处于“安全的庇护所”，因此往往在设计时没有考虑系统的防御能力，习惯于将多个有效载荷集中在一个平台上以提高效率、减少冗余。而在第二太空时代，不但太空自然环境逐渐恶化，太空行为体日益

---

① 李大光等编《美俄太空军事力量及其作战运用》，武警出版社，2012，第244—247页。

② Merrill A. McPeak, “Desert Storm Reinforces Military Space Directions,” *Aviation Week & Space Technology*, April 8, 1991, p.42.

③ “Transcript of ‘60 Minutes’ Air Force Space Command Segment,” Space News, April 26, 2015, http://spacenews.com/transcript-of-60-minutes-air-force-space-command-segment/.

多元，太空对抗能力不断扩散会使美国的太空系统更易成为对手的攻击目标，美国太空系统本身的精简、薄弱也使其更难以在复杂的太空环境中生存。面对更趋复杂的太空环境，美国的太空系统更易在攻击中丧失能力，也将因此导致美国整体军事能力的削弱。美国原先的太空体系架构已经无法适应第二太空时代的战略环境。

三、太空“公地悲剧”日趋明显

“公地悲剧”（The Tragedy of the Commons）是指公共物品在产权不清晰的条件下必然导致滥用而毁损，最终损害行为体自身利益的情况。[①] 太空这一全球公地经过人类60多年的开发利用也存在此类情况。太空不属于任何一个国家，但所有国家都渴望利用太空。在第二太空时代，越来越多的国家、组织和企业具备了太空发射能力，这也导致了越来越多的“物体”被放置在地球轨道上，使得太空日益拥挤。轨道“物体”带来了碎片、射频介入、潜在干扰和轨道资源竞争等问题。[②] 随着时间的推移和技术的普及，太空物理环境的拥挤趋势还在不断加剧。

（一）太空行为体数量增加

太空领域的“公地悲剧”首先来源于第二太空时代日益增加的太空行为体。在第一太空时代，具有太空发射能力的行为体极其有限，太空发射的主体也仅限于国家（政府和军队）。美国和苏联执行了绝大多数太空发射，中国、日本和部分欧洲国家是美苏之外少数拥有卫星的行为体。而进入第二太空时代，随着太空技术的扩散和民用、商业太空产业的发展，进入太空的国家数量和速度都急剧增加。伊朗、韩国、朝鲜纷纷拥有了独立的卫星发射能力，巴西、哈萨克斯坦等国也在开发运载火箭，乌克兰虽然没有自己的发射系统，但可以为“海上发射”公司（Sea Launch）建造“泽尼特”（Zenit）运载火箭。还有许多国家具有亚轨道发射能力，能够将火箭送入太空，包括阿

---

① 程群:《太空安全的“公地悲剧”及其对策》,《社会科学》2009年第12期，第13页。

② Theresa Hitchens and Joan Johnson-Freese, “Toward a New National Security Space Strategy: Time for a Strategic Rebalancing,” Atlantic Council, June 2016, p.15, http://www.atlanticcouncil.org/images/publications/AC_StrategyPapers_No5_Space_WEB1.pdf.

根廷、伊拉克、利比亚、巴基斯坦、南非、叙利亚等第三世界国家。[①] 2008年，进入太空的国家已经达到49个，目前已经有70多个国家拥有自己的卫星，80多个国家制定了或正在拟订太空发展计划。相比第一太空时代，第二太空时代拥有太空资产的行为体数量增长趋势更为明显（见图2–4）。

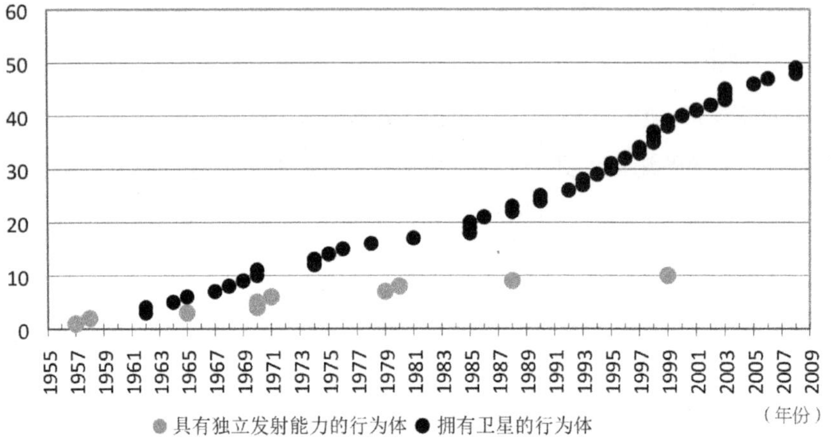

图2–4 太空行为体数量增长趋势[②]

太空行为体数量的增加直接导致了太空发射和航天器数量的增多。截至2020年7月31日的统计数据显示，处于正常在轨服务的卫星共有2787颗。2007年1月至2009年1月，全球新增航天器仅144枚；而2019年10月至2020年7月，新增航天器数量就已经达到733枚。[③] 与此同时，美俄之外的行为体在太空发射中所占的比例越来越大。仅就民用卫星来说，第一太空时代，美苏两国每年发射的卫星长期占据当年世界卫星发射总数的80%以上；而进入第二太空时代，这一比例日益缩小，从20世纪90年代的约60%缩减到21世纪初的40%左右（见图2–5）。

---

① Jessica West, ed., *Space Security Index 2009* (Ontario: Pandora Press, 2010), p.64.

② Jessica West, ed., *Space Security Index 2009* (Ontario: Pandora Press, 2010), p.66.

③ Union of Concerned Scientists, "Changes to the Database (Includes Additions and Deletions)," August 1, 2020, https://ucsusa.org/sites/default/files/2020-10/Changes%20to%20the%20Database%208-1-2020.pdf.

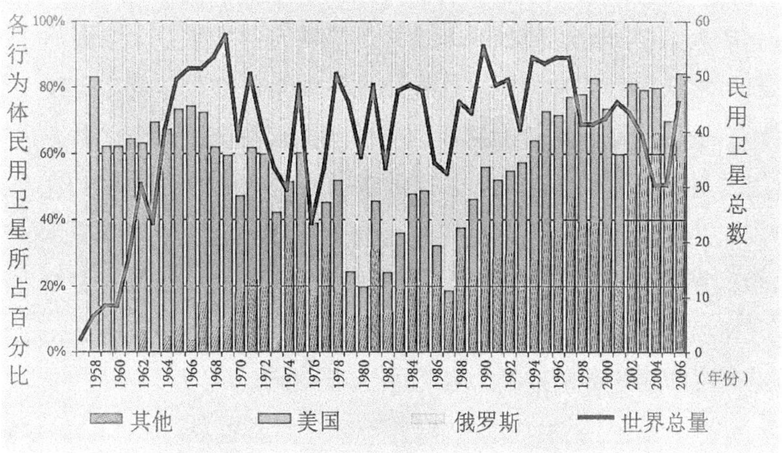

图2-5　各行为体发射民用卫星的比例[①]

随着太空发射成本的减少和国际太空合作的增加，参与太空活动的门槛降低，更多原本不具备太空能力的国家拥有了太空资产，同时也扩大了它们在太空的利益和力量存在。越来越多的国家通过商业太空部门或向其他国家购买商业太空服务来寻求在太空的经济、社会利益。英国的萨里卫星技术有限公司（Surrey Satellite Technologies Limited）为缺乏研制能力的国家提供低成本的小型卫星，在第二太空时代为阿根廷、韩国、泰国、土耳其等国家研发了该国的第一颗民用卫星。中国也曾协助阿尔及利亚、埃及、马来西亚、尼日利亚等国建设卫星项目。除了通过国际合作研发自己的卫星，更多国家通过多国所有的卫星来获取太空能力。到2020年7月，太空中共有64颗卫星登记为“多国所有”[②]，它们的所有者多数是跨国公司或国际组织，能够为包括国家、企业、个人在内的全球用户提供服务。当前，太空行为体不仅包括拥有太空能力的国家，还包括能够利用和改变太空环境的企业、组织，甚至个人。

（二）太空碎片问题突出

太空碎片是由人为活动造成的、围绕在地球轨道上的无用物体。太空碎

① Project Ploughshares, *Space Security 2007* (Ontario: Pandora Press, 2007), p.63.

② Union of Concerned Scientists, “UCS Satellite Database,”August 1, 2020, https://ucsusa.org/sites/default/files/2020-10/UCS-Satellite-Database-8-1-2020.xls.

片对所有航天器构成了一种重要的、持续的、不加区别的威胁。大多数太空任务都会产生太空碎片，例如火箭助推阶段废弃的残骸。太空爆炸之类的事件会引起更加严重的碎片问题。这些爆炸可能是无意的，例如未使用的燃料产生爆炸；也可能是有意的，例如利用动能拦截器测试太空武器。进入第二太空时代，太空碎片陡然呈现出几何数级的迅速增长（见图2–6）。根据目前监测的数据，直径大于10厘米的碎片有约2.3万个，直径大于1厘米的碎片有50万余个，直径小于1厘米的碎片更是数以百万计。[①] 由于其自身物理性质和所处大气密度的不同，这些碎片的轨道寿命由几天到上百年不等，位于地球静止轨道高度的碎片寿命甚至长达百万年。

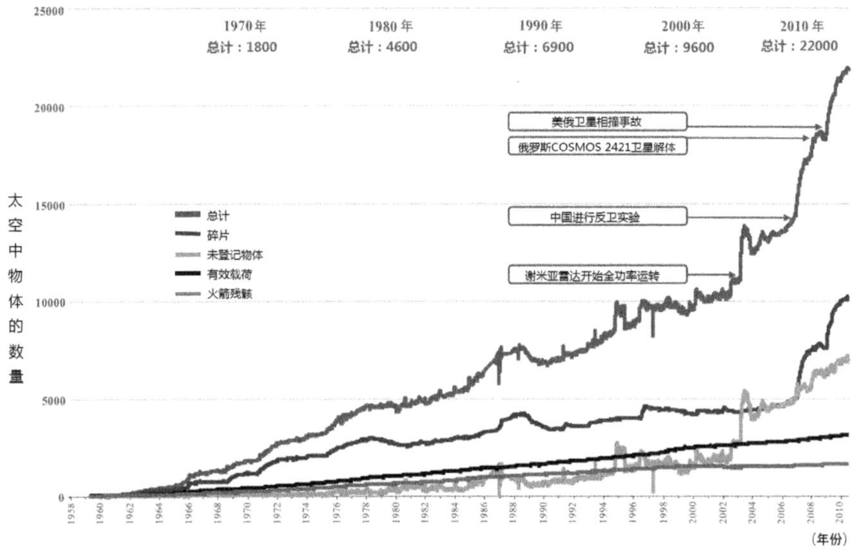

图2–6 太空中的物体数量（1958—2010年）[②]

太空碎片在地球轨道上以每秒7—8千米的速度飞行，即使是很小的碎片也能摧毁卫星或使其丧失功能，碎片的碰撞还会进一步形成层叠效应，引发雪崩式的太空撞击。美国宇航局科学家唐纳德·凯斯勒提出的理论认为，当近地轨道上运转的物体达到一定密度时，物体之间的碰撞将会产生更多的碎

① Jessica West, ed., *Space Security Index 2017*, September 2017, p.5, http://spacesecurityindex.org/wp-content/uploads/2017/09/SSI2017FullHiRes.pdf.

② Department of Defense of the United States, *National Security Space Strategy*, 2011, p.5.

片，从而引发更多的撞击，并最终导致近地轨道被太空垃圾覆盖。① 这一理论已经得到了证实。随着越来越多的国家寻求获得独立的卫星，或是计划在低地球轨道上建设大型星座，太空碎片还将不断增加。然而，人类对太空碎片的监测和追踪能力还很有限。目前，能够追踪的主要是直径大于10厘米的碎片，而更多的却是直径更小的碎片。轨道高度越高，碎片追踪越困难，在中地球轨道（地球上空2000—30000千米）和地球静止轨道上，分别只有大约1000个物体被跟踪。物体需要直径1米或更大，才能在地球静止轨道上被精确追踪。②

与此同时，为了缩减太空发射和卫星制造成本，当前航天企业更倾向于向低地球轨道发射小卫星星座。这些小卫星星座本身包含的卫星数量庞大，很容易造成轨道拥挤和频率干扰，引发太空物体之间的相互碰撞，造成以指数级增长的太空碎片。由于能力有限，微小卫星的寿命一般较短，而且由于缺乏机载推进系统，它们无法在轨道上机动，也就无法避免碰撞或是在任务即将结束时实现再入大气层。此外，这些卫星通常是作为二次有效载荷发射的，这意味着它们中的许多都处于较高的轨道中，无法快速衰减。微小卫星的低成本属性也允许更多的实验和不那么严格的质量控制，这将导致更多的失败卫星进入轨道。“星链”项目首先发射的60颗小卫星中，有3颗出现故障无法正常执行任务，故障率为5%。③ 这样的故障率将导致该项目会有600颗卫星无法工作，成为飘浮在低地球轨道上的太空碎片。同时，为了替换这些发生故障的卫星，又需要太空公司为星座准备足够多的备用卫星，或重新向轨道上发射新卫星，这些发射本身也将会增加新的太空碎片。此外，在发射过程中，企业往往采用一箭多星的方式将卫星送入轨道，一次数量甚至多达数十颗。因此，这一批同时间发射的、性能相同的、批量制造的卫星也将会在接近同一时刻寿命到期。太空中同时出现了数量这样多的废弃卫星，对于碎片减缓来说将是巨大的挑战。

---

① Donald J. Kessler and Burton G. Cour-Palais, “Collision Frequency of Artificial Satellites — The Creation of a Debris Belt,” *Journal of Geophysical Research Atmospheres* 7 (1978): 63.

② Jessica West, ed., *Space Security Index 2017*, September 2017, p.20, http://spacesecurityindex.org/wp-content/uploads/2017/09/SSI2017FullHiRes.pdf.

③ Jonathan O’Callaghan, “ ‘Not Good Enough’ — SpaceX Reveals That 5% of Its Starlink Satellites Have Failed in Orbit So Far,” Forbes, June 30, 2019, https://www.forbes.com/sites/jonathanocallaghan/2019/06/30/not-good-enough-spacex-reveals-that-5-of-its-starlink-satellites-have-failed-in-orbit/#5e422a367e6b.

目前，各国已经采取了减缓太空碎片的措施，但成效并不明显。1993年，由美、俄、英、日牵头的机构间空间碎片协调委员会（Inter-Agency Space Debris Coordination Committee, IADC）成立，并于2002年通过了《机构间空间碎片协调委员会空间碎片减缓指南》。2007年，联合国外空委也通过了由其科技小组委员会提交的《空间碎片减缓指南》。但这些指南均不具有法律约束力，也没有得到很好的遵从。2000年到2012年，有40%以上的废弃卫星和火箭残骸仍然滞留在低地球轨道上，而没有移入更低或更高的轨道以避开航天器密集的区域。[①] 卫星和火箭机动需要消耗燃料，而卫星运营者更愿意将有限的燃料运用在延长卫星寿命或搭载更多载荷上。商业卫星的碎片减缓更加难以管控。商业卫星通常不具备轨道推进能力，发射入轨后很难再进行机动操作，而即使有这样的能力，商业公司也更倾向于将能源用来延长卫星的使用寿命，很难让商业公司主动增加成本来执行碎片减缓措施。甚至在两颗卫星发生碰撞可能时，商业卫星也拒绝主动改变轨道以减少碰撞可能性。2019年9月，欧空局的"风神"（Aeolus）地球观测卫星与美国太空探索公司的一颗"星链"卫星可能发生碰撞。虽然"星链"卫星入轨时间更短、质量也更小，但在相互协调过程中，该公司仍然明确拒绝移动卫星，最终"风神"卫星主动让出了轨道。[②] 无论"星链"卫星是缺少机动能力，还是不愿承担避让成本，都显示出商业卫星在太空碎片减缓中面临困境。

（三）频轨资源竞争加剧

固定的太空飞行轨道和与地球通联的无线电频率是每一个航天器所必需的资源。国际电信联盟（International Telecommunication Union，ITU）将轨道和频率视为"有限的自然资源"，因为它们具有有限的数量和不可分割的性质。[③] 太空环境复杂，适合航天器运行的轨道有限，不同高度的轨道能够运行

---

① Peter B. de Selding, "65th International Astronautical Congress | Cubesat Revolution, Spotty Compliance with Debris Rules Fuel Dangerous Congestion in Low Earth Orbit," Space News, October 3, 2014, http://spacenews.com/4207665th-international-astronautical-congress-cubesat-revolution-spotty/.

② Jonathan O'Callaghan, "SpaceX Declined to Move a Starlink Satellite at Risk of Collision with a European Satellite," Forbes, September 2, 2019, https://www.forbes.com/sites/jonathanocallaghan/2019/09/02/spacex-refused-to-move-a-starlink-satellite-at-risk-of-collision-with-a-european-satellite/#16a093fa1f62.

③ "NTIA Manual of Regulations & Procedures for Federal Radio Frequency Management (May 2003 Edition)," Chapter 2, Section 2.1, http://www.ntia.doc.gove/osmhome/redbook/redbook.html.

的卫星种类也有区别。航天器之间为了避免信号干扰，还必须保持至少2°的距离。地球同步轨道（Geosynchronous Orbit, GEO）上的卫星能够与地球同步运转，但其高度特定，最多只能放置180—240颗卫星，因此轨道竞争现象更为突出。无线电频率是航天器与地面联系的媒介，目前人类技术所能利用的频率只占无线电频率的10%左右，虽然能够采取一定手段重复使用同一频率，但在一定区域、时间和条件下能够使用的频率还是有限的，否则就会造成信号干扰。[①]

航天器的轨道和频率需要在其发射之前向国际电信联盟申请，随着国际社会对航天器的需求日益加大，对轨道和频率资源的竞争也更加激烈。虽然国际电信联盟规定航天器的轨道和频率"必须合理、有效和经济地使用……以便国家或国家集团能够公平地使用"，但实际上，轨道的申报却遵从"先到先得"的抢占方式。先申报的行为体具有优先使用权，后申报的行为体需要与之前的行为体进行谈判，同时保证不对先申报行为体的卫星造成干扰。随着轨道上卫星的不断增多，国际谈判的难度也日益增大，还出现了许多"纸面卫星"——一些行为体申报了轨道资源却不发射卫星，以此阻止其他行为体申报或将这一资源出售牟利。

各类大型卫星星座计划的出现为无线电频率的协调增加了更多的担忧。仅在2014年11月至2015年2月，国际电信联盟已经注册了至少6个卫星网络，其范围遍布近、中、远地球轨道。[②] 而更多的卫星星座还在计划中，并随着卫星小型化和模块分散化的扩展而不断增加。同时，国际电信联盟保护频率不受干扰的规定也遭到了滥用。《国际电信联盟组织法和公约》第45条规定，"所有电台的建立和运作都不能对其他成员的无线电服务或通信造成有害干扰"。而第48条又规定，军事通信不受国际电信联盟章程的限制。[③] 但军事太空活动可以包括各种商业和民用太空设备，而且构成了最大的太空用户群之一。到2016年5月，已经有位于62个独立轨道位置上的120个卫星网络申请为用

---

① 何奇松：《太空安全问题研究》，复旦大学出版社，2014，第39页。

② Attila Matas, "Conflicts Related to Radio Frequency Interference Abuse of ITU Regulatory Procedures," 4th Manfred Lachs International Conference on "Conflicts in Space and the Rule of Law," May 27-28, 2016, https://www.mcgill.ca/iasl/fles/iasl/1._a._matas.pdf.

③ ITU, *Constitution and Convention of the International Telecommunication Union: Final Acts of the Plenipotentiary Conference*, Marrakesh, 2002, http://www.itu.int/en/history/Pages/ConstitutionAndConvention.aspx.

于“国防、军事或政府使用”目的。[①] 这增加了对无线电频率协调和管理的挑战。

本章小结

在第二太空时代，美国强大的太空技术和产业优势使其仍然能够主导国际太空秩序，这使得美国的地区盟友仍然渴望与其开展太空合作，全球日益增长的太空商业需求也为美国太空产业的发展提供了机遇。但与此同时，太空军事化趋势的增强也让美国不再拥有在太空的绝对安全，主要对手太空军事能力的增强和进攻性太空能力的扩散都可能威胁美国的太空优势；美国在太空的产业优势和政治优势也相对缩小，对太空的霸权控制正受到挑战；太空环境的拥挤、太空碎片问题和频轨资源竞争的加剧使太空领域的“公地悲剧”日趋明显。这些在自然环境、国家安全和权力竞争中存在的种种威胁，对美国认知太空威慑战略环境、形成太空威慑战略思想产生了重要影响。

---

① Jessica West, ed., *Space Security Index 2017*, September 2017, p.31, http://spacesecurityindex.org/wp-content/uploads/2017/09/SSI2017FullHiRes.pdf.

第三章 美国太空威慑战略的目标

作为美国太空安全战略和威慑战略的分支，美国太空威慑战略的目标必须依托和服务于更高层次的国家战略。就太空安全战略而言，美国太空安全活动的战略目标设定为三个层次：第一，确保美国的太空优势；第二，维护和增进由美国太空能力提供的国家安全战略优势；第三，鼓励发展为美国国家安全作出贡献的太空产业。这三个层次比较典型地体现了第二太空时代美国太空活动的出发点和落脚点。就威慑战略而言，美国国防部文件《威慑行动联合作战概念》将威慑的目标定义为“决定性地影响对手的决策考量”，使对手意识到发起敌对行动将得不偿失。① 因此，从宏观上看，美国太空威慑战略的目标从属于美国太空安全战略的目标，同样致力于维护并拓展美国的太空利益，促进美国国家安全。从微观上看，威慑最直接的目标是影响对手的决策过程和结果，使其确信发起挑战将得不偿失，从而放弃挑战。

根据对美国相关国家安全战略、太空政策和威慑战略的分析，可以将美国太空威慑战略的目标判定为三个层次：一是慑止对美国太空能力的破坏，防止对手妨碍美国利用太空；二是慑止对美国地表利益的威胁，维护美国太空能力所带来的战略优势；三是慑止对美国霸权地位的挑战，全面保证美国的太空优势及其所附加的政治、经济、军事优势。

① Department of Defense of the United States, *Deterrence Operations Joint Operating Concept*, December 2006, p.23.

第一节 初级目标：慑止对美国太空能力的破坏

不论是在政治、经济，还是安全领域，美国比世界上的任何国家都更依赖太空。太空军事能力保证了美国及其盟友能够到达、塑造、支援和控制地球上的任何领域，太空技术和产业同样为美国在经济发展、信息传递、外交合作等诸多方面创造了优势。进入第二太空时代，美国在太空面临着对手数量增加、太空环境恶化、相对优势缩小等诸多威胁，首当其冲的就是潜在对手可能对美国太空资产实施的攻击。慑止对美国太空资产的攻击，确保美国的太空能力可以正常运行，成为美国太空威慑战略最基本的目标。

一、慑止对手阻挠美国进入太空

进入太空是美国开展一切太空活动的前提。这里的“进入”不仅包括利用火箭发射将物体送入太空，还包括美国航天器在太空中持续稳定地航行。任何可能对美国太空发射能力造成损害、破坏美国在太空航行条件的行为都是美国太空威慑战略慑止的对象。2006年版的美国《国家太空政策》写明，太空活动的目标包括：“保证美国在太空或经过太空的行动不受阻碍，从而确保美国的太空利益”；“实施和维持载人或无人的太空探索计划，扩展人类在太阳系的存在”。2010年版的《国家太空政策》再次强调，“自由进入太空对美国的国家利益至关重要”，“要确保美国进入太空的能力，这一能力首先依赖于发射能力”。[①] 2020年版的《国防太空政策》指出：“美国的安全和繁荣需要不受阻碍地进入和利用太空。”[②]

（一）慑止对手削弱美国太空发射能力

美国将物体送入太空的能力主要体现在火箭制造和发射能力上。然而，在相当长一段时期里，美国在重型火箭制造和国际空间站运输上仍然对外国设备有所依赖。在20世纪80年代，除航天飞机外，美国竟然没有其他可靠的太空发射方式。1986年“挑战者”号事故后，整个航天飞机机队立即停

① The White House, *National Space Policy of the United States of America*, June 28, 2010, pp.3-5.

② Department of Defense of the United States, *Defense Space Strategy Summary*, June 2020, p.3.

飞。政府为了对航天飞机进行系统评估和安全检测，使这次停飞一直持续到1988年9月，直接导致美国航天运输力量在国际市场中消失了。由于先前航天飞机的垄断，使消耗性运载火箭的技术人员大量流失，火箭本身也缺乏维护，使能够代替航天飞机执行任务的火箭可靠性直线下降，大力神34D（Titan 34D）、德尔塔火箭（Delta）、宇宙神－半人马座火箭（Atlas-Centaur）这3种主流火箭在5年中4次发射失败。美国的太空发射和太空运输能力受到了广泛质疑。① 而到2011年，美国航天飞机退役后，俄罗斯的“联盟”（Soyuz）号宇宙飞船仍然是运送宇航员往返国际空间站的唯一工具，“进步”（Progress）号货运飞船还是唯一能提升国际空间站轨道高度、防止其不断向下跌落的设备。俄罗斯研制的RD–180大推力火箭发动机是美国制造“宇宙神5”（Atlas V）运载火箭的关键部件，是美国用于发射军用卫星和大型民用载荷的主要设备。苏联时期研发的NK–33火箭发动机也是美国制造“天鹅座”（Cygnus）货运飞船的必要组件。

这种依赖性为俄罗斯威胁美国利益提供了砝码。2014年乌克兰危机后，为报复美国对俄罗斯施加的制裁，俄罗斯宣布将停止向美国出售RD–180火箭发动机，并在2020年后不再与美国合作建设国际空间站，转而独立运行国际空间站的俄罗斯舱段，建设自己的空间站。时任俄罗斯副总理的德米特里·罗戈津在社交媒体上发文称：“在分析了美国对我们太空工业的制裁之后，我建议美国以后用蹦床将他们的宇航员送上国际空间站。”② 为此，美国国防部授权一个太空专家委员会进行研究，认为失去RD–180发动机将会给美国太空发射带来巨大损失，至少会导致“宇宙神5”运载火箭的暂时搁浅，推迟多达31个太空发射任务，使美国损失高达50亿美元，并最终导致空军在与国家安全有关的太空竞赛中落后于人。③

在此之后，美国努力摆脱对俄罗斯太空设备的依赖，但最初成效并不

① Roger Handberg, *International Space Commerce: Building from Scratch* (Gainesville: University Press of Florida, 2006), p.80.

② P. J. O'Rourke, “Why Does the USA Depend on Russian Rockets to Get Us into Space?” The Daily Beast, June 22, 2014, https://www.thedailybeast.com/why-does-the-usa-depend-on-russian-rockets-to-get-us-into-space.

③ Mike Gruss, “Losing Access to RD-180 Engine Would Prove Costly, Pentagon Panel Warns,” Space News, May 21, 2014, http://spacenews.com/40645losing-access-to-rd-180-engine-would-prove-costly-pentagon-panel-warns/.

明显。2014年，美国曾经立法禁止从俄罗斯进口RD–180发动机，但这一禁令很快就在一年后被取消。2016年4月，美国国防部副部长罗伯特·沃克（Robert Work）表示，美国在未来6年内还需要18台RD–180发动机，因为美国国产的替代发动机“不可能在6年内完成”。[①] 虽然在此之后，美国的太空探索公司在政府和军方大力扶持下成功研发“猛禽”大推力发动机，“猎鹰”系列火箭和“载人龙”飞船也都开始承接美国政府订单，但直到2019年2月，RD–180发动机的高室压纪录才被太空探索公司的“猛禽”发动机打破。太空探索公司总裁马斯克在社交媒体上公布了这一消息，但很快，俄罗斯动力机械科研生产联合体首席设计师列沃奇金（Pyotr Lyovochkin）回应说，拿液氧/煤油机和液氧/甲烷机作比较，就像将柴油发动机和汽油发动机比参数，况且RD–180还留了10%的余量，并且在推力指标上，“猛禽”也难以与RD–180比肩。蓝色起源公司（Blue Origin）开发的BE–4火箭发动机交付时间从2017年推到了2022年，在推力上也略逊于RD–180。美国联合发射联盟（United Launch Alliance, ULA）发言人表示，美国要到21世纪20年代中期才会停止使用RD–180发动机。[②] 也就是说，虽然美国已经部分拥有了能够替代俄罗斯发动机的产品，但短期内完全摆脱对RD–180的依赖仍然要付出相当大的成本。

不仅火箭发动机，目前美国火箭制造的许多零部件都由国外制造。虽然美国已经出台各种措施防止与对手国家开展合作，但新兴的商业航天公司仍然会出于降低成本、提高利润的考虑而寻求最便宜、最便捷的生产方式。航天产业的国际化、全球化不可避免。鉴于此种情况，美国需要采取手段，慑止类似俄罗斯以断供火箭发动机为要挟的事件发生，防止竞争对手对美国的太空发射能力构成威胁。

（二）慑止对手破坏太空物理环境

稳定、安全的太空物理环境是航天器在轨道上正常运行的基础。由于太空

---

① Phil Stewart, “U.S. Needs up to 18 More Russian Rocket Engines: Pentagon,” Reuters, April 9, 2016, https://www.reuters.com/article/us-usa-space-russia/u-s-needs-up-to-18-more-russian-rocket-engines-pentagon-idUSKCN0X600H.

② “US to Stop Using Russian Rocket Engine RD-180 in Mid-2020s - United Launch Alliance,” Sputnik News, Septembter 16, 2020, https://sputniknews.com/world/202009161080470382-us-to-stop-using-russian-rocket-engine-rd-180-in-mid-2020s---united-launch-alliance/.

行为体和航天发射的不断增多，太空中的人造物体已经越来越拥挤。如果任由太空垃圾不断增多，其碰撞产生的太空碎片最终将导致太空无法被人类利用，而最依赖太空能力的美国将会是首当其冲的受害者。2011年版的《国家安全太空战略》将维护安全稳定的太空环境作为战略目标之一，旨在实现太空中非人为事故的风险最小化。① 历年的《国家太空政策》《国防部太空政策》也都将"促进对太空负责任的、和平的、安全的利用"作为美国太空活动的目标。②

美国反对"不负责任的太空活动"，实质上是反对这些太空活动可能对美国太空设备造成的破坏，不管这些破坏是直接还是间接，有意还是无意。2007年，中国利用一枚反卫星导弹击中了已经废弃的"风云一号"C气象卫星，卫星解体产生了大量轨道碎片，引起了美国的极大反应和强烈谴责。美国一方面担忧中国已经具备的直升式动能反卫星能力，另一方面担忧大量增加的太空碎片会在太空引起滚雪球式的碰撞，并最终危及美国的航天器。2013年，一颗俄罗斯的"太空球透镜"（Ball Lens In The Space, BLITS）卫星受到太空碎片撞击。美国研究机构在没有足够证据支撑的情况下，仍然宣称发生撞击的碎片来源于2007年中国的反卫星试验，继续渲染中国是"不负责任的太空行为体"。③

事实上，太空物理环境的恶化、太空碎片的增多主要是由意外撞击产生的，人为有意制造的情况很少。毕竟太空是能够造福全人类的宝贵资源，刻意破坏太空环境对任何行为体都没有好处。美国之所以还要反复强调慑止破坏太空环境的行为，更多是为了借此形成政治优势，给对手扣上"不负责任""破坏全球公域"的帽子，进一步巩固美国的太空领导地位。

二、慑止对手妨害美国利用太空

保证太空设备的正常运行，充分利用太空优势以实现国家利益，是美国太空威慑战略更为显著的目标。1996年版的《国家太空政策》指出，美国认为，任何太空系统都属于国家财产，具有在太空中进行操作而不受干扰的权

---

① Department of Defense of the United States, Office of the Director of National Intelligence, *National Security Space Strategy (unclassified summary)*, January 2011, p.4.

② The White House, *National Space Policy of the United States of America*, June 28, 2010, p.4.

③ Leonard David, "Russian Satellite Hit by Debris from Chinese Anti-Satellite Test," Space, March 8, 2013, https://www.space.com/20138-russian-satellite-chinese-space-junk.html.

利。故意干扰太空系统的行为应被视为对主权权利的侵犯。[①] 2011年版的《国家安全太空战略》指出，美国国防部和情报界仍然依赖太空系统来执行军事行动，必须确保美国能够正常利用太空能力，并将“维护和增强太空给美国国家安全带来的战略性优势”作为战略目标之一。[②] 特朗普政府在2018年公布的《国家太空战略情况说明》中进一步传递出威慑信息：“任何对美国太空系统恶意干扰和攻击的行为都将受到报复，报复的时间、地点、领域和方式将由美国选择。”[③] 慑止对手妨害美国利用太空可以包括两个方面：一是慑止对手阻碍美国太空自由航行；二是慑止对手攻击美国太空系统。

（一）慑止对手阻碍美国太空自由航行

在各项政府文件中，美国始终反复强调太空的无主权性和美国在太空自由航行的权利。历年的《国家太空政策》《国家安全战略》等文件均反复声明，美国反对任何国家对太空、天体或任何其他部分的主权主张，反对任何限制国家从太空获取数据的行为。[④] 这一看似理所当然的声明在文件中不断出现并不是没有原因的，其言下之意是，太空环境不属于任何一个主权国家，因此美国在太空的航行不受任何国家和行为体的约束。

然而，由于太空中可被人类利用的频率和轨道是有限的，美国在太空中所要求的自由进入、自由航行，实质上是要求美国在太空的任意进入、任意航行，是对己不对人的双重标准，是美国“例外论”在太空领域的延伸。这势必会侵占到其他国家的正当利益，而一旦其他国家对此表示反对，就会被美国视为“阻碍美国太空自由航行”的行为，成为美国太空威慑战略要慑止的对象。长期以来，由于国际太空频轨分配实行“先申请、先使用”的原则，美国凭借其技术和资金优势抢占了大量频轨资源，甚至占据了许多其他国家

---

① The White House National Science and Technology Council, *Fact Sheet: National Space Policy*, September 19, 1996, p.1.

② Department of Defense of the United States, Office of the Director of National Intelligence, *National Security Space Strategy (unclassified summary)*, January 2011, p.4.

③ The White House, “Fact Sheet: President Donald J. Trump is Unveiling an America First National Space Strategy,” March 23, 2018, https://www.whitehouse.gov/briefings-statements/president-donald-j-trump-unveiling-america-first-national-space-strategy/.

④ The White House National Science and Technology Council, *Fact Sheet: National Space Policy*, September 19, 1996, p.1.

理想的卫星轨道和频率。这引起了许多目前还没有能力利用太空的国家的不满。为表示抗议，8个赤道国家曾在1976年发表宣言，声明它们对本国领土上空的太空轨道拥有所有权；还有一些国家铤而走险擅自发射卫星，或使用已经分配给其他行为体的频率。[①] 这些由频轨资源分配不公平造成的行为被美国视为对其太空航行自由的威胁。虽然美国也曾考虑过在现行国际制度中兼顾这些后发国家的利益，但最终还是为了确保美国在太空的自由而对这些国家实行威慑和打压。

美国在太空的自由航行不仅包括民用、商业航天器在太空的自由航行，还包括美国太空武器在太空的自由航行。美国不仅要慑止对手阻碍其卫星在太空的自由航行，还要慑止对手利用外交、军事等各种手段阻碍美国在太空部署武器。为规范国际太空秩序，中俄两国曾提出关于禁止在太空放置武器的条约草案，首先对太空武器的定义、范围作出了明确——“位于外空、基于任何物理原理，经专门制造或改造，用来消灭、损害或干扰在外空、地球上或大气层物体的正常功能，以及用来消灭人口和对人类至关重要的生物圈组成部分或对其造成损害的任何装置”。[②] 美国认为，该项定义限制了美国发展天基弹道导弹系统，却对中俄发展反卫星武器留出了余地，始终对草案持反对态度。2015年，第69届联合国大会通过了关于“不首先在外层空间放置武器”的决议，美国依然带头反对。时任美国副助理国务卿的弗兰克·罗斯（Frank A. Rose）表示，美国不会支持以上任何一个倡议，并认为它们都不能作为任何国际谈判的基础。[③]

（二）慑止对手攻击美国太空系统

由于美国军事力量对太空能力的依赖性不断增强，利用太空已经成为美国军事效能发挥的关键。在第二太空时代，美国的太空能力从冷战时期主要发挥战略威慑向战役、战术层次不断拓展。太空作为“制高点”所提供的定位、导航、侦察、预警、通信、气象等作战支援服务不仅有效增强了传统军

---

① 何奇松：《太空安全问题研究》，复旦大学出版社，2014，第136—142页。

② 《“防止在外空放置武器、对外空物体使用或威胁使用武力条约”草案》（中文），2008年2月，中华人民共和国外交部网站，http://www.fmprc.gov.cn/123/wjb/zzjg/jks/jksfyywj/t406997.htm。

③ Bill Gertz, “U.S. Opposes China-Russia Space Arms Treaty,” The Washington Times, December 2, 2015, https://www.washingtontimes.com/news/2015/dec/2/inside-the-ring-us-opposes-china-russia-space-arms/.

事作战能力，甚至已经成为当前美军联合作战不可或缺的一部分。太空能力不仅是力量“倍增器”，更是“赋能器”，决定了美国其他军事力量能否正常发挥。而一旦对手攻击美国的太空设备，其危害也不仅局限于太空领域，还可能引起陆、海、空、网络、核力量等其他军事力量的崩溃。为了确保美国太空系统的正常运行，美国需要慑止一切可能破坏美国太空系统功能的行为。2020年版的美国《国防太空战略》的战略目标之一，就是做好保护美国、盟友和伙伴，以及商业部门的太空能力。[①]

进入第二太空时代，随着美国对太空系统依赖性的加强和脆弱性的增加，美国始终认为，太空系统作为联合作战的关键节点，必然会遭到来自对手的攻击。2001年，由拉姆斯菲尔德担任主席的国家安全太空管理和组织评估委员会警告，美国的太空系统可能面临着“太空珍珠港”式的突然袭击。“历史经验证明，一旦美国提供了一个目标，它就一定会被攻击。随着美国深化对太空的商业和军事利用，美国的太空系统就成为这样的目标。”[②] 2011年版的《国家安全太空战略》认为，“在未来十年，越来越多的国家与非国家行为体将会发展反太空能力，对美国太空系统的威胁将会增加”。[③]

对于美国来说，一旦对手具备了进攻美国太空系统的能力，就等于对手具有进攻美国太空系统的意图。因此，为了维护美国的太空优势和“行动自由”，美国必须慑止可能对美国太空系统造成损害的行为。2001年，拉姆斯菲尔德报告警告“像伊朗、朝鲜、伊拉克和巴基斯坦这样的国家，只需要一枚火箭和一个简单的核装置就可以将弹头送到大气层外引爆，即使它们还没有完全研发出核武器”。[④] 2017年，美国战略司令部司令约翰·海腾在公开场合表示，虽然中国声称将和平利用太空，“但同时中国是世界上最具侵略性的国家，他们正在制造未来将在太空挑战美国的武器”，“在不远的将来，他们将

① Department of Defense of the United States, *Defense Space Strategy Summary*, June 2020, p.2.

② The Commission to Assess United States National Security Space Management and Organization, *The Report of the Commission to Assess United States National Security Space Management and Organization, Executive Summary*, January 2001, p.13.

③ Department of Defense of the United States, Office of the Director of National Intelligence, *National Security Space Strategy (unclassified summary)*, January 2011, p.3.

④ The Commission to Assess United States National Security Space Management and Organization, *The Report of the Commission to Assess United States National Security Space Management and Organization*, January 2001, pp.76-78.

有能力威胁到我们在太空的所有航天器”。[①] 2018年，美国智库战略和国际研究中心出版了研究报告《太空威胁评估2018》，将美国太空系统可能遭受的攻击分为动能物理攻击、非动能物理攻击、电子攻击和网络攻击四大类，并认为中国、俄罗斯、伊朗、朝鲜等主要对手都已经具备以上4种反卫星能力，美国必须尽快制定政策，防止太空系统遭到破坏。[②]

第二节 中级目标：慑止对美国地表利益的损害

美国的太空威慑战略根植于其“天权”（space power）理论，进行太空威慑的目标正是为了获取制天权。美国学界认为，“天权”是指综合利用技术、人员、经济、工业、国家意志及其他因素，通过太空活动对其他国家和行为体施加政治影响，或实现国家目标的能力。[③] 美国军方解释，“天权”是指一国为实现其目标，向太空、在太空、从太空或经过太空实施行动或发挥影响的全部能力。[④] 美国太空司令部前司令豪威尔·埃斯蒂斯三世（Howell M. Estes III）在1996年的一次空军论坛上表示，太空已经成为美国军队作战的第四疆域，在这里，军队为保护美国国家安全利益而战。[⑤] 也就是说，美国发展和使用太空力量，最终是为了服务于地球上的战略目标，服务于美国的国家利益。

1996年版的美国《国家太空政策》指出，国家安全太空活动的目标有三点：“提升对世界范围内军事作战的支援能力、监控和反击战略军事威胁，以及核查军备控制和不扩散协议的执行。”[⑥] 可以说，在多极化趋势更趋明显、威胁来源更加多元的第二太空时代，美国利用太空能力慑止地表威胁的目标

① Cheryl Pellerin, “Hyten: Deterrence in Space Means No War Will be Fought There,” Department of Defense of the United States, January 26, 2017, https://www.defense.gov/News/Article/Article/1061833/hyten-deterrence-in-space-means-no-war-will-be-fought-there/.

② Todd Harrison et al., *Space Threat Assessment 2018* (London: The Center for Strategic and International Studies, April 2018).

③ James E. Oberg, *Space Power Theory* (Springs: US Air Force Academy, 1999), p.10.

④ Joint Chiefs of Staff, *Joint Publication 1-02 Department of Defense Dictionary of Military and Associated Terms*, November 8, 2010 (As Amended through February 15, 2016), p.220.

⑤ Howell M. Estes III, “Space: Fourth Medium of Military Operations,” Air Force Association National Symposium, October 18, 1996, http://www.spacecom.af.mil/usspace/speech1.htm.

⑥ The White House National Science and Technology Council, *Fact Sheet: National Space Policy*, September 19, 1996, p.3.

可以分为三个部分：慑止对手发动地区冲突、慑止对手研发违禁武器，以及慑止恐怖主义和极端主义活动。三者之间存在交集，最终是为了通过对太空能力的综合运用，慑止对手损害美国在地球表面的利益。

一、慑止对手发动地区冲突

保护美国本土的安全及美国在关键地区的利益始终是美国一切国防活动的出发点。1991年8月，美国发布《国家安全战略》，认为美国已经在与苏联的战略竞争中赢得胜利，未来的对手将不再是一个明确的、力量相称的超级大国，而是由权力真空和地区不稳定而产生的新威胁。美国的国家安全目标首先是慑止任何对美国及其盟国安全构成威胁的行为。① 1993年颁布的《20世纪90年代国防战略：区域防务战略》指出，美国的国家战略已经从关注全球威胁转为应对区域挑战，从冷战时期的遏制战略转为区域防务战略。美国的国防战略目标首先是慑止或击败任何对美国、美国公民和部队的攻击，并排除任何敌对势力支配对美国利益至关重要的地区，这些地区包括欧洲、东亚、中东和拉丁美洲。② 2001年以后，虽然恐怖主义成为美国的主要威胁，但保卫美国国土、维护地区局势稳定仍然是美国的核心利益。奥巴马政府上台后提出“亚太再平衡”战略，旨在慑止亚太地区大国可能对美国领导地位构成的挑战。2018年，特朗普政府发布《美国国防战略》，认为来自“修正主义”国家和“流氓政权”的挑战再次成为美国面临的主要威胁，美国应当同时在全球范围和关键地区保持军事优势，在印太、欧洲、中东和西半球地区维持有利于美国的战略平衡。③

太空能力对慑止地区冲突发挥着关键作用。早在20世纪60年代，美国就通过卫星侦察发现苏联的核力量并不足以与美国抗衡，并最终促使苏联在“古巴导弹危机”中退让，避免了一场核战争。④ 里根政府时期，由30余名美国科学家、战略家、经济学家等专业人士构成的研究小组就提出了“高边疆”理

---

① The White House, *The National Security Strategy of the United States of America*, August 1991, p.3.

② Secretary of Defense Dick Cheney, *Defense Strategy for the 1990s: The Regional Defense Strategy*, January 1993, p.8.

③ Department of Defense of the United States, *Summary of the 2018 National Defense Strategy of the United States of America*, 2018, p.4.

④ Michael Maj Muolo and Richard A. Hand, *Space Handbook: A War Fighter's Guide to Space (AU-18)* (Maxwell: Air University Press, 1993).

论，建议美国开发“战略防御计划”（Strategic Defense Initiative, SDI），构建包括天基反导在内的多层次导弹防御系统，从而消除苏联军事力量可能给美国及盟友带来的地区安全威胁。1991年海湾战争后，美国太空部队为地面力量提供的通信、导航、侦察、预警、气象服务等，标志着新的战争形态已经形成。美国用超前的太空作战支援能力向世界传递出这样的信息——美国的军事力量已经远远超出了任何对手，任何妄图挑战美国地区利益的行为都将得不偿失。

正是由于太空能力在平时和战时都能发挥提升军事实力、维护战略优势的作用，太空能力及其发挥的威慑作用成为实现美国国家战略目标不可缺少的一部分。美国太空军事力量的任务职能主要包括太空信息支援、太空支持、太空控制和太空力量应用四个部分，虽然历年文件中对任务内容和划分有所调整，但情报监视、导弹预警、发射探测等实时监控地区安全局势的任务，以及洲际弹道导弹和反导系统等从太空投射力量的任务始终是美国太空军力的核心内容。2006年版的《国家太空政策》明确，美国太空活动的基本目标包括“确保太空能力可以及时满足扩展美国国家安全、国土安全和外交政策目标的需要”。[①] 其中的一项主要内容就是维护美国的地区利益，慑止不利于美国的、由竞争对手和敌对国家挑起的地区冲突。2011年版的《国家太空安全战略》在“太空威慑”相关部分引用了2010年版的《四年防务评估》中的语句作为指引：“美军必须有能力慑止、防御和击败来自敌对国家的袭击，这种能力是美国保护国家利益、提供关键地区安全的基础。”[②] 由此可见，慑止不利于美国的地区冲突、保护美国在关键地区的利益是太空威慑的目标之一。

特朗普政府上台之后，将大国竞争作为美国安全面临的首要威胁。太空能力进一步成为美国遏制大国竞争对手的工具。2020年版的《国防太空战略》认为，“中国和俄罗斯正在将太空武器化，以期在地区冲突中慑止或抵抗美国的军事介入”。

二、慑止对手研发使用违禁武器

在美国政府出台的国家战略和美国军方颁布的国家军事战略中，慑止对

① The White House, *U.S. National Space Policy*, August 31, 2006, p.2.

② Department of Defense of the United States, Office of the Director of National Intelligence, *National Security Space Strategy (unclassified summary)*, January 2011, p.10.

手违规研发使用包括核、生、化及放射性武器在内的大规模杀伤性武器始终是美国的战略目标之一。1991年版的《国家安全战略》在“我们在90年代的利益和目标”部分写明，美国要防止将关键的军事技术和资源转让给敌对行为体，特别要防止生物、化学、核武器以及相关运载工具的扩散。① 这一战略目标的重要性在2001年“9·11”事件后更加凸显。美国担忧，像朝鲜、伊朗这样的“流氓国家”可能掌握大规模杀伤性武器或与导弹相关的设备和技术，并将其进一步扩散给恐怖分子。2002年，美国出台《国家安全战略》和《应对大规模杀伤性武器的国家战略》，认为对手可能会利用大规模杀伤性武器来平衡美国常规部队的优势，并以此作为胁迫和恐吓的工具，进而威胁美国的地区利益。② 2006年，参联会又专门出台《应对大规模杀伤性武器的国家军事战略》，将战略目标的第一条定为“美国武装力量需与美国国家力量的其他部门一起，慑止大规模杀伤性武器的使用”，并要求军方能够使用包括太空能力在内的“进攻性作战”（offensive operations）方式，及时发现、识别并寻求消除对手的大规模杀伤性武器。③ 奥巴马政府上台后，仍然认为防止大规模杀伤性武器的扩散和使用是国家的“头等优先任务”，需要通过监控追踪杀伤物质的材料及运载工具来进行威慑。④ 特朗普政府则认为大规模杀伤性武器扩散的可能性还在不断增大，美国应当尽力避免此类武器和相关材料落入敌对行为体手中。⑤

就美国的太空政策而言，慑止对手研发使用违禁武器同样是美国太空活动的目标。1994年版的《国家安全战略》指出，保持太空自由对实现美国的国家安全目标至关重要，美国必须阻止大规模杀伤性武器在太空的扩散。同时，包括太空侦察在内的情报系统要提高对大规模杀伤性武器、其生产储存设施及运载系统的发现、定位、识别能力。⑥ 1996年版的《国家太空政策》

---

① The White House, *National Security Strategy of the United States*, August 1991, p.3.

② The White House, *National Strategy to Combat Weapons of Mass Destruction*, December 2002, p.1.

③ Joint Chiefs of Staff, *National Military Strategy to Combat Weapons of Mass Destruction*, February 13, 2006, pp.7-16.

④ Department of Defense of the United States, *Quadrennial Defense Review Report*, February 2010, p.34.

⑤ The White House, *National Security Strategy of the United States of America*, December 2017, p.8.

⑥ The White House, *A National Security Strategy of Engagement and Enlargement*, July 1994, pp.10-14.

将“监控军备控制协议的执行”作为太空情报活动的职能之一。[①] 2009年版的和2013年版的《太空作战》联合条令都规定美军必须对核爆炸事件提供及时的预警和描述，利用太空的信息支援能力核查军备控制条约的执行，监测大规模杀伤性武器的性质和能力，判别潜在的生物、化学、辐射、核危害源。[②] 在2018年版的《太空作战》中，核爆探测被单独作为太空能力领域之一，与太空态势感知、太空控制等其他九项内容并列，更加强调了太空在美国慑止核武器扩散中需要发挥的作用。[③]

三、慑止恐怖主义威胁

早在20世纪90年代，美国就已经意识到可能带来威胁的对手已经不仅是主权国家，小的团体甚至个人都可以利用化学、生物，甚至是原始的放射性或核设备来造成广泛的伤害。海湾战争后，中东地区恐怖主义的进一步发展促使美国将其定位为新的威慑对象，至今仍将慑止恐怖主义袭击作为美国威慑战略的重要目标之一。1991年版的《国家安全战略》要求有效应对国际恐怖主义给美国及其公民带来的安全威胁。[④] “9·11”事件后，美国全面向恐怖主义宣战。2002年版的《国家安全战略》宣称，美国将动用包括军事、情报、法律在内的一切可能手段，不加区分地打击恐怖分子及支持恐怖主义的国家，并有权开展先发制人的攻击。[⑤] 2004年版的《国家军事战略》将“创造全球反恐环境”作为战略目标之一，并特别强调为了加强对恐怖主义的威慑，要加强与盟友在情报领域的合作，突破被恐怖分子拒止进入的地区。[⑥] 美军2012年颁布的文件《联合作战拱顶石概念》将反恐作为美军联合部队的首要任务，提出美国必须综合利用整体的作战能力，强化全球警戒和全域协同，从而战胜恐怖主义对美国的威胁。[⑦] 特朗普政府的《国家安全战略》仍然将打击圣战

---

① The White House National Science and Technology Council, *Fact Sheet: National Space Policy*, September 19, 1996, p.5.

② Joint Chiefs of Staff, *Joint Publication 3-14, Space Operations*, May 29, 2013, pp.II-5.

③ Joint Chiefs of Staff, *Joint Publication 3-14, Space Operations*, April 10, 2018, pp.II-7.

④ The White House, *National Security Strategy of the United States*, August 1991, p.3.

⑤ The White House, *National Security Strategy of the United States*, September 2002, p.iv.

⑥ Joint Chiefs of Staff, *Military Strategy of the United States of America*, 2004, p.11.

⑦ Joint Chiefs of Staff, *Capstone Concept for Joint Operations: Joint Force 2020*, September 10, 2012, pp.1-4.

组织恐怖分子作为保护美国国土安全的任务目标。[①]

太空系统所具有的情报支援和军事打击能力，使其能够对恐怖主义产生极大的威慑作用。1994年版的《国家安全战略》指出，情报能力是美国反击恐怖主义的重要一环。[②] 而美国太空军事能力的重要职能之一就是满足军事和情报部门在平时和战时各个阶段的需要。[③] 2005年版的美国陆军战场手册《太空对陆军的作战支援》中明确提出，太空能力对陆军实施反恐作战发挥了巨大作用，太空已经成为陆军全球反恐战场的一部分。[④] 2014年版的《四年防务评估》指出，美国需要采取包括情报、持续监视、精确打击等在内的多种作战手段，在全球范围内打击暴力极端分子和恐怖主义威胁。[⑤] 而这些作战手段，毫无疑问都需要依赖太空系统的信息支援。

第三节 最终目标：慑止对美国霸权地位的挑战

虽然美国的大战略长期在扩张与收缩之间徘徊，但随着冷战后美国成为世界上唯一的超级大国，其战略目标基本保持为维护全球霸权，主张通过绝对的实力优势，威慑、打压挑战美国霸主地位的潜在对手，实现美国在各个领域的行动自由。而太空力量作为综合国力的典型代表，既能够显著提升美国的军事能力和经济活力，还能够在增强美国实力的基础上进一步发挥科学技术的符号象征作用，增强美国作为世界霸主的权威性、合法性。美国太空威慑战略的最终目标，就是通过在军事、经济和意识形态上保持美国在太空的绝对权威，向所有挑战者发出威慑信号，慑止其对美国霸权地位的挑战。

一、慑止对美国太空军事优势的挑战

美国不仅要慑止对手妨碍美国进入和利用太空，还要慑止对手以对抗美国为目的进入和利用太空。这实质上就是要慑止对手与美国争夺制天权，慑

---

① The White House, *National Security Strategy of the United States of America*, December 2017, p.10.

② The White House, *National Security Strategy of Engagement and Enlargement*, July 1994, p.8.

③ The White House National Science and Technology Council, *Fact Sheet: National Space Policy*, September 19, 1996, p.3.

④ Department of the Army, *FM3-14 Space Support to Army Operations*, May 2005, Foreword.

⑤ Department of Defense of the United States, *Quadrennial Defense Review 2014*, 2014, p.VII.

止对美国太空军事优势的挑战，从而使美国掌握对太空战场的主导权和控制权。美国前总统肯尼迪曾断言："谁控制了宇宙，谁就控制了地球；谁控制了太空，谁就掌握了战争的主动权。"[①] 能否获取制天权，已经对美国作战能力的发挥起到了决定性的影响。随着海湾战争拉开了太空战的帷幕，第二太空时代的到来使美国军事力量对太空的依赖性日益增强。太空能力从过去主要发挥信息支援作用，逐渐发展成为独立的作战力量；美国的陆、海、空等其他作战能力从过去借助太空提升作战效能，逐渐演化为必须依赖太空才能正常生成战斗力。美国太空军事能力的不断发展，已经改变了现代战争的作战样式——未来的战争更可能率先在太空打响，其后才扩展到地面，而地面作战仍然离不开太空力量的支持。太空已经成为冲突双方军事竞争的最前沿，美国要拥有成为世界霸主的军事实力，就必须保证对太空的军事控制。

美国要慑止对手与其竞争制天权，就是要慑止违背美国意愿军事利用太空的行为，使美国具有"攻击敌人同时不被敌人攻击的自由"。[②] 1996年版的《国家太空政策》指出，美国的太空安全活动需要"阻止太空系统或服务被用于敌对目的"。[③] 1998年版的美国空军条令《太空作战》要求美国要阻止对手获取精确的导航信号、上下级之间的即时通信、态势感知、准确的天气数据，以及其他许多由太空提供的服务。美国还需要确保盟军的活动不受敌方的太空监视。[④]

然而，在美国军事实力整体超前的情况下，其对手通过发展太空力量进行反威慑几乎是必然的选择。早在2002年，兰德公司为美国空军提供的研究报告《太空武器，地球战争》就警告，如果美国在陆基武器上享有压倒性优势，对手就很有可能选择使用太空武器来与美国对抗，这些太空武器足以对美国的军事力量构成颠覆性的、不对称的打击。美国需要意识到，对手仅需要少量的天基动能武器，就可以对美国的海上力量投送能力构成威胁。而这些武器所需的技术和设备门槛并不高，像中国和印度这样的太空能力还不够

① 张泽：《外空安全战略研究——兼论中国外空安全战略框架设计》，博士学位论文，外交学院，2012，第35页。

② United States Air Force, *Air Force Doctrine Document 1: Air Force Basic Doctrine*, November 17, 2003, p.77.

③ The White House National Science and Technology Council, *Fact Sheet: National Space Policy*, September 19, 1996, p.3.

④ United States Air Force, *Air Force Doctrine Document 2-2: Space Operations*, August 23, 1998, p.7.

发达的国家就可以掌握。[①] 到2017年，兰德公司的论文集《美日联盟和慑止海上、网络和太空灰色地带胁迫》依然认为，中国等国家的反卫星试验是向外界发出威慑信号，警告他国不要与之发生冲突。[②]

这样的警告与反威慑在美国看来是不可接受的。不管是发展可能对美国构成威胁的太空技术，还是凭借太空力量抢占战略主导权，美国都将其视为对美国太空军事优势的挑战，认为这不仅限制了美国在太空的自由行动，更是对美国地面战略优势的反制和抵消。参与美国2019财年空军预算的约翰·普莱彻（John Pletcher）少将指出，“全球环境正在削弱美国在空天的优势”，“长期以来我们凌驾对手的作战优势正在迅速消失”。[③] 2017年版的美国联合出版物3-14《太空作战》甚至写明，“对手正在利用先进技术改变我们熟悉的作战样式”，“在最糟糕的情况下，美国甚至无法按照现有方式来部署、运用和维持军队”。[④] 为了确保美国太空优势及其所实现的美军战略优势，美国必须慑止对美国太空军事优势的挑战。

二、慑止对美国太空产业垄断的挑战

具有活力和创造性的太空产业（space industry）是美国自由进入和利用太空的基础，对国际太空产业的垄断是美国实现太空霸权的前提。太空产业包括参与太空经济活动的部门[⑤]、与太空活动相关的商品（例如卫星和火箭），以及与此相关的各种服务。太空产业是支撑太空技术和能力进步发展的基础，

---

① Bob Preston et al., *Space Weapons Earth Wars* (Santa Monica: RAND, 2002), Summary p. xxiii.

② Kazuto Suzuki, “A Japanese Perspective on Space Deterrence and the Role of the U.S.-Japan Alliance and Deterrence in Outer Space,” in Scott W. Harold, Yoshiaki Nakagawa, Junichi Fukuda et al., *The U.S.-Japan Alliance and Deterring Gray Zone Coercion in the Maritime, Cyber, and Space Domains* (Santa Monica: RAND, 2017), p.95.

③ “Department of Defense Press Briefing on the Fiscal Year 2019 Air Force Budget,” Department of Defense of the United States, February 12, 2018, https://www.defense.gov/News/Transcripts/Transcript-View/Article/1439880/department-of-defense-press-briefing-on-the-fiscal-year-2019-air-force-budget/.

④ Joint Chiefs of Staff, *Joint Publication 3-14: Space Operations*, January 17, 2017, pp.I-4.

⑤ 参与太空经济活动的部门包括承包商、政府实体、非营利研究机构、大学四种类型。其中，承包商包括从主系统组装商、次级系统供应商到小型企业在内的各类公立和私营公司；政府实体是指政府所有并由政府经营或政府所有，但由承包商经营的设施和实验室；非营利研究机构是指由政府资助的研究和发展中心；大学则包括各类公立和私立大学、实验室。资料来源：Office of the Under Secretary of Defense for Acquisition and Sustainment, Office of the Deputy Assistance Secretary of Defense for Manufacturing and Industrial Base Policy, *Fiscal Year 2017 Annual Industrial Base*, March 2018, p.1。

其强大与否直接决定了美国是否有足够的科技和资金支持太空活动。在第二太空时代，民用太空技术的发展使其可以大量向社会公众提供服务并赚取利润，在研究和开发中增加的商业竞争也会使进入和利用太空的能力更加多样化。太空技术和太空经济的繁荣还能够进一步转化到其他产业中去，提高传统产业的生产效率，推动经济结构调整升级，最终为整体的国民经济发展提供动力。1999—2009年，美国的商业太空运输及使能产业（Commercial Space Transportation and Enabled Industries, CST&EI）[①] 带来的经济产值增长了239%，就业岗位增加了107%。2009年，该产业已经创造了价值2083亿美元的经济活动，100多万个就业岗位，总收入超过530亿美元（见表3-1）。在2016年，美国仅卫星服务一项的收入就高达521亿美元。[②] 太空产业关乎美国的经济安全和创新能力，无疑是美国未来保持世界霸主地位的重要依托。

表3-1 商业太空运输及使能产业给美国经济带来的影响
（折合成2009年美元币值）[③]

影响	1999年	2002年	2004年	2006年	2009年
经济产值（亿美元）	613.1	950.2	980.9	1392.6	2083.2
收入总额（亿美元）	164.3	235.2	250.5	356.6	532.6
雇员人数（名）	497350	576450	551350	736130	1029440

正是基于这个原因，美国太空政策极为重视太空产业的国际竞争力。2006年版的《国家太空政策》明确："要发展动力强劲的、具有国际竞争力的国内商业太空部门，从而提高美国的创新力和领导力，保护国家、国土和经济安全。"[④] 2010年版的《国家太空政策》将激发太空产业竞争力、全面参与

① 根据美国联邦航空局的定义，商业太空运输及使能产业包括运载火箭制造和服务、卫星制造、地面设备制造、卫星服务、卫星遥感和地面物流，涵盖了制造加工、服务、信息技术在内的多个产业部门。资料来源：Federal Aviation Administration, *The Economic Impact of Commercial Space Transportation on the U.S. Economy in 2009*, September 2010, p.1。

② Satellite Industry Association, "State of the Satellite Industry Report, the 20th edition," October 2017, p.12, https://www.sia.org/wp-content/uploads/2017/07/SIA-SSIR-2017.pdf.

③ Federal Aviation Administration, "The Economic Impact of Commercial Space Transportation on the U.S. Economy in 2009," September 2010, p.2, https://www.faa.gov/news/updates/media/Economic%20Impact%20Study%20September%202010_20101026_PS.pdf.

④ The White House, *U.S. National Space Policy*, August 31, 2006, p.2.

国际市场放在政策目标的首位。[①] 2011年版的《国家安全太空战略》仍然将激励太空工业发展作为实现国家安全的目标之一。[②] 2018年，特朗普政府发布的《国家太空战略》要求美国始终是提供全球太空服务和技术的领导者。[③] 除了获取经济利益，美国更意图利用太空产业的垄断，占据绝对的市场地位，从而让后来的竞争者遵从美国制定的行业标准和实践，迫使其他行为体必须采用与美国设备相兼容的系统，甚至必须依赖美国的系统和设备来获取太空能力。同时，对国际太空市场的主导也可以让美国拥有拒绝对手进入太空“朋友圈”的能力，让中立国家在太空能力受制于美国的情况下必须选边站，间接壮大美国可利用的太空资源，缩小对手的战略选择空间。

然而，对美国来说，第二太空时代行为体日益多元、国际太空产业格局呈现多极化的趋势无疑削弱了其对太空商业市场的垄断。为此，美国必须一方面激发国内太空产业自身的活力，另一方面要慑止其他行为体对美国太空产业垄断地位的挑战，从设备、技术、规则等多方面慑止新兴太空大国对美国的赶超。2016年3月，13个美国太空机构联合发表白皮书《确保美国在太空的领导地位》，表示美国需要保护国内太空产业“免受国际非市场经济行为体的影响”，从而维护和强化美国太空产业。[④] 2016年9月，中国“天宫二号”空间实验室成功发射，被美国视为是像苏联抢先发射第一颗人造卫星那样的战略举措，是对美国太空技术和太空领导力的双重挑战。美国众议院科学、太空与技术委员会（Subcommittee on Space, Committee on Science, Space, and Technology, U.S. House of Representatives）立刻以“我们是否输掉了与中国的太空竞赛”为主题召开听证会。委员会主席布莱恩·巴滨（Brian Babin）在听证会上警告，美国对欧洲太空合作项目的拒绝可能会给中国带来机会，中国有可能成为欧洲国家太空项目的合作伙伴，并以此吸引更多的国际合作。鉴于中国已经在南海和网络领域“威胁了美国的安全”，美国必须要对中国的

---

① The White House, *National Space Policy of the United States of America*, June 28, 2010, p.4.

② Department of Defense of the United States, Office of the Director of National Intelligence, *National Security Space Strategy (unclassified summary)*, January 2011, p.4.

③ The White House, “President Donald J. Trump is Unveiling an America First National Space Strategy,” March 23, 2018, https://www.whitehouse.gov/briefings-statements/president-donald-j-trump-unveiling-america-first-national-space-strategy/.

④ “Ensuring U.S. Leadership in Space,” AIAA, March 4, 2016, https://www.aiaa.org/uploadedFiles/Whats_New/EnsuringUSLeadershipInSpace_FINAL.pdf.

民用和军用太空能力保持同等警惕。[①] 美中经济安全评估委员会（U.S.-China Economic and Security Review Commission）主席丹尼斯·谢伊（Dennis C. Shea）表示，虽然中国目前的太空产业还只能吸引对太空能力要求不高的发展中国家，但中国有竞争的野心，企图获取更多的国际市场份额。[②] 美国对中国的太空产业发展异常警惕，甚至将中国与西方国家开展民用和商业太空合作的诉求都视为是“挖美国的墙脚”，是对美国太空产业垄断地位的挑战，必须予以慑止。

三、慑止对美国太空秩序权威的挑战

为了更好地实现太空霸权，美国力求维护其在国际太空事务中的权威，同时慑止挑战美国主导下国际太空秩序的行为。维护美国在国际太空事务中的权威是获取、保持美国霸权合法性的必要条件。权威是国家软权力的一部分，也是实现威慑目标的要素之一。充分的权威有助于减少美国在主导国际秩序中所需的成本，有利于构建其他行为体对美国霸权的认同，从而实现不依靠强制性力量就引导对手自觉按照美国意愿行动的作用。

早在冷战初期，美国就开始精心营造维护太空和平、引领太空发展的世界领袖形象，获取在太空领域的权威性与合法性，为其太空霸权张目。为了获取在太空自由航行、自由飞越他国上空的权利，美国提出了“太空自由”的概念，不断推动在国内和国际文件中对“太空无主权”这一原则的认定。然而，在当时的国际环境下，美国对此单方面的声明容易引发外交争端，很难获得大多数国家的认可。于是，美国转而寻求以既成事实的方式使其合法化，开始与苏联竞争发射第一颗人造卫星。以追求“自由”为名义宣称美国在太空的权利，实质上就是美国为维护、树立权威形象，获取行动合法性的外交手段。进入第二太空时代，太空多极化趋势的兴起使得美国更加重视维

① “Are We Losing the Space Race to China? Hearing before the Subcommittee on Space, Committee on Science, Space, and Technology, House of Representatives,” September 27, 2016, p.5, https://science.house.gov/sites/republicans.science.house.gov/files/documents/Shea_Hearing%20Testimony%20Final_9%2024%2016_update%20%281%29.pdf.

② “Are We Losing the Space Race to China? Hearing before the Subcommittee on Space, Committee on Science, Space, and Technology, House of Representatives,” September 27, 2016, p.69, https://science.house.gov/sites/republicans.science.house.gov/files/documents/Shea_Hearing%20Testimony%20Final_9%2024%2016_update%20%281%29.pdf.

护其在太空的"盟主"地位。在各项太空政策文件中，美国都强调要保证对太空的"领导"，时任美国战略司令部司令约翰·海腾甚至宣称，"我的职责有两项，一项是帮助美国抵御所有威胁，一项是为太空环境提供防御和保护，以便太空能够被每一个国家的每一代人加以利用"。[①] 美国俨然就是实现世界太空和平繁荣的"天选之子"，是世界各国实现太空利用的必然依靠。

美国格外重视其在国际太空秩序中所具有的权威性，认为这种权威不仅能够保证美国对太空国际秩序的主导，更因其彰显的先进生产力和政治影响力而发挥着护持美国世界霸权的效果。2010年4月，美国总统巴拉克·奥巴马在国家航空航天局的讲话中指出，美国进行太空探索的目标"已经不再是到达目的地。我们的目标是让人们能够在地球以外的区域安全地工作、学习、操作和生活。最终以更可持续，甚至现在还难以定义的方式生活。为了完成这项任务，我们不仅要扩大人类在太空的活动范围，还要加强美国在地球上的领导地位"。[②] 2010年版的《国家太空政策》承诺，美国将会强化国际合作，重振美国的领导，从而让所有的国家和人民都能通过太空开拓视野，获取知识并改善生活。[③] 2017年，美国总统特朗普在签署一项法案时表示，"美国的命运就是站在人类对知识的永恒追求的最前沿，并在我们进入未知世界的探险中成为各国的领导者"。[④] 美国以"领导"掩饰"霸权"，以促进太空合作掩盖太空军事联盟，以维护世界和平解释美国独断专行，其目标都是获取舆论优势，掌控话语权，借助权威形象维护美国霸权。

在这样的情况下，美国将任何对其太空霸权不满的声音视为是对美国太空秩序权威的挑战，必须予以慑止。2017年版的《国家安全战略》开篇即表示，美国长期以来将其享有的无可比拟的政治、经济和军事优势视为理所当然，但现在，一些行为体正稳步实施着挑战美国的长期计划，不断推动反对

---

① Cheryl Pellerin, "Hyten: Deterrence in Space Means No War Will be Fought There," Department of Defense of the United States, January 26, 2017, https://www.defense.gov/News/Article/Article/1061833/hyten-deterrence-in-space-means-no-war-will-be-fought-there/.

② Steven Siceloff, "President Outlines Exploration Goals, Promise," NASA, April 15, 2010, https://www.nasa.gov/about/obamaspeechfeature.html.

③ The White House, *National Space Policy of the United States of America*, June 28, 2010, p.2.

④ The White House, "Fact Sheets: President Donald J. Trump Will Make America a Leader in Space Exploration Again," December 11, 2017, https://www.whitehouse.gov/briefings-statements/president-donald-j-trump-will-make-america-leader-space-exploration/.

美国及其盟友的进程。“敌对行为体运用宣传等各种手段诋毁美国，它们传播反西方思想和错误信息，企图分裂美国和盟友。”① 在2018年版的《国防战略》中，美国认为其构建的国际秩序正在受到削弱，中国、俄罗斯、朝鲜、伊朗等国的挑战使美国面临着更加复杂和恶意的安全环境。② 在太空领域，这些挑战既包括对美国的太空活动合法性提出质疑，也包括寻求突破美国主导的既有国际太空秩序。对美国来说，具备了挑战的能力，就等同于具有了挑战的意图。而具备了在太空中挑战美国主导地位能力的国家，也就具备了挑战美国世界霸权的可能。美国众议院科学、太空与技术委员会主席布莱恩·巴滨曾直言，美国在太空领域的领导地位一旦出现动摇，就立刻会被取而代之，而一旦被取而代之，美国就无法再设定太空领域的国际规则，美国未来的繁荣也就无所依托。③

本章小结

与美国对太空威胁的认知相对应，美国太空威慑战略的目标第一是慑止对美国太空能力的破坏，确保对手不能妨害美国进入和利用太空；第二是慑止对美国地面利益的侵犯，避免不符合美国利益的地面冲突、违禁武器扩散与恐怖主义行为；第三是慑止对美国霸权地位的挑战，阻止对手破坏美国在太空的军事优势、产业优势和制度优势。总而言之，美国的太空威慑战略服务于其全球霸权，力图从政治、经济、军事等多个角度全面确保美国在太空的绝对安全和“行动自由”。

---

① The White House, *National Security Strategy of the United States of America*, December 2017, pp.1-2.

② Department of Defense of the United States, *Summary of the 2018 National Defense Strategy of the United States of America*, 2018, p.1.

③ “Are we Losing the Space Race to China? Hearing before the Subcommittee on Space, Committee on Science, Space, and Technology, House of Representatives,” September 27, 2016, p.4, https://science.house.gov/sites/republicans.science.house.gov/files/documents/Shea_Hearing%20Testimony%20Final_9%2024%2016_update%20%281%29.pdf.

第四章 美国太空威慑战略的方法

战略方法，是为实现战略目标而运用、规划现有资源的行动方案。根据太空威慑的三个层次，美国太空威慑的战略方法也分为三种：以太空能力慑止针对太空资产的攻击，以其他国家能力慑止针对太空资产的攻击，以太空能力慑止针对其他国家利益的侵犯。其中每一种都包含了拒止性威慑和报复性威慑两种途径。拒止性太空威慑的主要方法是构建并展现美国的拒止性能力，而报复性威慑则更进一步，在构建和展现报复性能力的同时，威胁将会向发起挑战的对手使用这一能力。

第一节 以太空能力慑止针对太空资产的攻击

美国前战略司令部司令罗伯特·凯勒（C. Robert Kehler）2018年在国会做证时说："传统的威慑理论仍然可以应用于太空，如果对手相信他们无法实现目标，或一旦发动攻击将会遭受无法接受的报复，他们就会被慑止。"[①] 美国在运用太空能力慑止针对太空资产的攻击时，以规避（avoidance）、稳健（robustness）、重构（reconstitution）和恢复（recovery）[②] 的拒止性能力减少对手通过攻击可能获得的收益，从而实施拒止性威慑；以欺骗（deception）、干扰（disruption）、拒止（denial）、降级（degradation）和摧毁（destruction）

① C. Robert Kehler, "Statement of General C. Robert Kehler, United States Air Force (Retired), Before the House Armed Services Committee," March 14, 2018, https://docs.house.gov/meetings/AS/AS00/20180314/107973/HHRG-115-AS00-Wstate-KehlerR-20180314.pdf.

② Department of Defense of the United States, *Fact Sheet: Resilience of Space Capabilities*, 2011, p.1.

的进攻性太空能力[①]增加对手发动攻击可能造成的代价，从而实施报复性威慑。

一、塑造太空系统弹性

在第一太空时代，太空环境面临的威胁还比较单一，为了提高太空发射的效率，美国更倾向于建造功能集成的大型卫星。这些卫星造价昂贵，每一颗都肩负着一种甚至多种不可替代的重要职能，并且缺少防护措施。到第二太空时代，太空威胁的多样化使得这样的大型卫星成为美国的"阿喀琉斯之踵"，更容易成为对手攻击的目标。这些大型、复杂的卫星系统造价高昂，更新缓慢，一旦遭受攻击，美国的太空能力不但会立即遭受巨大损失，其恢复和补充也需要大量的时间和经费。

为扭转这样的不利局面，慑止对手对美国太空资产的攻击，塑造美国太空系统的弹性已经成为美国太空威慑战略的重要方法。弹性，是指商业、民用、科学、国家安全航天器及其相关设备在遭受干扰、降级和破坏后（不论这是由环境、机械、电子还是敌对原因造成的）的任务实施和恢复能力。[②]换句话说，是美国的太空体系结构在敌对行动或不利条件下继续执行任务、恢复功能的能力。如果体系结构能够有更大的可能性，在更短的时间内恢复功能，并能应对更广泛的场景、条件和威胁，那么它就"更具弹性"。[③]通过提高弹性能力，可以提高美国太空系统在一定风险范围内继续执行任务的能力，减少对手攻击美国太空系统的收益，从而实现拒止性威慑。

美国各级太空政策都将塑造太空系统的弹性作为未来太空发展的主要方向。2010年，美国《国家太空政策》要求太空安全界"强化太空体系弹性，拒止对手从攻击中获得的收益"，发展保证太空系统连续提供服务的相关技术、措施、关系和能力，开发和试验在太空资产遭受攻击时继续提供基本太空服务的能力，并在设计采购未来所需的太空系统和设备时，考虑太空系统弹性的相关需求。[④]2011年版的《国家安全太空战略》要求美国做好太空系统遭受袭击的准备，为此，应当在研发、投资下一代太空系统时，将弹

---

① Joint Chiefs of Staff, *Joint Publication 3-14: Space Operations*, April 10, 2018, pp.II-2.

② The White House, *National Space Policy of the United States*, June 28, 2010, p.4.

③ Department of Defense of the United States, *Fact Sheet: Resilience of Space Capabilities*, 2011, p.1.

④ The White House, *National Space Policy of the United States*, June 28, 2010, p.9.

性作为评估该体系的重要标准。实现弹性的方式包括将有效载荷分散于不同轨道的平台上，充分利用国际伙伴和商业公司的太空能力，开发能够实现快速响应的太空能力等。[①] 2013年，美国空军太空司令部公布《弹性和分解式太空架构》，指出要提高太空能力的弹性，核心手段是将太空能力“分解”（disaggregate）到多样化的平台和系统中。通过分散太空能力，对手攻击的目标数量增加，种类增多，从而能够增加攻击效果的不确定性，影响对手的利益得失计算。[②] 2015年，负责国土防御和全球安全的助理国防部长办公室发布白皮书《太空领域任务保证：弹性分类》，专门就如何实现弹性，保证太空任务实施提出了方法，强调“实现弹性并不是目的，弹性所确保的太空任务实施才是目的”。[③] 2016年，国防部指令《太空政策》要求在所有太空系统的设计和评估中考虑太空能力的可靠性、防护和弹性。[④] 在特朗普政府太空战略的情况说明中，也将构建更具弹性的太空系统作为美国太空能力建设的四大支柱之一。[⑤]

根据美国各级太空文件中的描述，塑造太空系统弹性主要包括分解（disaggregation）、分散（distribution）、多样化（diversification）、防护（protection）、扩散（proliferation）和欺骗（deception）6种方式。

1. 分解：将不同的功能分离到单独的平台上。例如将战术和战略通信功能分解到不同的卫星上，这种分解能够减少太空系统的复杂性，也使其在功能受损后更容易恢复。

2. 分散：利用多个节点一起工作，以执行与单个节点相同的任务或功能。全球定位系统（GPS）就是一个这样的系统，任何单独的卫星或地面监测站都不能独立完成系统的定位、导航、授时功能。失去一个节点会降低系统的准确性，只有到损失足够多的时候才会导致系统无法工作。与依赖单一节点

---

① Department of Defense of the United States, Office of the Director of National Intelligence, *National Security Space Strategy (unclassified summary)*, January 2011, p.11.

② Air Force Space Command, *Resiliency and Disaggregated Space Architectures, White Paper*, 2013, p.2.

③ Office of the Assistant Secretary of Defense for Homeland Defense & Global Security, *Space Domain Mission Assurance: A Resilience Taxonomy*, September 2015, p.2.

④ Department of Defense of the United States, *Department of Defense Directive 3100.10: Space Policy*, incorporating Change 1, November 4, 2016, p.2.

⑤ The White House, "Fact Sheet: President Donald J. Trump is Unveiling an America First National Space Strategy," March 23, 2018, https://www.whitehouse.gov/briefings-statements/president-donald-j-trump-unveiling-america-first-national-space-strategy/.

的系统相比，分散式系统使对手的攻击目标数量更多，更换某一节点所需的费用也相对便宜，这将会增大对手的攻击成本，同时减少攻击可获得的收益。

3. 多样化：利用不同的平台、不同的轨道，或利用来自商业、民用、国际伙伴的不同系统和能力，以多种方式执行同一任务。这样即使某一个系统遭受了攻击，也有其他系统可以发挥相同功能。多样化寻求政府、军方太空系统以外的替代能力，而来自商业、民用和国际伙伴的太空能力往往成本较低，并不需要美国政府投入太多的研发资金。同时，这些来源多样的太空系统也增加了对手攻击的复杂性，使对手的攻击可能面临更大的争议，遭到更多的报复。

4. 防护：为美国或其盟友的太空系统提供所有所需的任务支持措施，包括为卫星提供抗干扰组件、防辐射硬化、加固等，以及卫星机动、释放诱饵等其他在轨反制措施。防护还要求对攻击的手段、特性等进行分析，从而为地面人员找出对手、修复功能提供依据。

5. 扩散：部署更多相同的平台、有效载荷或相同类型的系统来执行相同的任务。在部署的多种系统中，有一个具备完整的任务能力，而其他系统则发挥着补充和备份的作用。

6. 欺骗：在太空系统或有效载荷的位置、能力、运行状态、任务类型和抗毁能力上迷惑或误导对手。例如将不同功能的载荷或组件设计成同样的外形，使对手无法分辨它们的具体功能。如果欺骗能够取得成功，对手要么意识到某一系统并非提供其所想攻击的功能，从而放弃攻击；要么误解了某一系统的功能，从而攻击了错误的系统，导致其无法实现目标。①

在具体的太空任务上，美国各级太空文件也对实现弹性的方法进行了规划。在太空发射能力上，美国要求通过改进太空发射基础设施，提高发射效率和能力；在太空商业能力不够的情况下，再考虑由政府和太空产业部门合作，开发必要的太空发射技术和系统。在导航定位系统上，美国支持 GPS 系统与外国的定位、导航和授时（PNT）系统兼容，从而提高 GPS 系统的弹性。美国同时还鼓励国内外各界开发研究能够提高 GPS 系统弹性，探测、减轻恶意攻击的方法技术，并要求对系统的关键设施、重要资源与核心功能进行备

① Joint Chiefs of Staff, *Joint Publication 3-14 Space Operations*, April 10, 2018, pp. I8-9.

份，提高冗余程度。[①]

二、增进太空资产防御

太空防御是指通过打断对手杀伤链，或对目标太空系统提供预警，从而保护太空系统不受攻击的活动。[②] 这既包括运用主动或被动措施破坏对手攻击美国太空资产的能力，也包括利用太空态势感知等能力对太空攻击进行预警和识别。通过防御对手对美国太空系统的攻击，能够有效减少对手开展行动所获得的收益，从而实现拒止性威慑。太空防御能力需要独立于美国的太空任务能力之外，其与太空弹性能力的区别在于，弹性侧重于维持或补充关键的太空能力，而防御能力主要侧重于对关键太空资产的保护，致力于减少对太空组件和系统的威胁。

2010年版的《国家太空政策》要求，美国应当通过加强对特定太空资产及辅助设备的保护，确保关键的太空任务能力。[③] 2011年版的《国家安全太空战略》进一步说明，为了拒止对手通过攻击达到目的，应当实施具有高性价比的太空防御措施。美国应对各类太空系统的重要性进行明确和排序，确保能够以最经济、划算的方式保护最能够满足国家需求的太空系统。这些太空防御措施将与其所面临的威胁程度、系统功能的重要性，以及遭受攻击后产生的后果相适应，从而保证其效益。[④] 2016年的国防部指令《太空政策》指出，对美国及其盟友的太空资产进行保护将有助于威慑和太空任务的实施。[⑤]

美国的太空防御主要通过太空态势感知（space situation awareness）和防御性太空控制（defensive space control）两种方法实现威慑。太空态势感知聚焦于太空环境，旨在整合从所有渠道获取的情报来明确美国太空资产所面临的威胁。太空态势感知需要掌握所有基础的、当前的和今后一段时间内的太空环境状态，需要整合太空监视、情报搜集和数据处理，开展环境监测，明

---

① The White House, *National Space Policy of the United States*, June 28, 2010, p.5.

② Office of the Assistant Secretary of Defense for Homeland Defense & Global Security, *Space Domain Mission Assurance: A Resilience Taxonomy*, September 2015, p.3.

③ The White House, *National Space Policy of the United States*, June 28, 2010, p.9.

④ Department of Defense of the United States, Office of the Director of National Intelligence, *National Security Space Strategy (unclassified summary)*, January 2011, pp.10-11.

⑤ Department of Defense of the United States, *Department of Defense Directive 3100.10: Space Policy*, incorporating Change 1, November 4, 2016, p.4.

确美国及其合作太空系统的状态，并分析美国及其盟友的太空准备情况。同时，太空态势感知还能够利用情报研究对手太空的能力及其对美国构成的威胁，提高美国对威胁能力和意图的理解。① 太空态势感知主要包括情报监视与侦察、太空环境监测和天基预警三个部分。情报监视与侦察提供关于对手太空力量和战法的描述与分析，监视太空轨道中人造物体的行踪，并对特定对象或位置进行侦察。太空环境监测通过掌握太空环境的状态，判别太空系统能力的损失是来源于自然现象还是恶意攻击，帮助美国锁定攻击来源。天基预警则为后续的太空防御提供可能。②

太空态势感知所具有的判别、归因对手攻击的能力，不但能够减少对手攻击成功的可能性，还能让对手意识到不可能隐蔽对美国太空系统的攻击，一旦开展攻击必将受到惩罚，从而影响对手的利益得失计算，促使其放弃攻击。通过收集对手太空能力的相关情报，太空态势感知能够帮助美国判别对手的攻击意图、预测攻击手段，甚至提前发现对手的攻击准备活动，从而有效震慑对手，并帮助美国做好防御准备。通过对攻击来临前后的太空环境进行分析，能够尽快发现攻击来源，做好应急处置，并为之后美国的反击报复提供依据。

防御性太空控制包括所有主动或被动保护友好太空能力的行动，它可以被应用在太空系统的每一个部分——包括航天器、地基设备及二者之间的链接。防御性太空控制主要体现在干预和压制对手太空攻击的能力，包括与太空态势感知能力相互结合以发现和描述攻击、根据攻击确认对手的能力、挫败攻击、在受到攻击后继续运行，以及慑止攻击。③ 防御性太空控制可以通过卫星机动、改变系统配置和压制敌方太空对抗能力拒止来自对手的威胁。卫星的在轨机动能够避免对手的跟踪和定位，在短期内规避对手的电磁干扰、动能攻击或定向能攻击。系统配置的改变，如使用变频和跳频技术、加密数据等可以增强系统受攻击时的防御能力。压制敌方的太空攻击能力，如拦截敌方的反卫星武器，攻击敌方的射频干扰机等，在保护美国太空资产的同时也向对手的攻击发起了回应。

防御性太空控制能够让对手意识到，其对美国太空资产进行的攻击是无

① Joint Chiefs of Staff, *Joint Publication 3-14: Space Operations*, April 10, 2018, pp.II-1.

② United States Air Force, *Annex 3-14 Space Operations*, June 19, 2012, pp.33-34.

③ Joint Chiefs of Staff, *Joint Publication 3-14: Space Operations*, May 29, 2013, pp.II-9.

效的，不可能对美国的太空能力带来明显削弱，由此发挥威慑效果，促使对手放弃攻击。有效的太空防御一方面能让对手无法确信其攻击是否可以达到效果，误导其对于美国太空能力的感知，从而使其难以下定攻击的决心；另一方面能够在威慑失败时挫败来自对手的攻击，减少其通过攻击可能获得的收益，并保证美国继续进入和利用太空。

三、构建进攻性太空能力

攻击对手的太空资产是美国在太空领域实施报复的主要方式。通过发展进攻性太空能力，实际上也就是发展太空武器，这能够使美国具备破坏对手太空资产的能力。虽然对手未必像美国一样高度依赖太空，但失去太空能力仍然会给对手的地面作战效能和其他国家利益造成损害；同时，对手对美国太空资产开展的攻击在很大程度上也需要依靠其太空能力，如果这些太空资产遭到了美国报复性打击，对手也不可能继续在太空与美国抗衡。美国需要具备与对手太空攻击同等程度，甚至更为强大的太空进攻能力，才能向对手的太空攻击行为“以眼还眼，以牙还牙”，使其在发起攻击前三思而后行。足够强度的太空进攻将会给对手带来无法承受的损失，促使其因为害怕遭受报复而放弃攻击。

美国反复通过政策宣示将对太空攻击回以报复。1996年克林顿政府的《国家太空政策》指出，国家太空活动应通过“对抗敌对太空系统和服务”来实现国家利益，尤其强调应该在保证美国太空自由的同时，防止对手在太空的自由行动。[①] 2006年版的《国家太空政策》重申了类似要求。到2010年奥巴马政府时期，《国家太空政策》的进攻性减弱，但仍然要求国防部和情报界“发展、运用先进的技术和能力，反击太空威胁”。[②] 2018年特朗普政府的《国家安全战略》指责对手将太空变成了作战域，美国将做好准备应对和克服所有威胁。[③] 在2002年、2009年、2013年、2018年四个版本的参联会条令《太空

---

① The White House National Science and Technology Council, *Fact Sheet: National Space Policy*, September 19, 1996, p.3.

② The White House, *National Space Policy of the United States*, June 28, 2010, pp.6-7.

③ The White House, “Fact Sheet: President Donald J. Trump is Unveiling an America First National Space Strategy,” March 23, 2018, https://www.whitehouse.gov/briefings-statements/president-donald-j-trump-unveiling-america-first-national-space-strategy/.

作战》中，进攻性太空控制都是美国太空作战的任务之一，目的是挫败对手干扰、攻击美国或盟友的太空系统，使对手的太空能力失效。这种进攻性太空能力无疑也传递了向对手太空系统进行报复的威慑信息。

然而，美国同样清醒地认识到，报复性威慑的难点在于，对手很可能认为美国的报复威胁只是虚张声势——美国可能因担忧报复导致战争升级或产生环境破坏等伤及自身的后果而放弃报复。2006年发布的《威慑行动联合作战概念》因此提出，需要对美国的进攻性作战效果进行限制，防止其像核武器那样产生对敌我双方都不利的后果，以至于美国的报复威胁因代价过高而失去了可信性。[①] 在太空领域，美国的报复性威慑面临同样的问题。鉴于美国才是最为依赖太空力量的国家，在太空开展报复不但可能无法给对手造成足够的损失，还可能给太空环境造成不可逆转的破坏，最终危害美国的太空系统。一旦美国公开宣称将向对手的太空资产施加报复，无疑等同于默认了太空攻击和太空武器的合法性，必然会进一步导致太空军备竞赛和太空军事竞争的无序。因此，美国智库史汀生中心（The Stimson Center）提出用“隐性威慑”（inferred deterrence）循序渐进地寻求太空进攻能力，而不是快速增加反卫武器的部署。[②]

进攻性太空能力主要包括欺骗（deception）、干扰（disruption）、拒止（denial）、降级（degradation）、摧毁（destruction）5种方式。欺骗是指通过篡改、歪曲或捏造系统中的信息来误导对手，诱使其作出不利于自身的行为；干扰是指暂时性地损害对手进入或利用某一系统的能力，通常不会对系统造成物理损伤；拒止是指暂时性地消除对手进入或利用某一系统的能力，通常不会对系统造成物理损伤；降级是指永久性地损害对手进入或利用某一系统的能力，通常会对系统造成物理损伤；摧毁是指永久性地消除对手进入或利用某一系统的能力，通常会对系统造成物理损伤。[③] 值得注意的是，这些方式并不需要直接攻击卫星本身，同样可以攻击对手太空系统的地面设施和指挥控制网络。

---

① Department of Defense of the United States, *Deterrence Operations Joint Operating Concept*, December 2006, pp.26-27.

② Michael Krepon and Julia Tompson, eds., *Anti-satellite Weapons, Deterrence and Sino-American Space Relations* (Washington D.C.: Stimson Center, 2013), p.15.

③ Joint Chiefs of Staff, *Joint Publication 3-14: Space Operations*, April 10, 2018, pp.II-2.

四、组建太空军事联盟

组建太空军事联盟和开展太空国际合作是贯穿于第二太空时代美国太空政策的威慑方法，能够同时增强拒止性和报复性威慑的力度和效果。一方面，组建太空军事联盟能够扩大美国可利用的太空资源，让盟友和伙伴承担部分维持美国太空霸权的成本，并在美国太空能力受损时发挥替代和补充作用，以集体安全的方式进一步抵消对手发起攻击可能获得的收益。另一方面，同地面上的军事联盟一样，太空军事联盟在强化盟友关系的同时，构建了美国与盟友的共同太空利益，使得对美国一国太空资产的攻击变为对所有联盟成员的攻击，从而招致联盟全体的报复，增加了对手实施攻击可能导致的代价。曾担任副助理国防部长的道格拉斯·洛瓦罗（Douglas L. Loverro）在国会做证时发言称，借助盟军的能力能够极大增强太空力量的弹性，并减少美国为此所需付出的成本，同时增加了对手发动攻击将会面临的技术和战略复杂性。与盟友的太空合作应当不仅仅是一项独立的、短期的“计划”，而是一项长期坚持并有配套措施的“政策”。①

从1996年开始，各个版本的美国《国家太空政策》都明确列出太空国际合作的范围、目标和方法，要求促进国际合作，保证美国在太空的领导力。1999年国防部指令《太空政策》要求美国与盟友的太空合作应当促进双方建立更紧密的安全关系，增强集体防御能力，加强美国的经济安全，使美国和盟国部队能够以更有效的方式在联合作战中运作。② 2011年版的《国家安全太空战略》指示，美国将带头建立志同道合的航天国家联盟，并在适当的时候与国际机构合作。强化太空集体安全、构建太空联盟被作为太空威慑的层次架构之一。③ 2018年版的《太空作战》条令明确，太空联盟将对太空威慑的实现发挥积极作用，这种联盟关系通过整合盟友和伙伴的太空资源来提高防御能力，并且对一个联盟成员的攻击被视为对所有成员的攻击，由此增加

---

① Douglas L. Loverro, “Statement of Mr. Douglas L. Loverro, Former Deputy Assistant Secretary of Defense for Space Policy, Before the House Armed Services Committee,” March 14, 2018, https://docs.house.gov/meetings/AS/AS00/20180314/107973/HHRG-115-AS00-Wstate-LoverroD-20180314.pdf.

② Department of Defense of the United States, *Department of Defense Directive 3100.10: Space Policy*, July 9, 1999, p.13.

③ Department of Defense of the United States, *National Security Space Strategy*, 2011, p.10.

对手的潜在成本，影响其利益得失计算。[①]

美国的太空军事联盟主要从三个方面开展。一是促进太空信息共享。美国军方和情报人员将对机密的太空信息进行适当的审查和发布，以增强盟友获取太空信息的能力。美国向盟友提供特定太空系统的服务和轨道跟踪信息，并通过盟友和伙伴关系加强这些服务。美国同时要求盟友也向美国分享同类信息，并采用与美国一致的数据标准。这意味着美国将掌握更多的太空环境数据，不管是盟友还是对手的航天器都处于美国的监视之中。2010年版的《国家太空政策》认为，通过促进各国太空数据的共享和交流，能够利用盟友、伙伴的太空能力（包括现有的和正在计划中的），从而扩大美国的太空能力。[②]

二是提高与盟友太空系统的兼容性。2012年的国防部指令《太空政策》要求，为了加强集体安全能力，与盟国和朋友建立更紧密的安全联系，并推进美国的政策目标，国防部将寻求可互操作的系统，让受信任的参与者分担成本、收益和风险。[③] 通过提高与盟友太空系统的兼容性和互操作性，美国将进一步把盟国系统整合到美国的国防部和情报界网络中，更加充分地实现信息共享和集体行动。

三是联合开发和使用太空系统。联合开发和使用太空系统使对手不可能与美国开展一对一的战斗，要使美国丧失太空能力，就必须攻击属于多个国家的太空资产，这很可能会导致战争的升级，将极大增加对手攻击的成本。1996年版的《国家太空政策》已经要求美国通过太空合作获取国外科技数据和专家，利用国外太空研究成果。[④] 2011年版的《国家安全太空战略》指示，美国将与盟友合作开发一个导弹预警网络，以探测对美国及联盟利益构成威胁的攻击。[⑤] 国防部指令《太空政策》要求主动寻求与盟国和选定的国际伙伴

---

① Joint Chiefs of Staff, *Joint Publication 3-14 Space Operations*, April 10, 2018, pp. I-9.

② The White House, *National Space Policy of the United States*, June 28, 2010, pp.6-7.

③ Department of Defense of the United States, *Department of Defense Directive 3100.10: Space Policy,* incorporating Change 1, November 4, 2016, p.2.

④ The White House National Science and Technology Council, *Fact Sheet: National Space Policy*, September 19, 1996, p.6.

⑤ Department of Defense of the United States, Office of the Director of National Intelligence, *National Security Space Strategy (unclassified summary)*, January 2011, p.9.

合作开发太空系统，并共同设计、采购和操作军事太空系统。[①]

第二节 以其他国家能力慑止针对太空资产的攻击

以其他国家能力慑止针对太空资产的攻击，是一种典型的跨域威慑（Cross-Domain Deterrence）。由于其他行为体不像美国一样依赖太空，仅在太空领域难以给对手构成足够的威胁。美国需要利用太空以外的陆、海、空和网络军事能力威慑对手，甚至综合使用政治、经济、文化等国家权力，共同慑止针对美国太空资产的攻击。在拒止性方法上，美国通过发展能够替代太空能力的地表设施，告诫对手放弃通过太空攻击获取不对称优势。在报复性方法上，美国通过开展外交活动，将挑战美国太空安全的行为塑造为全人类共同谴责的对象，并反复传递跨域军事报复的威胁信号，增加对手发动攻击的预期代价。

一、发展跨域替代能力

发展能够替代太空能力的地表作战能力，能够增强美国军事力量的整体弹性，使美国在丧失太空能力的情况下依然保证地表军事力量的正常运用，从而减少对手攻击美国太空资产所获得的收益，进而打消其攻击意图。进入第二太空时代，美国的太空资产之所以容易遭受对手攻击，根源在于美国过于依赖太空能力所发挥的作用。通过攻击美国的太空资产，对手希望导致美国整体作战体系的混乱崩溃，缩小与美国在地表军事实力上的差距。在1991年海湾战争中，美国利用太空能力所获取的战场优势不仅震慑了世界各国，也让美国自身验证了太空能力在安全领域的巨大作用。从此以后，美国将太空视为作战域的一部分，加紧让太空能力更全面地融入联合作战。然而，这种融合不仅带来了作战效能的提升，也让美国的其他作战力量在离开太空支援之后几乎无法行动。在舰艇航行、气象观测、导航定位等许多领域，原先不需要依赖太空技术就可实现的能力甚至都已经丧失了。海军后备军官训练队在2000年就结束了依靠天文导航的相关课程，美国海军学院也在2006年将

① Department of Defense of the United States, *Department of Defense Directive 3100.10: Space Policy*, incorporating Change 1, November 4, 2016, p.3.

其淘汰。[①]

太空能力的利用，原本就是为了实现各种地球表面的目标，也是为了弥补地表能力的不足，扩展地表能力的效能。以情报监视侦察为例，从古至今，人类发明了各种各样经由陆、海、空等地表区域实现的情监侦方式，而太空能力的出现使人类可以克服地理上的障碍，将视野投射到更遥远、更封闭、更难以进入的区域。因此，当美国的太空能力面临削弱、失效的风险时，减少对太空能力的依赖、重新借助地表能力实现安全目标，成为美国拒止对手攻击的一个方法。互联网、无人机、临近空间飞行器、地面通信、预警雷达等技术的进步让美国可以研发出更为先进的地表能力，为易受攻击的太空系统提供替代方案，继续保证美国地表目标的实现。这些替代能力能够减少对手太空攻击给美国带来的损失，从而影响对手的得失计算，促使其放弃攻击。2011年版的《国家安全太空战略》指出，美国将通过开发有效替代方案的方式，满足目前主要通过天基平台实现的关键能力。这些方案包括陆地、海洋、空中和基于网络的替代方案。美国将利用这些能力，在退化的太空环境中确保服务的及时和连续性。[②]

发展跨域替代能力的另一举措是，美国军队必须做好在太空能力失效环境下的作战准备。其《国家安全太空战略》要求，所有依靠太空信息、操作太空系统、分析太空情报的人和过程都必须做好遭受攻击的准备。通过集中教育、培训和演习，通过新的理论、战术、技术和程序，美国将提高军事和情报机构在太空能力受损环境下开展工作的能力。[③] 美国空战司令部（Air Combat Command）司令詹姆斯·霍姆斯（James Holmes）在2018年一次公开演讲中透露，为了更好应对“没有太空的一天”，多年来，空军一直开展定期训练，准备在无法进行通信的情况下继续作战。[④]

---

① United States Navy, “Charting a New Course: Celestial Navigation Returns to USNA,” October 15, 2015, http://www.navy.mil/submit/display.asp?story_id=91555.

② Department of Defense of the United States, Office of the Director of National Intelligence, *National Security Space Strategy (unclassified summary)*, January 2011, p.11.

③ Department of Defense of the United States, Office of the Director of National Intelligence, *National Security Space Strategy (unclassified summary)*, January 2011, p.11.

④ Sandra Erwin, “Air Combat Commander: We Depend on Space Systems, and We Train to Fight Without Them,” Space News, January 25, 2018, http://spacenews.com/air-combat-commander-we-depend-on-space-systems-but-we-train-to-fight-without-them/.

二、施加政治舆论制裁

在保证美国太空行动自由的前提下，利用外交手段设置太空行为规范，主导国际太空秩序，是美国引导国际舆论报复对手进攻行为的重要方法。通过设置对美国有利的太空规范，可以将美国的利益确定为国际社会广泛接受的原则，让国际社会共同为维护美国利益而开展行动。这不但可以树立美国“太空领袖”的形象，维护其太空霸权的合法性，还能将对手的太空攻击行为划归为“不负责任的太空活动”，使其难以突破强大的国际政治和舆论压力，自愿放弃攻击。美国一边与盟友、伙伴促进太空活动的透明和互信，一边向竞争对手保持舆论施压，并酌情支持不损害美国利益的军备控制。美国既向友好国家解释美国的太空军备建设，又向对手明确传递出威慑信号。

美国主要从两方面着手开展太空外交活动，一是提高美国在太空领域的政治影响力，主要通过提供公共服务、鼓励太空国际合作、推动人才交流等方式实现。在提供公共服务方面，美国表示将维护和改进太空物体数据库；推行共同的国际数据标准和数据完整性措施；提供数据服务并向商业和国际行为体传达轨道跟踪信息。[①] 为此，美国大力促进与友好国家签订太空数据共享协议；改革卫星出口管制制度，推动美国太空企业“走出去”；带头制定和落实太空碎片缓解措施。在太空国际合作方面，美国在强化与盟友太空合作的同时，将太空合作的资格作为一种拉拢伙伴的外交手段，印度、巴西等国家成为美国扩大合作的对象。而事实上，美国在开展太空合作的同时，不但扩大了美国太空企业的国际市场份额，增强了美国太空产业的竞争力，更掌握了相关合作行为体的太空数据，使更多国家需要遵从美国的数据标准，依赖美国的太空服务。美国将这些以自身利益为出发点的行为打造成“公共服务”，宣称其有助于避免太空碰撞和其他产生碎片的事件，能够减少射频干扰，促进太空领域的安全与稳定——而这些符合所有国家的利益。[②]

二是明确不受美国欢迎的太空行为，主要通过设置太空行为规范、主导太空军备控制等方式实现。这些方式的原则是，在不限制美国太空活动的前提下，限制对手的太空活动和能力建设。用美国的政策语言来说，就是“美

① The White House, *National Space Policy of the United States*, June 28, 2010, p.8.

② Department of Defense of the United States, Office of the Director of National Intelligence, *National Security Space Strategy (unclassified summary)*, January 2011, p.6.

国鼓励在太空发展透明和信任建设措施（Transparency and Confidence-Building Measures），考虑开展公平的、可验证的、符合美国及其盟友利益的太空军备控制”。[①] 一位曾任职于兰德公司的研究员建议，美国需采取三步开展太空军备控制：（1）明确对手是挑起太空争端的元凶，而美国采取太空军事措施（甚至是先发制人）是出于自卫；（2）说服友好国家支持美国这一立场；（3）推动国际公约限制多样化的太空跟踪行为，限制对手的太空进攻能力。[②] 事实上，美国在外交实践中也基本遵循了这一做法。美国一方面表示所有行为体都应负责、和平和安全地利用太空，煽动国际社会大肆挞伐对手的太空军事能力和行动。另一方面，在军备控制磋商中拒绝配合，强调任何国际条约都不能限制美国在太空的自由行动。

三、威胁跨域军事报复

鉴于在太空领域“以眼还眼、以牙还牙”可能并不会给对手造成足够的损失，美国认为，应当通过跨领域地打击对手至关重要的利益来施加报复。威胁向对手进行跨域报复，实际上是要平衡美国与对手双方在太空领域的不对称关系。由于对手并不像美国一样依赖太空能力，所以仅威胁在太空向对手施加报复并不能给其造成足够的震慑，进而影响其利益计算。因此，需要威胁在对手重视的其他关键领域开展报复，增加对手的预期损失。同时，从美国的角度来说，这种跨域报复并不意味着美国是在寻求战争升级。美国认为，如果对手进攻美国的太空资产，最终会对美国地表的各种利益造成损失，因此美国有权利向对手的地表利益施加同等程度的打击，或为保证美国地表能力的继续运行而向对手发起攻击。[③] 这种报复是为了重新获取美国的相对战略优势，打消对手通过太空攻击使美国“一击即溃”的期待。

在军事领域，美国一直努力推动将太空力量融入联合作战中去。这意味着美国太空能力的受损必然会导致一定地表军事能力的削弱。为此，美国可

---

① Department of Defense of the United States, Office of the Director of National Intelligence, *National Security Space Strategy (unclassified summary)*, January 2011, p.11.

② Brian Chow, “Avoiding Space War Needs a New Approach,” Defense News, September 16, 2015, https://www.defensenews.com/opinion/commentary/2015/09/16/avoiding-space-war-needs-a-new-approach/.

③ Vincent Manzo, “Deterrence and Escalation in Cross-domain Operations: Where Do Space and Cyberspace Fit?” *Strategic Forum* 272: 4-5.

以直接向对应的敌方地表能力进行报复。这种报复并不是随意的，而是与对手太空攻击所导致的后果相关联的，有限度的，否则就会引发战争升级。举例来说，如果美国的侦察卫星遭到了攻击，导致美国无法及时掌握对手在地表的活动，美国可以向对手的地面部队发起攻击，使其无法实现“区域拒止/反介入”的目标。美国还可以进一步攻击对手的防空系统，以保证美国的替代侦察能力——侦察飞机等的正常运行。

跨域报复不仅可以在军事领域实施，政治、经济、外交等所有会给对手带来影响的方面都可以囊括在内。在政治领域，兰德公司在报告《跨域威慑的新挑战》中建议，美国可以威胁攻占对手国内的信息网络，向其民众散播不利于政府的信息，揭露其政权违反法治、腐败、裙带关系等。这既可以威胁政权的长期生存，也能在危机时减少对手政权的支持率，使其难以继续开展攻击。① 在经济领域，可以威胁向对手的太空产业施加单边或多边经济制裁，例如限制其他国家与之开展国际太空商业活动，禁止其使用美元结算等。这可能使对手的太空能力大打折扣，并限制其今后对太空的利用开发。在外交领域，美国至今提及太空安全还言必称2007年中国进行的反卫星试验，将目前的太空碎片问题归罪于中国“不负责任的活动”。这实际上向对手传递了这样的威慑信号：一旦再次开展类似活动，就会成为国际舆论的众矢之的，成为国际社会共同的敌人，并再次巩固美国的太空领导地位。

然而，这种跨域威慑的前提是，对手和美国具有相同的认知框架，美国的报复威胁能够被对手认为是可信的。由于跨域报复很有可能会被认为是扩大冲突，导致战争升级，因此，对手会怀疑美国是否真的决心将太空领域的冲突扩展到其他领域去。为此，美国在各项文件中都反复传递跨域报复的信息：《国防部指令3100.10太空政策》指出，任何针对美国及其盟友、伙伴太空系统的攻击都将受到美国的反击，这种反击将使用“任何恰当的国家权力”。② 美国前战略司令部司令罗伯特·凯勒（C. Robert Kehler）在国会做证时建议，美国不能只考虑在一场孤立的“太空战争”中的战斗和威慑，而必须将太空安全全面纳入联合作战中，对太空资产的威胁必须放在联合作战的

---

① King Mallory, New Challenges in Cross-Domain Deterrence (Santa Monica: RAND, 2018), p.11, https://www.rand.org/content/dam/rand/pubs/perspectives/PE200/PE259/RAND_PE259.pdf.

② Department of Defense of the United States, *Department of Defense Directive 3100.10: Space Policy*, incorporating Change 1, November 4, 2016, p.2.

背景下综合考量。[①] 特朗普政府的国家太空战略也重申，任何针对美国太空系统的干扰或攻击都将会受到美国的反击，这种报复的时间、地点、方式和领域都将由美国决定。[②]

第三节 以太空能力慑止针对其他国家利益的侵犯

太空是终极的高地。太空能力对于美国慑止针对其他国家资产的攻击来说是不可或缺的。太空资产为美国国家决策者、作战指挥官和作战部队提供了前所未有的全球态势感知能力和快速精确打击能力，从而识别和应对世界各地的威胁。在拒止性威慑上，通过太空信息支援能力和导弹防御能力，能够及时发现和有效防范对手的攻击，使对手丧失通过攻击实现目标的信心；在报复性威慑上，经由太空的全球快速打击能力可以根据美国的需要调节报复程度，从天而降的武器更令对手难以防御，迫使其因担忧遭受无法承受的损失而放弃攻击。

一、及时发现防范地表威胁

太空能力最基本的职能是为地面决策和行动提供信息支援，太空威慑自出现以来也一直与核威慑、常规威慑等手段相结合，以强大的信息优势增进威慑。2001年，美国太空司令部准将西蒙·沃登（Simon P. Worden）发文称，全球精确常规打击系统和全球信息渠道控制的结合，是美国后冷战时代威慑能力得以实现的重要因素。[③] 而太空的信息支援能力，正是这二者的重要组成部分，为美国提前发现和抵御对手入侵提供了可能。太空系统能够监视不被开放的区域，为美国提供某种形式的前沿存在，并提供敌对意图、行动的迹象和预警。借助来自太空的信息，美国可以及时发现敌对的意图和行动，并

---

① C. Robert Kehler, "Statement of General C. Robert Kehler United States Air Force (Retired) Before the House Armed Services Committee," March 14, 2018, https://docs.house.gov/meetings/AS/AS00/20180314/107973/HHRG-115-AS00-Wstate-KehlerR-20180314.pdf.

② The White House, "Fact Sheet: President Donald J. Trump is Unveiling an America First National Space Strategy," March 23, 2018, https://www.whitehouse.gov/briefings-statements/president-donald-j-trump-unveiling-america-first-national-space-strategy/.

③ Simon P. Worden and Martin E. B. France, "Towards an Evolving Deterrence Strategy: Space and Information Dominance," *Comparative Strategy* 20, no.5 (2001): 454.

迅速以武力准确拒止对手的攻击。因此，太空能力可能会在潜在对手的脑海中引入一种不确定因素，即他们能否实现自己的目标。

美国信息支援能力主要利用天基情报监视侦察发挥威慑作用。在情报监视侦察领域，美国情报界与国防部的太空部门进行合作，提高太空情报支持美国全球军事行动的能力，并不断开发先进技术应对新威胁。美国情报界需要保证太空情报部门能够提供有效的信息和数据，以支持外交、国防和经济政策，军事行动，外交活动，指示和预警，危机管控和条约核查。除了太空侦察，美国还综合运用天基和地表传感器，为所有作战司令部的责任区提供导弹预警。天基预警系统能够及时发现和评估关注区域发射的导弹，并将相关信息迅速发布给作战人员，确保有效的被动防御、主动防御和进攻性行动。太空力量还可以提供影响作战环境的相关数据，帮助部队避免不利条件，利用其他条件促进行动的开展。这些环境数据还能为指挥官分析对手行动过程提供必要的情报。

由太空能力支持的导弹防御系统是美国拒止对手攻击的又一方法。通过防御来自对手的攻击，能够削弱对手实现目标的预期，使其因担忧得不偿失而放弃攻击。1996年版的《国家太空政策》要求美国在21世纪前强化战区导弹防御（Theater Missile Defense, TMD），做好部署国家导弹防御（National Missile Defense, NMD）系统的准备，并实施一个先进技术计划，不断改进研发和部署中的导弹防御系统。① 2001年，美国单方面宣布退出《反导条约》，开始分阶段向欧洲、亚洲和中东地区部署导弹防御系统，美国的导弹防御计划不断加速，其延伸威慑能力也开始显现。特朗普政府上台后，2017年版的《国家安全战略》提出要与北约、日本、韩国等盟友合作，发展导弹防御系统。② 2018年版的《国防战略》也要求发展多层次的导弹防御系统，应对来自战场和朝鲜的导弹威胁。③ 2018和2019财年的《国防授权法案》还要求加快天基导弹防御系统的建设，并融合“爱国者”（Patriot）反导系统与“萨德”系统（Terminal High Altitude Area Defense—THAAD，全称为“末段高空区域

① The White House National Science and Technology Council, *Fact Sheet: National Space Policy*, September 19, 1996, p.4.

② The White House, *National Security Strategy of the United States of America*, December 2017, pp.47-48.

③ Department of Defense of the United States, *Summary of the 2018 National Defense Strategy of the United States of America*, 2018, p.6.

防御”系统），实现多层次导弹防御。[①]

二、以太空能力塑造美国领袖形象

太空能力代表了人类最先进的科学技术发展，是国家综合实力的象征。通过追求和展示美国在太空的“综合实力”，美国有意将太空能力所象征的“团结协作”“大国崛起”“国家安全”“经济腾飞”“挑战未来”等意象灌注于自身[②]，着力塑造一种“美国引领全人类”的灯塔式领袖形象。通过塑造这样的形象，可以向对手心理上施加“美国不可战胜”的压力，使其因担忧无法实现目标而放弃挑战美国的利益。

在第二太空时代，美国塑造太空领袖形象的方法具体有三种。一是推动国内太空产业的发展。由于商业太空部门在减少成本、创新技术上所具有的独特竞争力，美国努力通过政策支持其成为太空技术发展的主力。首先是在国家太空装备采购上予以政策倾斜。1999年的国防部指令《太空政策》就已经规定，在一般情况下，除非没有合适的、适应性强的商业替代办法，不得批准研发仅用于国家安全的太空系统。[③] 2006年版和2010年版的《国家太空政策》进一步提出，只有在没有合适的美国商业太空服务或国家安全所需的情况下，美国才会开发政府太空系统。[④] 其次是改革卫星出口管制制度。2012年，美国国防部与国务院共同发布报告，呼吁国会放松对卫星及相关部件的出口管制。2014年，美国出台最终文本，将部分商业卫星及其部件从《美国军品管制清单》中移除，放松了对美国太空商业企业参与国际市场竞争的限制。最后是减少商业太空活动的管制负担。2018年，特朗普颁布《太空政策指令-2：精简太空商业利用条例》，简化了太空发射及其他太空探索项目的审批流程，要求执行监管职能的政府部门为太空企业提供“一站式服务”。[⑤]

---

① Committee on Armed Services House of Representatives, *National Defense Authorization Act for Fiscal Year 2019*, May 15, 2018, pp.286-287.

② 石海明：《科学、冷战与国家安全——美国外空政策变革背后的政治（1957—1961）》，解放军出版社，2015，第282页。

③ Department of Defense of the United States, *Department of Defense Directive 3100.10: Space Policy*, July 9, 1999, p.11.

④ The White House, *National Space Policy of the United States*, August 31, 2006, p.6; The White House, *National Space Policy of the United States*, June 28, 2010, p.10.

⑤ The White House, *Space Policy Directive-2, Streamlining Regulations on Commercial Use of Space*, May 24, 2018.

二是鼓励太空探索活动。太空探索过程中所带来的新技术和新方法本身足以使美国占据领先优势，太空探索本身所代表的开拓进取、知难而上等人类精神更对塑造美国威信大有裨益。小布什总统在纪念“哥伦比亚”航天飞机失事时称，“探索和发现不是一个选择，而是镌刻在人类内心深处的渴望”。[①] 特朗普总统在签署关于太空的行政命令时称，“我们是一个拓荒者的国家，下一个美国的边疆是太空”，“美国注定要站在人类永恒探索的最前沿，注定要在我们探险未知的过程中成为所有国家的领袖”。[②] 虽然各届政府对太空探索目的地的规划有所不同，但不管是探索火星还是登陆月球，美国对太空探索的宣传和推崇从未停止。美国逐渐将太空探索塑造为国家精神的一部分，将成为太空领袖打造为美国引领人类前进的“天定命运”。

三是阻止敏感技术流向潜在对手。限制对手的太空力量发展，挤压对手的太空商业市场是保证美国太空领袖地位的又一方法。虽然美国为增强国际竞争力而放松了卫星出口管制，但中国、朝鲜仍和“其他支持恐怖主义的国家”并列，作为美国禁止出口、再出口或转让卫星及其相关物项的国家。[③] 2010年版的《国家太空政策》规定，美国政府将根据《武器条例》《出口管理条例》和其他适用法律、条约的规定，考虑签发与太空有关的出口许可证。美国将努力阻止先进的太空技术流向未经授权的部门。国防部和相关机构要防止在实施其项目时出现对美国不利的技术泄露。[④]

三、发展“天对地”快速打击武器

作为不受国界限制的“全球公域”，太空提供了一种更为便捷的进攻媒介，能够将破坏性武器迅速投射到敌对区域。由于制高点的特殊优势，太空在美国“一小时打遍全球”的快速打击能力中发挥了关键作用。这种从太空

---

① George W. Bush, “Remarks by the President at the Memorial Service in Honor of the STS-107 Crew, Space Shuttle Columbia,” February 4, 2003, https://history.nasa.gov/columbia/Troxell/Columbia%20Web%20Site/Documents/Executive%20Branch/President%20Bush/pres_memorial.html.

② Donald Trump, “Remarks by the President Signing an Executive Order on the National Space Council,” June 30, 2017, https://www.whitehouse.gov/briefings-statements/remarks-president-signing-executive-order-national-space-council/.

③ Committee on Armed Services House of Representatives, *National Defense Authorization Act for Fiscal Year 2013*, January 2, 2013, p.389.

④ The White House, *National Space Policy of the United States*, June 28, 2010, p.8.

或经由太空的全球快速打击能力，赋予了美国在极短时间内打击任何地表目标的战略主导权，使美国在冲突爆发后不需要依赖前沿部署的基地和部队，就能够迅速向对手的高价值目标施以报复；甚至突破对手的“反介入/区域拒止”措施，直接攻击深入对手腹地的目标。借助这种进攻性太空力量，美国旨在威慑对手放弃挑战美国的地表利益，否则就会遭到美国“来自太空的报复”。

遭受“9·11”恐怖袭击之后，非传统安全威胁成为美国面临的最大挑战，前沿部署的军队已经不能满足应对所有危机的需要。2001年的《四年防务评估》建议，美国应通过发展天基技术，实现在任何距离上持续定位、跟踪并快速精确攻击移动目标的能力。这种能力应当不受来自空中、海上、地面、太空和网络的威胁。① 2002年，根据《四年防务评估》的建议，小布什政府公布了《核态势评估》，确定将冷战时期由陆基洲际弹道导弹、潜射远程弹道导弹和战略轰炸机组成的“三位一体”核威慑力量转变为“新三位一体”威慑，由核与非核的进攻性打击能力、主动和被动的防御能力，以及灵活反应的国防基础设施共同组成。此举旨在降低美国威慑战略对核力量的依赖，寻求增强由太空力量支持的常规攻击能力，让更为灵活的常规快速打击能力发挥威慑作用。② 奥巴马政府在2010年《核态势评估》中也强调了远程、非核系统在支持“美国区域威慑和任务保证目标”方面的作用，强调常规军力投射能力是“有效的地区安全架构”的一部分，认为这些能力可以帮助美国保护盟友，同时减少核武器在美国安全战略中的作用。③ 特朗普政府的《核态势评估》虽然没有提到先进常规武器在美国威慑战略中的作用，但在2018和2019财年的《国防授权法案》中，都要求国防部加快研发常规全球快速打击力量，并在2022年9月30日前形成早期作战能力。④

美国的太空快速打击能力主要包括三个方面。一是为一部分中远程战略导弹改装常规弹头，使常规武器具备战略武器所需的速度。其中，陆基洲际弹道导弹能在30分钟内攻击全球任何目标，潜射弹道导弹和潜射巡航导弹

① Office of the Secretary of Defense, *Quadrennial Defense Review Report*, September 30, 2001, p.34.

② Defense of Department of the United States, *Nuclear Posture Review Report*, January 8, 2002, pp.7-11.

③ Defense of Department of the United States, *Nuclear Posture Review Report*, April 6, 2010, p. 34.

④ House of Representatives, *National Defense Authorization Act for Fiscal Year 2018*, p.286.

能在15分钟内攻击目标。[①] 二是研发高超音速无人飞行器。其中一种是在弹道导弹助推器上安装高超声速助推滑翔系统，利用火箭将通用航空飞行器（Common Aero Vehicles, CAV）发射到地球亚轨道，使飞行器再入大气层后进行远距离滑翔，对目标实施精确打击。另一种是研发具备超燃冲压发动机技术的高超音速巡航导弹，使导弹在大气层边缘以5倍以上的音速飞行。[②] 这些超音速飞行器不仅能够迅速命中目标，更因其机动性强而难以被对手防御。三是研发空天飞机，以“太空战斗机”“轨道轰炸机”直接从太空向地面投射武器。空天飞机不仅飞行速度快，发射成本低，更能够长时间在太空中保持“前沿存在”，随时变轨，机动打击目标。

本章小结

以太空威慑的实现路径为分析框架，可以将美国太空威慑的战略方法按照以太空能力慑止针对太空资产的攻击，以其他国家能力慑止针对太空资产的攻击，以太空能力慑止针对其他国家利益的侵犯三类来进行分析。在以太空能力慑止针对太空资产的攻击中，塑造太空力量的弹性，增进太空系统的防御能力将发挥拒止性威慑作用，进攻性太空能力的构建和展现则发挥报复性威慑作用，美国组建的太空军事联盟将会整体增强这些威慑方式。在以其他国家能力慑止针对太空资产的攻击中，美国以发展跨域替代能力实施拒止性威慑，以威胁进行政治舆论制裁、跨域报复等实施报复性威慑。在以太空能力慑止针对其他国家利益的侵犯中，美国以加强发现地表威胁的能力，塑造美国不可战胜的形象等实施拒止性威慑，以威胁进行“天对地”打击实施报复性威慑。每一类型的拒止性和报复性威慑都围绕美国的战略目标实施，旨在减少对手通过挑战可能获得的收益，或增加对手挑战后面临的代价，从而影响对手的利益得失判断，促使其放弃挑战美国的利益。

---

① Office of the Under Secretary of Defense for Acquisition, Technology, and Logistics, *Report of the Defense Science Board Task Force on Future Strategic Strike Forces*, February 2004, pp.1-9.

② Amy F. Woolf, *Conventional Prompt Global Strike and Long-Range Ballistic Missiles: Background and Issues*, Congressional Research Service, April 6, 2018, p.1.

第五章 美国太空威慑战略的工具

战略工具，是为实现战略目标，按照一定战略方法所编排、布局、运用的国家能力。在美国的太空威慑战略中，依据战略方法的不同，可以将战略工具分为以下三种：用于慑止对手攻击太空资产的太空能力、用于慑止对手攻击太空资产的其他能力、用于慑止对手侵犯其他国家利益的太空能力。美国对这些太空威慑战略工具的运用，实际上就是构建和展现这些能力，同时展现美国使用这些能力的决心。具体来说，美国通过发展战略工具，并有选择性地公开这些战略工具的研发进展、性能参数、运用效果等，展现美国的强大能力；通过政策扶持、机制改革、官方表态、实地部署等，展现美国运用能力的决心。通过对能力和决心的展现，美国向外界发出“美国不可战胜”的威慑信息，影响对手的利益得失计算，从而慑止对手向美国发起挑战。

第一节　慑止对手攻击太空资产的太空能力

为了慑止敌方对美国太空资产的攻击，美国一方面塑造太空系统弹性和强化太空系统防御，向外界展现美国太空资产的抗毁性和快速恢复能力，向对手传递出“无法摧毁美国太空能力”的信息，从而增加对手攻击美国太空资产的难度，减少对手攻击美国太空资产的收益，实现拒止性威慑。另一方面发展多样化的反卫星武器，威胁对手的太空能力生存，以强大的进攻性太空能力向对手发出“一旦攻击美国太空资产，必将遭到报复”的信息，保持对敌人的报复性威慑。同时，美国还通过构建太空军事联盟，将盟友与美国的利益捆绑在一起，增加美国太空威慑所能利用的资源，全面提高拒止性和报复性威慑的效果。

一、太空弹性和防御能力

为了提高美国太空资产的弹性和防御能力，美国提出发展分散式太空架构（Disaggregated Space Architectures），以卫星的分散化、小型化、模块化提高太空系统遭受攻击时的抗毁性。同时研发“作战响应太空”（Operational Responsive Space）能力，实现太空系统的快速发射、快速补充、快速增强，向外界展现美国太空力量在遭受攻击后的恢复能力，让对手意识到美国的太空能力可以迅速得到补充和恢复，发起攻击将会徒劳无功。

（一）分散式太空架构

分散式太空架构是将天基任务、功能或传感器分散到多个轨道、平台、载荷或区域[①]，也就是将原先由一颗或少数卫星实现的功能分散至多颗卫星甚至卫星星座中（见图5-1），由此增加对手的攻击目标和攻击成本，提高太空系统在面对攻击时的生存能力，增强遭受打击后的恢复、重组和运行能力。在面对快速变化的太空环境时，分散式太空体系架构能够以较低的成本实现太空系统的弹性。美国国防部认为，分散式太空架构能够有效发挥威慑作用——发展分散式太空架构的任务目标就是“让对手攻击美国太空资产的难度最大化，同时最大化地保存美国太空资产在遭受攻击后的太空能力”，从而“通过打乱对手的得失计算，提高攻击效果的不确定性来实现威慑态势”。[②] 2013年4月，时任美国太空司令部司令的威廉·谢尔顿（William L. Shelton）在国会做证时向外界宣传分散式太空架构的效果：“当面对环境和敌对威胁时，分散的卫星星座将具有更大的生存力、抗毁性和恢复性。”[③] 这一发言全文被公开在美国国会等多个官方网站上，实际上也传递出“美国太空能力不可战胜”的威慑信息。

---

① Air Force Space Command, *Resiliency and Disaggregated Space Architectures*, 2013, pp.4-5.

② Ibid., p.9.

③ William L. Shelton, “Statement to the Senate Armed Services Committee,” April 24, 2013, p.14, https://docs.house.gov/meetings/AS/AS29/20130425/100708/HHRG-113-AS29-Wstate-SheltonUSAFG-20130425.pdf.

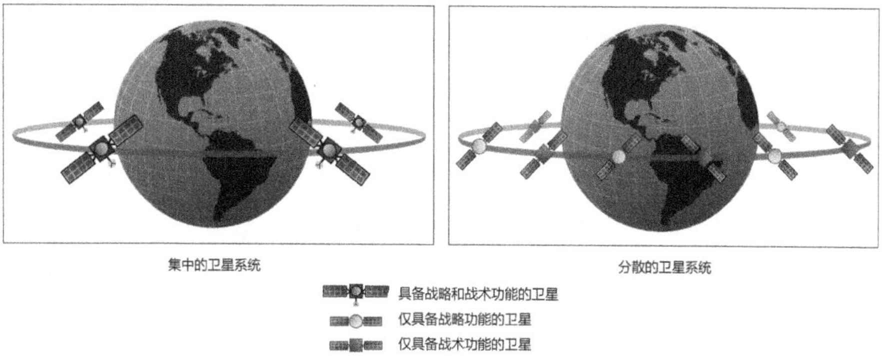

图5-1　分散式卫星体系概念图

资料来源：United States Government Accountability Office, *Additional Knowledge Would Better Support Decisions about Disaggregating Large Satellites*, October 2014, p.6。

在威慑能力的展现上，美国对技术研发和项目落实的最新进展进行选择性公开，及时向外界宣传美国已经具备的分散式太空能力。在技术研发上，美国集中研发卫星小型化、模块化、载荷化所需的相关技术，并将其作为新一代太空系统的备选方案。目前，美国已经在数据中继、光学侦察、环境监测、导弹预警等方面开展了微小卫星技术研发和验证。2013年，美国空军启动了“太空环境纳卫星试验”（Space Environmental NanoSat Experiment, SENSE），用于验证立方体卫星星座在提供气象服务时的可操作性。① 国防部还在卫星系统的更新换代中落实“分散”原则，对先进极高频（Advanced Extremely High Frequency, AEHF）卫星通信系统、天基红外系统（Space-Based Infrared System, SBIRS）和天基环境监测等系统进行调整，探索分离其战术和战略载荷，并使用商业卫星搭载任务模块，对多平台数据融合和传输进行测试。② 2018年，美国国防部高级研究计划局（The Defense Advanced Research Projects Agency, DARPA）战术技术办公室启动了“黑杰克”（Blackjack）项目，

① George Sondecker IV and Paul La Tour, “SENSE: The USAF SMC/XR Nanosatellite Program for Space Environmental Monitoring,” the 27th Annual AIAA/USU Conference on Small Satellites, 2013, https://digitalcommons.usu.edu/cgi/viewcontent.cgi?article=2990&context=smallsat.

② United States Government Accountability Office, *Additional Knowledge Would Better Support Decisions about Disaggregating Large Satellites*, October 2014, p.19.

旨在试验由大量低成本卫星组网构成的分散式军用太空体系。该项目实际上是要研发能够把军用太空载荷放入到民商卫星中去的技术、规则和生产模式，同时探索利用大量、小型低轨卫星替代高轨卫星的可能性。这一项目一旦成熟，美国将可以对一切可利用的卫星附加上军事功能，在为军方缩减成本的同时，实现美太空军事系统的分散式部署。该项目的目标是在2020年底至2021年初先发射2颗卫星，并于2022年前部署另外18颗卫星。① 2020年5月，美国陆军向太空新闻网站透露，美国陆军已经和太空探索公司签署协议，评估其“星链”（Starlink）系统性能，帮助陆军了解商业通信卫星的潜在军事应用。② “星链”星座是迄今为止规模最为庞大的巨型小卫星星座，计划发射4.2万颗卫星，而美国军方通过透露与太空探索公司签署协议，传递美军可以将这一系统进行军事利用的信息，无疑极大展现了美国军民融合的分散式太空架构，体现了美军强大的太空实力和发展潜力。

在威慑决心的展现上，美国通过颁布分散式太空架构的相关政策，明确能力构建的方式和可行性，以及成立相关机构部门等举措彰显美国采用分散式太空架构的决心。2013年8月，美国太空司令部发布《弹性与分散式太空架构》白皮书，正式提出利用模块分散、功能分散、搭载载荷、多轨道分散、多域分散五种途径对美国的太空系统实施转型，对规划分散式太空架构进行了纲领性指导。③ 2014年，美国政府问责局（Government Accountability Office, GAO）按照国会要求，对分散式太空架构的可行性进行论证，全面评估了该架构对经济可承受性、弹性、作战能力、国防部采购程序和太空产业等方面可能带来的影响，为分散式太空架构的具体落实提供了评估标准。空军、兰德公司、企业界均为分散式太空架构提供了操作方案，涵盖了基于体系优化、

---

① Sandra Erwin, “DARPA to Begin Launching Blackjack Satellites in Late 2020,” Space News, May 11, 2020, https://spacenews.com/first-launches-of-darpa-blackjack-satellites-planned-for-late-2020/.

② Sandra Erwin, “U.S. Army Signs Deal with SpaceX to Assess Starlink Broadband,” Space News, May 26, 2020, https://spacenews.com/u-s-army-signs-deal-with-spacex-to-assess-starlink-broadband/#:~:text=WASHINGTON%20%E2%80%94%20The%20U.S.%20Army%20will%20experiment%20using,as%20a%20CRADA%2C%20an%20Army%20source%20told%20SpaceNews.

③ Air Force Space Command, *Resiliency and Disaggregated Space Architectures*, 2013, pp.11-12.

基于作战流程、基于能力建设等多个角度。① 2014年，美国空军太空与导弹系统中心（Space and Missile Systems Center, SMSC）新开设了寄宿载荷办公室（Hosted Payload Office, HPO），促进使用商业卫星搭载军用载荷。②

（二）“作战响应太空”计划

“作战响应太空”计划旨在提高美国太空系统的快速反应能力，确保美国太空能力及时满足作战指挥官的需求。这种太空快速反应能力并不关注长期或战略的需求，而是要求尽可能灵活地利用现有资源，下放采购权力，以最快的速度提供关键功能。这一计划瞄准美国太空资产在遭受攻击后的恢复能力，要求对受损的太空资产实现快速补充，重建甚至强化，减少对手由攻击所获得的收益，从而发挥威慑效果。

在威慑能力的展现上，美国持续公开“作战响应太空”项目的最新进展。2009年7月，“作战响应太空”办公室发射了首颗“抢跑”（JUMPSTART）卫星，验证了在6天内运输、集成、发射卫星的能力。2011年6月，ORS-1卫星成功发射，其立项到发射过程只有不到三年时间，而传统研发周期需要七年以上。③ 目前，ORS系列已经进行了五次发射，搭载载荷涵盖环境监测、太空态势感知、光学侦察等多种功能。其中，2015年由新型火箭“超级斯届比”（Super Strypi）执行的ORS-4发射任务失败，火箭在空中爆炸。美国的低成本快速发射火箭进展受挫，不得不在后续的发射任务中使用传统火箭。2018年，由2颗立方体卫星组成的ORS-7卫星被“猎鹰9号”火箭一次性送入太空，用于监视北极及其他偏远地区的飞机、舰船信号。④

---

① 相关文献有：Robert E. Thompson, *A Methodology for the Optimization of Disaggregated Space System Conceptual Designs*, Paper for the Degree of Doctor of Philosophy, Air University, June 2015; Gary McLeod, et al., *Enhancing Space Resilience through Non-Materiel Means* (Santa Monica: RAND, 2016); Paul Dreyer, et al., *Resilience Assessment Process and Portfolio Option Reporting Tool* (Santa Monica: RAND, 2016).

② Sandra Erwin, “Satellite Operators Want to Carry More Military Payloads and Are Looking to Congress for Help,” Space News, May 16, 2018, https://spacenews.com/satellite-operators-want-to-carry-more-military-payloads-and-are-looking-to-congress-for-help/.

③ Scott Prater and Schriever Sentinel, “ORS-1 Named One of Nation’s Top New Technologies,” United States Air Force, November 1, 2011, http://www.afspc.af.mil/News/Article-Display/Article/249605/ors-1-named-one-of-nations-top-new-technologies/.

④ Courtney Albon, “Air Force Approves ORS-8 Weather Support Mission,” Inside Defense, March 10, 2017, https://insidedefense.com/insider/air-force-approves-ors-8-weather-support-mission.

在威慑决心的展现上，按照2007财年《国防授权法案》要求，2007年4月，美国国防部向国会提交“作战响应太空”计划，提出了“作战响应太空”的三个递进层次（见表5-1），对“作战响应太空”的发展运用进行了明确。计划的第一层次是利用或改造现有资源，提高太空能力的应急响应速度。在这一层次无法满足任务需求时，可以通过快速组装、集成、测试和部署一颗小型、低成本的卫星，实现对太空能力的快速补充、增强或重构。当第二层次仍然无法满足任务需求时，需要在数月到一年的时间内快速开发和利用新的太空技术。在如此短时间内开发新技术是极具挑战性的，需要相关部门提前明确最可能出现的紧急需求，并做好研发准备。① 2007年5月，美国国防部宣布正式成立“作战响应太空”办公室，管理协调“作战响应太空”相关事项。

表5-1 “作战响应太空”的三个层次

第一层	第二层	第三层
迅速利用现有能力 开放网络系统 共享数据 兼容基础设施	补充现有太空能力 增加现有太空能力 利用现有资源重组太空能力	补充现有太空能力 增加现有太空能力 开发新技术、新能力重组太空能力

二、太空态势感知

太空态势感知是判断太空威胁，应对太空攻击的第一步，强大的太空态势感知能力本身就可以通过洞悉对手行动，判断对手意图而产生威慑作用。为此，美国通过发展“太空篱笆”（Space Fence）雷达监视系统、太空监视望远镜（Space Surveillance Telescope）、天基太空监视系统（Space-Based Space Surveillance, SBSS）和地球同步轨道太空态势感知计划（Geosynchronous Space Situational Awareness Program, GSSAP），构建起覆盖全部地球轨道、多层次、高精度的太空监视体系。

① Department of Defense of the United States, “Plan for Operationally Responsive Space,” April 17, 2007, p.4, http://www.airforcemag.com/SiteCollectionDocuments/Reports/2007/August/Day21/DOD_ORS%20plan0417.pdf.

（一）“太空篱笆”雷达监视系统

美国空军的“太空篱笆”计划旨在开发一种大型的地面雷达，用于探测和跟踪中低轨道上的物体，并向太空监视网络提供这些信息。美国原先的太空监视系统部署在美国本土，只能探测到穿越其雷达波的物体，且对太空物体重复监视的时间间隔过长。随着太空物体的增多，这样的监视能力已经不能满足美国的需要。2007年开始，美国着手开发新一代“太空篱笆”监视系统，计划利用更高频率的S波段雷达，提高太空监视的分辨率和精确性，探测和跟踪太空中更多、更小的物体。

在威慑能力的展现上，美国空军反复强调“太空篱笆”的预期能力和重要作用，美国政府问责局等监管机构也及时发布评估报告，公布项目进展和能力水平。2014年6月，空军授予洛克希德·马丁公司第一个雷达站点的开发和生产合同，该雷达站部署于马绍尔群岛的夸贾林环礁。在2015年6月进行的技术评估中，空军表示“太空篱笆”项目所需的7项关键技术均已成熟，可以实现雷达从发射到接收信号的能力。2016年初，项目开始测试原型机，原型机演示了约70%的“太空篱笆”性能要求。2017年3月，美国政府问责局对外宣称，“太空篱笆”将在2018年底具备初始运行能力。① 美国军方对外宣称，建成后的“太空篱笆”追踪的太空物体将从原先的2.3万个增加至超过20万个，大幅提升美国的太空监视能力。② 2020年3月，美国太空军对外宣布，“太空篱笆”项目已经正式建成，并准备投入使用。时任太空军司令约翰·雷蒙德（John Raymond）曾表示，“太空篱笆”能够对威胁各类太空资产的物体提供及时准确的轨道数据，“这正在改变我们观察太空的方式”。③

在威慑决心的展现上，美国关停了原先使用的太空监视系统，使“太空篱笆”的建设和运用成为必然，还成立了专门的执行机构负责“太空篱笆”项目的设备运转、人员训练和作战实施。为了给新系统的建设增加更多压力，美国

---

① United States Government Accountability Office, *Assessments of Selected Weapon Programs*, March 2017, p.156.

② Jason B. Cutshaw, “Huntsville Center Prepares to Facilitate Space Fence,” U.S. Army, November 15, 2016, https://www.army.mil/article/178533/huntsville_center_prepares_to_facilitate_space_fence.

③ Nathan Strout, “New Space Radar Likely to Go Online This Month,” C4ISRNET, February 3, 2020, https://www.c4isrnet.com/battlefield-tech/space/2020/02/03/new-space-radar-likely-to-go-online-this-month/.

破釜沉舟，于2013年9月关闭了原先使用的太空监视系统。2014年3月，美国政府问责局向国会报告，“太空篱笆”项目计划中的雷达站由2个缩减为1个，但如果需要，也可以建设第二个。[①] 这实际上是要求“太空篱笆”项目先集中资金，尽早具备一定的作战能力，再根据需求扩大能力范围。2016年11月，美国空军在位于亨茨维尔（Huntsville）的里根试验基地作战中心（Reagan Test Site Operations Center-Huntsville）成立“太空篱笆”作战中心（Air Force Space Fence Operations Center），作为“太空篱笆”执行任务的中心枢纽。[②]

（二）太空监视望远镜

太空监视望远镜是由美国国防高级研究计划局研制的地基光学太空观测系统，用于发现和追踪太空中的小型物体。该系统使用大型的曲面焦平面阵列传感器，具有更短的焦距和更宽的视场，能够灵敏捕捉太空中微小的、光线暗淡的物体。系统还具有对广阔领域的快速搜索能力，能够推断物体的行动轨迹。

在威慑能力的展现上，美国国防高级研究计划局不仅大力宣传太空监视望远镜的先进能力，还将系统转移至澳大利亚，既增加了系统监视的范围，更保障了系统的安全。“太空监视望远镜”项目从2002年开始，于2011年2月拍摄了首张照片。2011—2013年，美国国防高级研究计划局和美国空军对系统进行了多次成功演示。美国军方对外宣布，该望远镜系统已经成为世界上最多产的小行星观测工具。2014年，望远镜进行了220万次小行星观测，2015年有720万次，2016年达到1000万次，发现了3600个新的小行星和69个近地天体，其中包括4个可能撞击地球的天体。[③] 2013年11月，美国国防部与澳大利亚国防部签署协议，批准将太空监视望远镜系统从美国的白沙导弹靶场转移到位于澳大利亚西部埃克斯茅斯的哈罗德·E. 霍尔特海军通信站。根据这项协议，美国国防高级研究计划局负责将望远镜交付给澳大利亚，澳

① United States Government Accountability Office, *Acquisition Management Continues to Improve but Challenges Persist for Current and Future Programs*, March 2014, p.7.

② Jason B. Cutshaw, “Huntsville Center Prepares to Facilitate Space Fence,” U.S. Army, November 15, 2016, https://www.army.mil/article/178533/huntsville_center_prepares_to_facilitate_space_fence.

③ Oriana Pawlyk, “Air Force Acquires Spy Scope to Protect Satellites,” Military.com, October 18, 2016, https://www.military.com/defensetech/2016/10/18/air-force-acquires-new-sst-to-protect-satellites.

大利亚政府将为这架望远镜建造一个外壳并进行操作，而美国空军对这架望远镜具有所有权，两国将分担运营和维护费用。2016年10月，美国空军太空司令部正式接管太空监视望远镜。[①] 系统在2017年迁移到了澳大利亚，在运输、组装和测试后，2020年3月，位于澳大利亚的太空监视望远镜获取了来自太空的第一束光，这意味着望远镜光学器件已经成功地与宽视场摄像机对准，以便产生在轨物体的图像。预计到2022年，太空监视望远镜将完全投入使用，并将数据传输给美国太空军的太空监视网络。[②] 该望远镜将由澳大利亚皇家空军操控，而美国太空军将提供监督和管理。美澳共建不仅能使太空监视系统更好地观测南半球上空的物体，对系统的攻击还必然意味着对澳大利亚本土的攻击，这无疑将增加对手的军事和政治成本，使这一系统发挥更强的威慑作用。

在威慑决心的展现上，美国将太空监视望远镜的建设目的直指应对大国威胁。美国太空司令部负责项目计划的妮娜·阿尔玛诺（Nina Armagno）少将在介绍太空监视望远镜时表示，太空监视望远镜能为美国及其盟国提供更多的太空态势感知数据，从而更好地认识太空领域，识别和预测其他国家的行动。"反过来，这些认识将帮助我们阻止太空中鲁莽的行为，并（允许）我们在必要时做出反应。""到2025年，中国和俄罗斯将能对我们在轨道上的任何卫星构成威胁。如果美国和盟友要慑止对手采取敌对活动，必须增强我们的能力。"[③]

（三）天基太空监视系统

天基太空监视系统是美国2002年启动的光学太空态势感知项目，旨在通过发射一系列携带可见光传感器的卫星，探测和跟踪环绕在地球轨道上的物体。该系统由美国空军所有，通过部署在全世界的空军卫星控制网络（Air Force Satellite Control Network）和联合太空网络（Unified Space Network）地

---

① The Defense Advanced Research Projects Agency, "SST Australia: Signed, Sealed and Ready for Delivery," December 6, 2013, https://www.darpa.mil/news-events/2013-12-06.

② Nathan Strout, "Space Force Surveillance Telescope Achieves First Light in Australia," C4ISRNET, April 24, 2020, https://www.c4isrnet.com/battlefield-tech/space/2020/04/24/space-force-surveillance-telescope-achieves-first-light-in-australia/.

③ Cheryl Pellerin, "Advanced Space Surveillance Telescope Has Critical Military Applications," U.S. Department of Defense, October 22, 2016, https://www.defense.gov/News/Article/Article/983007/advanced-space-surveillance-telescope-has-critical-military-applications/.

面站，将太空监视数据传送到施里弗空军基地（Schriever Air Force Base）。

在威慑能力的展现上，美国军方宣称这个卫星系统可以监视直径为1米的物体，范围可达地球同步轨道，系统使用一个安装在灵活双轴万向节上的光学传感器，它允许地面操作员在目标之间快速移动摄像机，而不需要花费时间和燃料来重新定位整个卫星。① 这一系统能够弥补地基太空监视系统的不足——地基太空监视系统受天气的影响较大，太空辐射会影响地面雷达的监视效果，云雨天气则会遮蔽太空望远镜的视线。此外，地面系统的监视视角有限，太空物体只有在飞越地面系统上空时才能够被探测到。而天基太空监视系统则能够每周7天，每天24小时不间断运行，不受大气、天气和时间的干扰。美国还对外公布了系统建成的时间表。2004年，美国空军授权波音公司和鲍尔宇航技术公司研制天基太空监视系统。系统建设分为两个阶段。第一阶段是发射被称为"探路者"的卫星，将其作为后续系统的垫脚石。2010年9月25日，"探路者"在加利福尼亚州范登堡空军基地发射升空。不久之后，来自太空监视卫星的第一批信号被施里弗空军基地的卫星操作中心接收。美国空军太空司令部宣布"探路者"卫星在开始运行时即达到初始运行能力，这一系统将会运行到2020年左右。到2021年，美国计划发射第二阶段的天基太空监视系统，该系统将由4颗卫星组成，部署于更高的地球轨道上，对直径大于1厘米、地球同步轨道以下的太空物体实现监控。②

在威慑决心的展现上，美国国会和国防部对天基太空监视系统的建设给予了极大重视和资金支持。早在2001年，拉姆斯菲尔德领导的委员会就在报告中提出，为了应对可能的太空攻击，有必要建立革命性的天基情报搜集系统。③ 2016年，国会拨款约2700万美元用于与太空态势感知系统相关的活动，其中几乎所有资金都用于天基太空监视系统的第二阶段计划。④ 从2016年开

① Air Force Space Command, "Space-Based Space Surveillance," March 22, 2017, https://www.afspc.af.mil/About-Us/Fact-Sheets/Article/249017/space-based-space-surveillance-sbss/.

② EoPortal Directory, "SBSS (Space-Based Surveillance System)," https://directory.eoportal.org/web/eoportal/satellite-missions/s/sbss#foot26%29.

③ The Commission to Assess United States National Security Space Management and Organization, The Report of The Commission to Assess United States National Security Space Management and Organization (Executive Summary), January 11, 2001, p.17.

④ Mike Gruss, "U.S. Air Force's Next Space Surveillance System on Target for 2021," Space News, July 25, 2016, https://spacenews.com/u-s-air-forces-next-space-surveillance-system-on-target-for-2021/.

始，天基太空监视系统获得的资金逐年增加，到2019年已经达到约1.51亿美元，占全年所有太空态势感知项目资金的58%。① 作为一个研发时间跨度近20年、建设进度几经拖延的系统，能经受住美国严格的国防项目审查，并不断获得巨额资金支持，足以说明美国拥有、运用天基太空监视项目的决心。

（四）地球同步轨道太空态势感知计划

地球同步轨道太空态势感知计划由数颗部署在近地球同步轨道上的卫星组成，用以更精确地识别和追踪地球轨道上的人造物体。近地球同步轨道的高度使得这些卫星具有更清晰、更宽广的观测视角，不会像地基系统那样受到天气或大气畸变的影响。该项目的卫星在地球同步轨道附近运行，并且具有接近、交会其他轨道物体的能力，能够通过卫星机动近距离监视、跟踪目标物体，甚至采取措施干预目标物体的飞行。

在威慑能力的展现上，美国大力宣扬地球同步轨道太空态势感知计划对于监视各国战略卫星的作用。相比天基太空监视系统，地球同步轨道太空态势感知计划的卫星会更加接近观测目标。天基太空监视系统部署在低地球轨道上，高度距地面约为300千米，与观测目标的距离可能长达数千千米。而地球同步轨道态势感知卫星部署在临近地球同步轨道上，高度可达3.6万千米，更加接近部署在地球同步轨道上的各国战略卫星，能够发挥临近监视，甚至在轨捕捉目标卫星的作用。2014年7月，美国战略司令部在卡纳维拉尔角发射了头两颗 GSSAP 卫星。2016年8月，另外两颗卫星发射升空，四颗在轨卫星组网，并于2017年9月获得初始运行能力，美国就此拥有了在全部地球轨道的慑战能力。2020年3月，地球同步轨道态势感知系统完成了一系列强大的安全性能升级，使其拥有了新的地面硬件和错误修复程序，可靠性更高，一位维修工程师表示："它比以往任何时候都更好、更快、更安全。"② 第三批卫星（GSSAP-5、GSSAP-6）计划于2021年发射。

在威慑决心的展现上，美国不惜将原先保密的地球同步轨道太空态势感

---

① United States Government Accountability Office, *Space Situational Awareness: Status of Efforts and Planned Budgets*, October 8, 2015, p.36.

② Nathan Strout, "These Space Surveillance Satellites Just Got an Upgrade," C4ISRNET, March 15, 2020, https://www.c4isrnet.com/battlefield-tech/space/2020/03/15/these-space-surveillance-satellites-just-got-an-upgrade/.

知计划公之于众，从而更好地传递美国有决心、有能力应对太空攻击的威慑信息。时任太空司令部司令威廉·谢尔顿表示，美国将会利用地球同步轨道太空态势感知计划近距离地了解外国卫星，甚至逆向推出这些卫星的功能。“这会帮助我们保护在地球轨道上的资产，并密切注意其他国家可能在轨道上采取的邪恶行为。”① 时任战略司令部司令约翰·海腾表示，希望该计划的公开能向全世界传递这样的信号：任何在地球同步轨道上发生的活动都在美国的掌握之中。② 美国太空司令部网站在发布地球同步轨道太空态势感知计划卫星发射时直言，地球同步轨道太空态势感知计划对于慑止太空中的侵略行动至关重要。该系统通过提供及时和准确的态势感知，保护美国和盟国航天器安全运行，并在对手攻击时发挥作战支援能力，使任何针对美国太空资产的威胁无效。③

三、进攻性太空能力

美国通过增强打击对手太空资产的进攻性太空能力，提高美国打击对手太空资产的可信性来实现报复性威慑。一方面，美国研发各类进攻性太空能力，并适时通过各种武器试验和新闻报道展现威慑能力；另一方面，美国着力减少动能反卫星武器给太空环境造成的破坏，并大力发展“软杀伤”式反卫星能力，从而减少美国实施进攻性太空作战给其自身带来的行动不便和舆论争议，让对手意识到美国不仅能够在太空对其展开报复，而且在实施报复时没有顾虑，有足够的决心这样做。

（一）动能反卫星武器

美国早在冷战初期就已经开始研发反卫星能力，主要探索利用反导系统

---

① Cheryl Pellerin, “Budget Cuts, Growing Threats Affect Space Operations,” U.S. Department of Defense, July 23, 2014, https://www.defense.gov/News/Article/Article/602927/budget-cuts-growing-threats-affect-space-operations/.

② Cheryl Pellerin, “Hyten: Deterrence in Space Means No War Will be Fought There,” U.S. Department of Defense, January 26, 2017, https://dod.defense.gov/News/Article/Article/1061833/hyten-deterrence-in-space-means-no-war-will-be-fought-there/.

③ Shellie-Anne Espinosa, “Two New Satellites Now Operational, Expand U.S. Space Situational Awareness,” Air Force Space Command, September 13, 2017, https://www.afspc.af.mil/News/Article-Display/Article/1310272/two-new-satellites-now-operational-expand-us-space-situational-awareness/.

获取对卫星的动能打击能力。到第二太空时代，美国已经拥有较为完备和成熟的动能反卫星体系，具备从陆、海、空发射共轨式和直接上升式反卫星导弹的能力。

在威慑能力的展现上，美国以反导系统作为实施直接上升式反卫星作战的主要工具，既避免了单独建设反导武器的成本，又能在对反导系统的使用中更频繁地演练、展现反卫星能力。美国的地基中段导弹防御系统、海基中段导弹防御系统都能够在垂直发射时击中一定高度的卫星。地基拦截器甚至可以将战斗部投送到6000千米高的太空，而数量众多的低轨卫星高度还不到1000千米。美国还通过在敏感时期进行反卫星能力演练，增加威慑的针对性。2008年，美国使用海军宙斯盾巡洋舰“伊利湖”号发射了一枚“标准-3”型导弹，击落了一颗失控的美国间谍卫星US-193。这次反卫星行动被外界普遍认为是对2007年中国反卫星试验的回击，意在展现美国更为精确和强大的进攻性太空控制能力，威慑对手可能的太空攻击。

在威慑决心的展现上，美国通过避免进攻性太空作战造成的环境破坏和舆论争议来减少报复活动对美国的负面影响，从而让对手意识到美国在实施报复时并无顾虑。1996年，美国进行了一种新型反卫星导弹试验，这种导弹在与卫星碰撞时，用一张巨大的聚酯板接触卫星，从而减少卫星相撞时的冲击力，使其内部零件失效的同时避免碎片的产生。[1] 2008年对US-193的攻击导弹没有携带爆炸性弹头，而是直接击中了US-193的燃料箱，从而最大限度地避免该卫星的有害燃料落入地球。由于拦截高度较低，卫星解体后能够很快落入大气层，不会产生太空碎片。[2] 在直接上升式反卫星系统之外，美国还积极研发天基反卫星能力，利用卫星自主交会技术、卫星机器人等军民两用且攻防兼备的技术装备以减少武器研发造成的负面舆论。2003年，美国空军发射一颗试验卫星系列（the Experimental Satellite Series）XSS-10号，该卫星仅重28千克，能够围绕目标飞行，并具备半自主的在轨操作和监视能力。2005年，美国又发射了XSS-11，使其在太空中与多个物体交会，进一步验

① 范立伟等:《美国反卫星武器综述》,《中国航天》2004年第10期，第38页。

② “Navy Missile Hits Dying Spy Satellite, Says Pentagon,” CNN, February 21, 2008, http://www.cnn.com/2008/TECH/space/02/20/satellite.shootdown/index.html.

证了该项任务能力。[①] 此后，美国还开展了自主交会技术验证（Demonstration of Autonomous Rendezvous Technology, DART）、轨道快车（Orbital Express）、凤凰（Phoenix）等多项在轨操作项目，已经具备在操作过程中无须地面指令的自主逼近、交会、对接、绕飞、伴飞、监视、捕获等技术，能够对目标卫星造成近距离伤害。

（二）定向能反卫星武器

定向能反卫星武器由于不会产生太空碎片，成为美国在第二太空时代发展反卫星能力的重点。目前，美国已经可以制造兆瓦级的化学氧碘激光器（Chemical Oxygen Iodine Laser, COIL）和氟化氘激光器[Deuterium Fluoride (DF) Lasers]，并在星火光学靶场和毛伊岛太空监视站建成了武器级激光发射望远镜。

在威慑能力的展现上，美国通过武器试验发出威慑信息。20世纪末，美国就利用中红外先进化学激光器（Mid-Infrared Advanced Chemical Laser, MIRACL）、"海石"（Sea Lite）光束定向器进行了一系列反卫星试验。1997年在白沙导弹试验场进行的试验成功使靶星MSTI–3的传感器饱和，宣示着美国的激光反卫星能力已经具备实战水平。[②] 除地基反卫星激光武器外，美国还将激光武器放置在更多平台上。2010年，搭载化学氧碘激光器的B747–400F型空军飞机起飞试验，在追踪到一枚由海上平台发动的弹道导弹后，利用激光将其击毁。就在同一时间，该飞机还跟踪并射击了由另一地区发射的火箭。整个交战过程不到2分钟。[③]

在威慑决心的展现上，美国利用电子对抗等"软杀伤"手段减少美国实施报复所造成的负面影响，让对手相信美国在"软杀伤"反卫星能力时并无顾虑。电子攻击不仅效果可逆，更难以归因，是更为灵活隐蔽的反卫星手段，能够在极大增强美国太空威慑能力的同时，尽可能地减少反卫星武器对国际

① EoPortal Directory, "XSS (Experimental Spacecraft System), XSS-10 & XSS-11 Missions," https://directory.eoportal.org/web/eoportal/satellite-missions/v-w-x-y-z/xss.

② 池卫红、朱绍章:《美俄地基激光反卫星武器发展》,《国防科技》2011年第3期，第15页。

③ "Boeing Airborne Laser Testbed Team Destroys Boosting Ballistic Missile," Boeing, February 12, 2010, http://boeing.mediaroom.com/2010-02-12-Boeing-Airborne-Laser-Testbed-Team-Destroys-Boosting-Ballistic-Missile.

舆论和太空环境的不利影响。2004年，美国在彼得森空军基地部署了“反卫星通信系统”（Counter-Satellite Communications System），其能够利用无线电波对敌方通信卫星造成临时的、可逆的破坏。2010年开始，美国着手研发第二代“反卫星通信系统”，用以克服第一代系统的缺陷。新的系统扩大了干扰频率范围，并使其具有同时干扰多个目标的能力。

四、太空军事联盟

太空军事联盟能为美国的太空威慑发挥“倍增器”的作用，为美国的太空拒止性威慑和报复性威慑提供更强大的能力保障。以美国为首的航天国家通过能力共建、资源共享、规则共定等方式，初步缔造了“太空北约”格局。“太空北约”将共同合作研发军事装备技术，并联合开展太空军事演习。美国及其盟友希望通过编织太空领域同盟网实现捆绑利益，降低成本，分散风险，加倍发挥美国的太空威慑作用。

（一）太空协商对话

为实现对联盟内部太空能力的统筹，美国频繁就太空安全问题与盟友进行双边、多边会谈，掌握盟友太空能力进展程度，规划盟友间太空合作发展方向，引导联盟太空资源为提高美国的太空能力服务，增强美国的太空威慑能力。2013年3月，美国与日本召开首次太空全面对话会议（Japan-U.S. Comprehensive Dialogue on Space），双方外交、国防、太空政策制定和执行的主要部门都参与了会议。日本向美国解释了其新制定的《太空政策基本计划》（Basic Plan on Space Policy），双方就美国向日方提供太空态势感知服务和信息达成一项协议。[①] 同年10月，在美日防长和外长的“2+2”会谈中，美国又敦促日本尽快向美国提供太空态势感知数据。到2018年，美日已经举行了五次太空全面对话，协商议题从最初的导航定位、数据交换、太空行为规范等扩展到太空领域任务保证、太空军事演习和太空资源合作开发，磋商内容日趋军事化，合作程度愈发超越普通伙伴。通过这些对话形式，美国不断探索与盟友在太空的联合作战机制，尽可能地利用盟友的太空军事资源。

---

① Office of the Spokesperson, “Joint Statement from the First Meeting of the Japan-U.S. Comprehensive Dialogue on Space,” U.S. Department of State, March 11, 2013, https://2009-2017.state.gov/r/pa/prs/ps/2013/03/205939.htm.

类似的对话会议还有美国与澳大利亚的部长级磋商（US-Australia Ministerial, AUSMIN），美国与韩国的太空政策对话等。

除了政策制定者之间的高层次协商，美国还积极推动与盟国基层指战员之间的交流学习。2018年4月，在第34届太空研讨会上，美国空军部长希瑟·威尔逊（Heather Wilson）发表演讲时说，"当前我们面临更加具有竞争性和危险性的国际安全环境……有盟友的国家将繁荣，没有盟友的国家将衰落"，并表示美国将加深与盟友国家的太空合作，不仅分享太空监控数据，还要通过交流培训增进协同。威尔逊宣布，美国将在位于科罗拉多州彼得森空军基地的国家安全太空研究所（National Security Space Institute）为美国盟军开设两门课程，一门关于态势感知，另一门关于避免碰撞、脱轨和重返大气层。澳大利亚、加拿大和英国目前已经参与其中，新西兰、法国、德国、日本和其他盟国也将受到邀请。①

（二）太空资源共享

美国通过与盟友共享太空资源，在让盟友承担部分研发成本的同时，也将盟友拉进了美国的太空作战网络，使盟友与美国的太空利益捆绑在一起，帮助美国分担遭受太空攻击的风险，增强美国太空威慑的效果。

在太空态势感知领域，到2020年5月，美国已经公开与24个国家和2个政府间组织签订协议（包括澳大利亚、比利时、巴西、加拿大、智利、丹麦、芬兰、法国、德国、以色列、意大利、日本、卢森堡、荷兰、新西兰、挪威、波兰、韩国、罗马尼亚、西班牙、泰国、阿联酋、英国、秘鲁，欧洲航天局和欧洲气象卫星应用组织），共享太空态势感知的相关数据和服务，让美国在太空发射、卫星机动、排除卫星故障、判别电磁干扰和在轨交会等方面与盟友实现协同。这将帮助美国有效利用盟友的太空态势感知系统，并对可能遭遇的威胁进行及时预警和防御。2020年8月，美国太空军还宣布，将与英国共享太空态势感知数据及用于预测在轨物体运行轨迹的"标准天文动力学算法库"。根据两国协议的安排，英国太空作战中心（UK Space Operations Center）将利用美国太空军提供的太空态势感知数据和算法库，提升其计算

---

① Sandra Erwin, "Air Force Moves to Expand International Military Space Coalition," Space News, April 17, 2018, https://spacenews.com/air-force-moves-to-expand-international-military-space-coalition/.

在轨物体运行轨迹的能力，并加强与美国太空军的合作。与此同时，美国还将太空监视望远镜转移到澳大利亚，并筹划在澳大利亚建设新的“太空篱笆”雷达站，使美国的太空态势感知系统具有更佳的地理位置。此外，加拿大的“蓝宝石”（Sapphire）卫星也成为美国太空监视网络的传感器之一。

在卫星导航、通信等领域，美国协助日本发展“准天顶”卫星导航系统（Quasi-Zenith Satellite System, QZSS），并将其与美国的全球卫星定位系统（GPS）实现兼容，增强GPS系统在东亚地区的定位精度。到2018年，日本已经发射了4颗“准天顶”系统卫星，并计划在2020年将这一系统扩展到7颗卫星。[①]“准天顶”系统不但帮助分担了美国的太空任务，更能够促进其太空分散架构的实现，提高美国太空系统的生存能力。美国还与澳大利亚共同建设“宽带全球卫星通信”系统（Wideband Global STACOM, WGS），加拿大、丹麦、卢森堡、荷兰和新西兰也为该系统提供了资金。[②]美国计划按照这样的模式，继续邀请盟友研发“作战响应太空”的小型卫星，减少美国的研发成本。

（三）太空军事演习

太空战演习是美国锻炼盟国作战协同，彰显太空作战能力的主要方式。2001年开始，美国开展“施里弗”系列太空战演习（Schriever Wargame），对太空态势感知、太空控制、太空任务支持、太空力量运用等进行演练。2009年，“施里弗-5”演习首次引入了与盟国的作战协同，澳大利亚、加拿大和英国参与了演习，并在演习后得出结论：必须积极推进盟友间太空作战的正式协议，应对共同威胁。[③] 2012年，美国邀请8个北约成员国（英国、法国、德国、加拿大、荷兰、意大利、丹麦、土耳其）和澳大利亚参与了“施里弗2012”演习，演练盟军利用太空支持远征作战的联合作战能力。演习的近期成果包括：提高北约的太空感知和专业能力；明确各国满足北约联合作战时的太空能力需求；扩大北约太空训练课程的范围；明确盟国太空联合作战中

---

① William Graham, “Japan’s H-2A Conducts QZSS-4 Launch,” NASA, October 9, 2017, https://www.nasaspaceflight.com/2017/10/japans-h-2a-rocket-qzss-4-launch/.

② Sandra Erwin, “Gen. Hyten Wants More Allies to Fight Alongside U.S. in Space,” Space News, March 8, 2018, https://spacenews.com/gen-hyten-wants-more-allies-to-fight-alongside-u-s-in-space/.

③ 李颖等编《美国“施里弗”系列太空站演习研究》，国防工业出版社，2017，第30页。

的责任，强化合作；辨别北约太空作战中存在的弱点；等等。远期成果包括：共享盟友间的太空态势感知能力，探索协调应用各国太空能力的机制，强化所有国家进入太空的能力，促进北约形成一套全面的太空政策，等等。[①] 到2020年，“施里弗”系列演习已经举行了14次，时间跨度从最初的两年一次变为一年一次，英国、加拿大、澳大利亚、新西兰基本成为固定的演习参与方，演习内容直指慑止中、俄等太空大国的挑战。2014年以来的几场演习重点演练了盟军太空系统在对抗、降级和受限环境下的弹性，同时将探索太空威慑的方式纳入演习目标之一。2020年11月，“施里弗-20”在美国科罗拉多州彼得森空军基地举行，澳大利亚、加拿大、法国、德国、日本、新西兰、英国等盟友参与。美国太空司令部司令詹姆斯·迪金森（James H. Dickinson）在演习中表示：“俄罗斯和中国等对手正在积极发展反太空能力，以在危机或冲突中否认美国和我们的合作伙伴在太空中的优势。”“美国不会独自一人在太空中前进，施里弗只是我们与盟国和合作伙伴共同努力的一种方式，可以帮助我们保持太空优势，为战士提供天基能力，并确保任何一天我们都能利用太空。”[②]

除“施里弗”系列演习外，美国还自2014年起每年举办“太空态势感知桌面演习 / 全球哨兵演习”（Space Situational Awareness Tabletop Exercise, SSA-TTX / Global Sentinel）。演习设立了多国协同的联合太空作战中心（Federation Space Operations Center, FedSpOC），从而更好地验证、测试盟友间在太空态势感知方面的联合指挥控制能力。2017年9月，“全球哨兵-2017”（GS-17）演习在弗吉尼亚州的洛克西德·马丁中心开展，加拿大、澳大利亚、德国、法国、意大利、日本、英国都参与其中，西班牙和韩国被邀请作为观察员。[③] 到2019年，“全球哨兵”演习已经举行了6次。在演习过程中，每个盟国的代表都模拟运行其太空作战中心，控制本国的太空态势感知体系，在洛克西德·马丁中心设计的虚拟太空作战平台上进行协同作战。

---

① NATO HQ SACT, “Schriever Wargame 2012 International HQ SACT Report,” 2012, p.9, http://www.act.nato.int/images/stories/events/2012/sw12i/sw12i_report.pdf.

② Tyler Whiting, “Schriever Wargame: Critical Space Event Concludes,” CSMNG, November 16, 2020, https://csmng.com/2020/11/16/schriever-wargame-critical-space-event-concludes/.

③ U.S. Strategic Command, “USSTRATCOM Hosts Fourth SSA Experiment with International Partners,” U.S. Strategic Command, October 5, 2017, http://www.stratcom.mil/Media/News/News-Article-View/Article/1340856/usstratcom-hosts-fourth-ssa-experiment-with-international-partners/.

第二节　慑止对手攻击太空资产的其他能力

太空领域的较量仍然是为了争夺地表的战略优势。美国大力发展能够替代卫星的地表定位、通信和侦察能力，减少地面部队对太空能力的依赖，从而削弱对手太空攻击给美国带来的影响，减少对手因挑战所获得的收益。同时，美国利用外交和国际舆论影响力，引导国际秩序向有利于美国的方向发展，以国家软实力获取国际太空领域的制度优势，使对手因不敢挑战国际社会而放弃攻击。

一、跨域替代能力

太空力量本就是地表军事力量的发展和延伸，而导航定位、军事通信、情报侦察等重要军事能力也并不是只能由太空系统提供。在认识到美国太空资产的脆弱性后，美国利用地基伪卫星定位系统、战场空中通信系统、长航时航空侦察能力等减少部队对太空的依赖，使对手难以通过太空攻击一举击溃美国的作战体系和获得对美国的不对称优势，从而因难以获得预期收益而放弃攻击。

（一）地基伪卫星定位系统

地基伪卫星定位是通过地基无线电发射器组成的网络实现定位。不需要借助太空系统，这种基于地面设备的定位能力能够在美国GPS卫星遭受攻击时保证其作战能力，减少对手通过攻击可能获得的收益。

在威慑能力的展现上，美国通过公开地基伪卫星定位系统的测试效果和能力水平，充分显示了其替代天基导航系统的能力。2011年10月，美国空军与澳大利亚公司洛卡塔（Locata）合作，在新墨西哥州的白沙导弹靶场测试了新型的洛卡塔地基伪卫星定位系统。测试内容被完全公开：测试范围覆盖3500平方千米，运用10个发射器组成定位网络，由美国空军746测试中队驾驶一架飞机进行了一系列测试。测试结果显示，洛卡塔定位系统能够在完全没有GPS的情况下，对高度2.5万英尺、速度每小时550千米的飞机实现精确定位，误差在水平方向上不超过6厘米，垂直方向不超过15厘米。[①] 这意味着洛卡塔系统完全可以独立于GPS提供定位服务，在建筑物较密集的场所甚至比GPS的定位效果更好。除了精确定位，洛卡塔系统还能在激活后几分钟就实现纳秒精确同步（这是GPS式卫星定位的最基本要求），更能够适应恶劣天气，并能够通过一种放大器放大信号，扩大定位范围。洛卡塔定位系统能为美国提供一个独立的全天候定位网络，其发射器可以在地表移动，使美国能够不依赖太空系统，在任何时间、任何地点都具有可靠的高精度定位和定时。

在威慑决心的展现上，美国空军对洛卡塔系统表示了高度肯定并签订了长期合同，将其作为补充、替代GPS的重要后备系统。在2011年的技术测试报告中，美国空军表示，洛卡塔系统已经实现了美国国防部未来导航系统的高精度要求。[②] 2012年12月，空军与洛卡塔公司签订长期合同，要求其在白沙导弹靶场6500平方千米的范围内建立洛卡塔定位网络。洛卡塔公司首席执行官兼联合创始人纳奇奥·甘贝尔（Nunzio Gambale）表示，"洛卡塔是世界上第一个完全独立的GPS后备系统"，"任何其他政府都不可能研发出这样的系统，更不用说私人机构了"。[③]

（二）战场空中通信系统

战场空中通信系统原本是为了实现作战飞机与地面部队之间的通信连接，保证各个作战单元之间的信息传输。随着技术的发展和替代卫星通信系统的需要，美国逐渐将战场通信系统打造为能够提供大容量、超视距信息传输、通信中继、网络互联、态势感知与共享的"伪卫星"通信系统。在卫星通信系统正常工作时，战场空中通信系统能够帮助扩大通信容量；在卫星通信系统遭到破坏时，战场空中通信系统能够起到补充甚至替代军事通信卫星的作

① Locata, "White Sands Missile Range Locata Net," http://www.locata.com/article/white-sands-demonstration/.

② Market Wired, "World-First Locata Achievement Leads to U.S. Air Force Contract for New Non-GPS Based Positioning System," December 12, 2012, http://www.marketwired.com/press-release/world-first-locata-achievement-leads-us-air-force-contract-new-non-gps-based-positioning-1736622.htm.

③ "Locata Confirms Extraordinary Positioning Results Obtained by the USAF during Independent Testing at White Sands Missile Range," Yahoo, December 12, 2012, https://finance.yahoo.com/news/locata-confirms-extraordinary-positioning-results-130000813.html.

用，减少美国对太空系统的依赖，保证任务的继续实施。

在威慑能力的展现上，美国披露了多项战场空中通信项目，包括“联合自适应 C4ISR 节点”（Adaptive Joint C4ISRNode）、“滚装超视距通信设备”（Rollon Beyond line-of-sight Equipment）、“战场空中通信节点”（Battlefield Airborne Communication Node, BACN）等。第380空中远征联队指挥官、美国空军准将查尔斯·科克兰（Charles Corcoran）在接受采访时表示，BACN 系统能够发挥通信中继作用，扩展军队无线电通信和数据链路的范围，搭载这一系统的飞机已经成为“我部专属的低空卫星”。[①]

在威慑决心的展现上，美国对战场空中通信系统表示了高度重视，并已经将其部署到关键地区执行任务。美国前太平洋司令部空军司令赫伯特·卡莱尔（Herbert Carlisle）曾指出，美国需要发展依靠空中分层网络的通信系统，从而打造一个混合的太空—空中网络，提高通信系统的容量和弹性。[②] 2009年以来，美国空军多次与诺斯罗普·格鲁门公司签订“战场空中通信节点”合同，要求其为数架庞巴迪 BD-700运输机和“全球鹰”无人机加装 BACN 系统。改装后的飞机分别命名为 E-11A 和 EQ-4B。到2017年3月，美军至少拥有4架 E-11A 飞机和3架 EQ-4B 飞机，这些飞机曾多次被派往伊拉克、阿富汗、叙利亚等地，已经完成了超过1万次战斗任务。[③] 诺斯罗普·格鲁门公司还将继续为美军建造和维护 BACN 设备，该系列飞机的新进展都会在其官网上披露。

（三）长航时航空侦察能力

相比传统航空监视侦察能力，太空侦察的优势在于监视范围大，不受国界限制，能够长期、持续监视地球上被拒止进入的区域。为了保证美国在侦

---

① Oriana Pawlyk, “More BACN, Please; Data Node for Global Hawks in High Demand,” Military.com, July 6, 2017, https://www.military.com/defensetech/2017/07/06/more-bacn-please-data-node-for-global-hawks-in-high-demand.

② Sandra I. Erwin, “Pacific Command Eyes ‘Layered’ Communications Network,” National Defense Magazine, July 29, 2013, http://www.nationaldefensemagazine.org/articles/2013/7/29/pacific-command-eyes-layered-communications-network.

③ Northrop Grumman, “Northrop Grumman’s BACN Completes 10,000 Combat Missions,” March 23, 2017, https://news.northropgrumman.com/news/releases/northrop-grummans-bacn-completes-10-000-combat-missions.

察卫星遭到攻击的情况下依然具有这样的监视侦察能力，美国通过发展长航时无人机作为太空侦察的补充，确保美国在太空能力受损时依然能够获取关键情报，减少敌人通过攻击获得的收益。长航时无人机续航时间长，侦察半径大，能够长期盘旋在目标上空持续监视。同时，无人机体积小、重量轻，更具隐蔽性，不存在人员伤亡的问题，能够深入被敌方拒止进入的地区。

在威慑能力的展现上，美国通过技术试验和作战支援向世界显示了其航空侦察能力的先进高效。1995年，美国启动“高空长航时无人机先进概念技术验证”（the High-Altitude Endurance Unmanned Aerial Vehicle Advanced Concept Technology Demonstration）项目。1998年，RQ-4A“全球鹰”无人机首飞。经过2年的部署和试验后，2000年，美军联合作战司令部发布报告，确认“全球鹰”无人机已经具备作战能力。美国空军官方网站公开了“全球鹰”无人机的基本性能：“全球鹰”无人机续航时间超过34小时，装备有光电、红外传感器和合成孔径雷达，所拍摄的条幅式照片可精确到1米，定点侦察照片可精确到0.3米。除了不断强化无人机的侦察能力，美国还将提高无人机的续航能力作为其替代太空侦察的关键。2008年，美国国防高级研究计划局与3个公司签订合同，要求其研制“秃鹰”（Vulture）太阳能无人机，目标是使其在空中停留5年。美国国防部还和英国共同投资了“和风”（Zephyr）无人机，该无人机自问世以来续航时间不断打破世界纪录。2018年8月8日“和风”再次创下了连续飞行26天的世界纪录[①]，被世界媒体广泛公开报道。一旦这种超长航时太阳能无人机形成作战能力，将同时具备航空侦察和航天侦察的优势，极大增强美国的太空威慑力量。

在威慑决心的展现上，美国已经在各类演习和作战行动中广泛运用了航空侦察能力，显示了对这种能力的高度重视。在伊拉克自由行动中，“全球鹰”无人机共执行了15次任务，只占战争期间所有空中图像采集任务的3%，但其拍摄了超过4800幅图像，提供了约55%的关键防空数据。[②] 2017年，美国还在日本横田空军基地新部署了5架“全球鹰”无人机，以此彰显对东北亚的监控和威慑。

① Gareth Jennings, “Zephyr Claims New Endurance Record,” August 8, 2018, https://www.janes.com/article/82250/zephyr-claims-new-endurance-record.

② “Global Hawk - UAV,” The UAV, https://www.theuav.com/global_hawk.html.

二、国际舆论谴责

作为世界上唯一的超级大国，美国深知国际秩序对维护霸权的重要性。借助提供太空公共服务，美国以一系列外交手段树立起在太空的领袖形象，并进一步影响太空行为规则的制定，从而塑造国际太空秩序、影响国际舆论风向，将美国包装成为太空领域的“保护者”“领导者”，而攻击美国太空资产的国家则将被贴上“安全破坏者”“现状挑战者”的标签。

在威慑能力的展现上，美国着力把自身塑造为太空领域的领袖，充分展现其在太空国际关系中的主导权。一方面，美国主动为国际社会提供太空公共服务，主要包括太空碎片清理和提供太空碰撞预警信息等。此举充分展现其太空“守护者”的高大形象，让各行为体在依赖美国提供的公共服务之余，支持美国的各项太空活动。在太空碎片清理方面，2009年9月，美国国防高级研究计划局宣布了一项名为“捕手手套”（Catcher's Mitt）的研究项目，旨在研究如何清除轨道上的人造碎片。该研究于2011年结束并发布报告，报告认为美国有理由立即开展轨道碎片清除活动，主要方法是对轨道上目前存在的大型碎片进行“先发制人”的移除。① 2017年5月，以太空碎片清除为主题的第九届国际太空轨道设计大赛落幕，美国国家航空航天局设计的方案摘得冠军。在提供太空碰撞预警信息方面，位于范登堡空军基地的美国战略司令部联合太空作战中心（Joint Space Operations Center, JSpOC）于2010年后开始无偿向国际社会提供卫星碰撞的警告并创建了网站（space-track.org），任何人都可以在注册后进入该网站查阅数据。到2016年底，这一数据共享计划向285个组织提供了近1500颗活动卫星的近距离预警，从而实现了128个规避操作，避免了可能的卫星碰撞。② 2018年6月，美国特朗普政府签署“3号航天政策令”——《太空交通管理政策》，其实质是在强调美国太空领袖身份的同时，将国内立法国际化。凡是不符合美国太空交通管理政策的航天器，就可以被美国“合法”地清理掉。

另一方面，美国利用联合国机制，不断通过外交活动参与制定国际太空

① Wade Pulliam, “The Catcher's Mitt Final Report,” The Defense Advanced Research Projects Agency, August 30, 2011, http://www.dtic.mil/dtic/tr/fulltext/u2/1016641.pdf.

② Brian Weeden, “US Space Policy, Organizational Incentives, and Orbital Debris Removal,” The Space Review, October 30, 2017, http://www.thespacereview.com/article/3361/1.

规则，力图展现美国对国际太空秩序的主导地位，让国际社会接受美国对挑战者施以惩罚的正义性，让对手因担忧受到国际规则的制裁而放弃攻击。美国对符合其利益的国际太空规则大力支持。美国国家航空航天局在1995年发布了世界上第一份轨道碎片缓解指南。两年后，美国政府根据这一文件制定了一套轨道碎片缓解标准。俄罗斯、法国、日本和欧空局等其他国家和组织纷纷效仿，制定了各自的轨道碎片减缓准则。2002年，由10个国家的太空机构和欧空局组成的机构间空间碎片协调委员会（the Inter-Agency Space Debris Coordination Committee, IADC）通过了一套协商一致的准则，旨在减缓轨道碎片数量的增长。2007年2月，联合国和平利用外层空间委员会的科学和技术小组委员会完成了一项多年工作计划，通过了一套非常类似于IADC准则的碎片减缓指南。2007年12月，在美国的支持推动下，联合国大会正式通过了该指南。[①] 美国还支持发展外空透明与建立信任措施，参与联合国外空委下的外空活动长期可持续工作小组（Group on the Long-Term Sustainability of Outer Space Activities），积极推动对美国有利的国际太空规则制定。同时，美国对可能威胁其太空霸权的国际规则坚决反对并不断阻挠。在防止太空军备竞赛上，由于担忧会限制其发展太空武器，美国对联合国大会表决的《防止太空军备竞赛》（Prevention of an Arms Race in Outer Space）决议长期投弃权票。2005年，美国甚至成为表决中唯一投反对票的国家。2008年，中国和俄罗斯提出的《防止在外空放置武器、对外空物体使用或威胁使用武力条约（草案）》依然受到了美国的反对，美国指责其缺少核查措施，也没有限制地球表面的反卫星武器。对于欧盟提出的《太空活动行为准则》，美国一开始是认可的，但其后又表示不会接受，而是要和欧盟协商订立新的国际太空行为准则。时任美国国务卿希拉里·克林顿（Hillary Clinton）表示，“美国不会参与任何限制我们在太空进行国家安全相关活动，或限制我们保护美国及盟友能力的行为准则”。[②]

---

① United Nations Office for Outer Space Affairs, Space Debris Mitigation Guidelines of the Committee on the Peaceful Uses of Outer Space, United Nations Publication, January 2010, pp. iii-iv, http://www.unoosa.org/pdf/publications/st_space_49E.pdf.

② Lisa Daniel, "Defense, State Agree to Pursue Conduct Code for Outer Space," U.S. Strategic Command, January 18, 2012, http://www.stratcom.mil/Media/News/News-Article-View/Article/983551/defense-state-agree-to-pursue-conduct-code-for-outer-space/.

在威慑决心的展现上，美国已经多次煽动国际舆论，对可能对其太空能力构成威胁的活动大加谴责和制裁，明确将对手的太空活动定义为对国际太空安全的“挑衅”，使其成为国际社会的“公敌”，表明美国以国际太空领袖姿态号召各国遏制对手的决心。2007年中国进行反卫星试验后，美国以试验造成大量太空碎片为由，引导国际社会谴责中国。美国国务院官员事后表示，中国在反卫试验前并未通报美国。但据情报界人士透露，美国早已掌握中国反卫研究的相关情况，并且也收到了中国在试验前的通报。对中国此前进行的两次反卫试验，美国也并未发表抗议。[①] 由此可见，美国在2007年中国反卫试验后掀起一波国际舆论是有意为之，故意等待时机引燃国际社会对中国的不满。此后，美国大肆鼓吹中国的反卫星能力，将中国作为挑起太空军备竞赛的肇事者，并将其作为美国进一步发展太空军备的理由。时至今日，在2011年版《国家安全太空战略》、2018年版《国家太空战略》等重要战略文件中，美国谈及太空安全问题时仍将其归咎于中国，全然不顾美国才是造成太空碎片最多和太空军事实力最强的国家。

与此类似，在太空碎片清除方面，美国自身早已具备且不断深入研究太空碎片移除的相关技术，却严厉谴责中国发展类似能力。2016年中国“遨龙1号”自主太空碎片清除飞行器发射之后，美国舆论大肆炒作其反卫星能力，认为这是以碎片清除为伪装，掩盖中国部署天基反卫星武器的真实意图。而事实上，美国的“凤凰”计划，日本的太空自主机器人卫星（the Space Tethered Autonomous Robotic Satellite）都早已落实，欧盟也在研发类似的碎片清除装备。美国却唯独对中国的相关能力大肆渲染，处处营造出中国会对国际太空安全造成威胁的假象，目的就是用国际舆论的压力慑止中国发展太空力量。一旦中国出于国家利益对美国的太空能力构成威胁，就证实了先前美国对中国“安全破坏者”“现状挑战者”的断言，破坏中国负责任的大国形象。

三、跨域军事报复

由于对手可能并不像美国一样依赖太空能力，在太空领域施以“以眼还

---

① Michael R. Gordon and David S. Cloud, “U.S. Knew of China’s Missile Test, but Kept Silent,” New York Times, April 22, 2007, https://www.nytimes.com/2007/04/23/washington/23satellite.html.

眼、以牙还牙”的对等报复并不能给对手带来较大的损失和促使其放弃攻击。因此，美国威胁一旦太空资产遭到攻击，将会向对手实施跨领域的军事报复，以求给对手的关键能力和重要利益造成损害，使其因担忧代价过高而放弃攻击美国的太空资产。

在威慑能力的展现上，美国各类武器的试验研发，军事力量的部署编配，军事演习和军事行动中的力量显示，都毋庸置疑地展现出美国是世界上军事实力最强大的国家。不管是应对传统大国竞争还是非传统威胁，美国都有足够的军事能力给对手造成无法接受的损失。

在威慑决心的展现上，美国通过在演习中加入跨域报复内容和改变国家安全政策的方式，反复强调美国不会受到任何束缚，将会在任何可能的时间、地点，以任何可能的方式报复敌对行为。从2015年施里弗太空演习开始，美国在历年演习中加入跨域应对太空威胁的内容，包括探究如何保护处于多个作战域中的太空资产，探索太空与网络领域的跨域协同，整合各种作战指挥框架以捍卫太空能力等，并将演习基本情况在网站上公开发布。特朗普政府上台后，2018年2月颁布的《核态势评估》放宽了对使用核武器的限制，将上一版报告中核武器“仅慑止敌人的核进攻”改为“慑止核与非核进攻”，并明确美国的核指挥、控制和通信系统（Nuclear Command, Control and Communications, NC3）需服务于保护太空资产、应对太空威胁的目标。[①] 2018年版的《太空作战》条令新增“火力”这一联合作战职能，要求在多个作战领域综合运用火力，保护太空行动和太空资产，从而慑止威胁或缓解危机。[②] 这些政策变化直接表明美国将会动用各种军事力量，甚至是核力量对太空攻击施以报复。

第三节 慑止对手侵犯其他国家利益的太空能力

太空领域的较量最终还是会落回地球上来。美国利用太空的战略制高点地位和先进的太空能力对发生在地表的敌对行为实施威慑。在拒止性威慑方面，美国利用天基情报监视侦察能力和导弹防御能力掌握地表作战先机，实现对敌方攻击的有效拒止，减少敌方通过攻击可获得的收益，促使其放弃对美国地表

① Department of Defense of the United States, *Nuclear Posture Review*, February 2018, p. XIII.

② Joint Chiefs of Staff, *Joint Publication 3-14 Space Operations*, April 10, 2018, pp. II-13.

资产的攻击。在报复性威慑方面，美国渲染其天基快速打击能力的打击效果，威胁对挑战其利益的对手施以无法抵抗的打击。这种撒手锏式的报复能力能够极大增强震慑效果，使对手因担忧遭受无法接受的损失而放弃攻击。

一、天基情报监视侦察

天基情报监视侦察通过及时发现对手敌对行为和协助地面力量防御实现威慑。在第二太空时代，获取信息优势是获取决策优势和交战优势的前提。①通过对天基情报监视侦察能力的发展强化，美国借助天基信息支援能力获取战场先机，向外界展现出美国抵御对手攻击的能力，减少对手预期的收益，从而实现拒止性威慑。

在威慑能力的展现上，美国主要通过各类作战行动和军事演习等展现天基情报监视侦察能力。虽然美国对其军用侦察卫星的具体性能严格保密，但外界却能通过对战争的实际观察了解美国的天基情报监视侦察能力。海湾战争后，国会研究机构提交了《海湾战争中支援联军的军用和民用卫星》报告，其中的数据和信息甚至全部来自公开资料②，可见美国的天基情报监视侦察能力已经向外界有所展现。除了以具体行动“显示肌肉”，美国国防部、国会也会通过《空天日报》(*Aerospace Daily*)、《空军杂志》(*Air Force Magazine*)，以及各类报告、新闻发布会等较为笼统地宣传卫星使用的效果，向其他国家传递威慑信息。根据这些公开发布的信息，美国在海湾战争中使用的本国侦察卫星就多达5种类型、18颗，借用盟军和商业卫星约20颗。早在战争开始前5个月，美国就已经在海湾地区部署了高、中、低3层地球轨道侦察系统，昼夜不停地对伊拉克实施全方位监视侦察，为多国部队发动攻击提供依据。其中，“国防支援项目”（Defense Support Program）导弹预警卫星能在12秒内发现伊拉克发射的“飞毛腿”导弹，“锁眼-12”（Keyhole-12）光学侦察卫星分辨率可达0.1—0.3米，“长曲棍球”（Lacrosse）雷达侦察卫星分辨率为1米，“海军海洋侦察系统”（Naval Ocean Surveillance System）所属第一代“白云”电子侦察卫星的有效监听距离达到3200千米。③

---

① 杨凯、兰汉平：《网络中心战信息优势评价初探》，《国防科技》2007年第1期，第69页。

② Marcia S. Smith, CRS Report for Congress: Military and Civilian Satellites in Support of Allied Forces in the Persian Gulf War, Congressional Research Service, February 27, 1991, p.1.

③ 李大光等编《美俄太空军事力量及其作战运用》，武警出版社，2012，第248—268页。

海湾战争中美国对太空力量的运用标志着第二太空时代的开始。在此之后，美国又对侦察卫星进行更新换代，这些卫星的研发进程被有选择性地公开，在国防授权法案、国会听证发言、政府审计局报告、承包商和相关国防部机构的新闻发布中均能体现。美国向外界公开这些项目的主要进展，却对项目的具体内容和性能参数保密，是为了最大化地给对手施加心理压力，使其对美国可能掌握的天基情报能力产生畏惧。

在导弹预警方面，美国近年来尤其强调对天基预警的重视，目标是实现对来袭导弹的助推段拦截或发射前摧毁。这意味着美国要在对手导弹发射之前就将其捕获，这种能力一旦形成，大国之间以“相互确保摧毁”维持的战略平衡将会被彻底颠覆。第一，“天基红外系统”（Space-Based Infrared System, SBIRS）将替代原先的“国防支援项目”系统，提高了系统的视场范围和分辨率，通过高低轨组网，实现系统对导弹助推段、飞行段、再入段的全方位监视跟踪，系统预计在2022年完成全部发射。而“下一代过顶持续红外系统”（Next Generation Overhead Persistent Infrared, OPIR）则计划接替“天基红外系统”，预计在2023年发射第一颗卫星，并于2025年完成系统交付。① 对于工程技术要求极高的天基预警卫星系统来说，这一项目的时间要求相比过去几乎缩短了一半，体现了美国在这一领域的技术积累和高度自信。第二，为了防范可能的高超声速武器，美国还着力构建“高超声速和弹道跟踪太空传感器”系统，该系统由部署在低轨道商业卫星上的约200个50—500千克的传感器载荷组成，旨在消除传感器网络间隙，对复杂弹道导弹、高超声速武器进行从发射到拦截的连续跟踪。按照2020财年《国防授权法案》要求，“高超声速和弹道跟踪太空传感器”系统应于2021年12月31日进行在轨试验，2023年后达到初始运行能力。美国国防部高超声速项目副主任迈克·怀特（Mike White）在一次采访中表示，美国高超声速防御采取全面、分层防御战略，将综合运用发射前打击和动能、非动能等主被动防御手段，在主动段、再入滑翔段和末段防御竞争对手高超声速武器打击。② 第三，对导弹拦截的杀

---

① “USSF’s Next Gen OPIR Missile Warning Satellite System Completes Payload PDR,” Spacewatch global, May 21, 2020, https://spacewatch.global/2020/05/ussfs-next-gen-opir-missile-warning-satellite-system-completes-payload-pdr/.

② 郭彦江：《瞄准亚太地区高端战争，美加快研发反高超武器》，澎湃新闻，2020年3月31日，https://www.thepaper.cn/newsDetail_forward_6758723。

伤评估能够帮助指挥官决策是否需要二次拦截，有助于提高拦截效率。2019年，美军通过媒体披露其“天基杀伤评估”（Space-based Kill Assessent）系统投入使用，标志着美军反导杀伤系统补齐最后环节，形成“观察—判断—决策—杀伤—评估”完整作战链路。①

在成像卫星方面，在光学成像方面，美国发展了六代共12个型号的“锁眼”（KH）光学侦察卫星，其分辨率从最初的7.5米提高至0.1米，瞬时观测幅宽从2.8—4千米提高到40—50千米。在雷达成像方面，“长曲棍球”卫星自冷战以来一直是美军雷达图像的主要来源，其最高分辨率为0.3米，超过了许多国家的光学侦察卫星。1999年，波音公司获得“未来成像体系”（the Future Imagery Architecture）合同，着手建设美国新一代光学和雷达成像卫星系统。经过多年投入和延迟，“未来成像体系”的光学卫星项目被取消，雷达成像卫星项目在2018年底完成全部5颗卫星的发射，用于取代先前的“长曲棍球”卫星系统。与“长曲棍球”相比，“未来成像体系”雷达功率更高，分辨率也更高，达到0.15米。该型卫星既可以进行战略侦察，也能对战场进行高分辨率成像，对重点目标进行跟踪监视以及毁伤评估。

在电子侦察方面，美国电子侦察卫星主要由“门特”（Mentor，又称“高级猎户座”）、“水星”（Mercury）、“军号”（Trumpet）以及“白云”（NOSS）系列卫星组成，卫星分布高低轨道兼有，高轨道侧重通信侦察，低轨道侧重雷达侦察。美国于20世纪90年代开始改进原先的“猎户座”（Orion）电子侦察卫星系统，新系统命名为“高级猎户座”（Advanced Orion），从1999年至今已经发射了7颗卫星，主要任务是截获亚太地区的导弹遥测信号，并对中国和俄罗斯进行通信侦察。“白云”系列海洋监视卫星目前已经完成第三代的系统更新，其第三代“入侵者”（Intruder）海洋监视卫星目前已发射8对共16颗卫星，用于探测海上船只的雷达和其他电子传输，并利用到达时间差技术对其进行定位。

在威慑决心的展现上，美国通过改革机构、提高情报利用效能等方式支持天基情报监视侦察能力的发展，体现了美国对这一能力的重视。2016年，美国国防部成立跨机构联合太空作战中心（the Joint Interagency Combined

---

① 郭彦江：《杀伤评估，美反导系统将补齐“最后一环”》，新华网，2019年3月21日，http://www.xinhuanet.com/mil/2019-03/21/c_1210088271.htm。

Space Operations Center, JICSpOC），工作重点是整合美国天基平台收集的数据，为军事行动提供情报支持。2017年4月，这一机构已经完成了五轮机构运转试验，更名为国家太空防御中心（the National Space Defense Center, NSDC）。美国还改革了情报需求的管理模式，更改了主要情报用户的任务下达程序，为更有效地实现天基情报搜集管理创造条件。① 特朗普政府重设太空司令部后，国防部寻求与情报界打通天基侦察情报的指挥流程。2019年9月，太空司令部与美国国家侦查局达成协议，一旦美国卫星受到攻击，国家侦查局将接受太空司令部的统一指挥，情报界的相关资产将交由军方操作并进行战术控制。②

二、导弹防御能力

导弹防御能力是美国太空作战的重要任务之一，其先是作为“太空力量运用”这一任务的一部分，其后又成为独立的太空作战行动之一。③ 弹道导弹拦截的过程中，不仅需要来自天基卫星的情报支援与指挥控制，大部分系统的拦截弹本身也需要经由火箭发射至大气层上空，通过与弹道导弹的动能碰撞实现拦截。2020年，美国导弹防御局公布《未来导弹防御体系架构2.0》，将原有的中段、末段（末段高层、末段低层）调整为助推段、中段 / 滑翔段、末段（末段多层），在填补助推段拦截空缺的同时，体现了美军进一步强化对手攻击难度、拒止对手远程打击的能力。目前，在大气层上空拦截导弹的系统有宙斯盾弹道导弹防御系统（Aegis Ballistic Missile Defense System）、末段高空区域防御系统（Terminal High Altitude Area Defense）和陆基中段导弹防御系统（Ground-Based Midcourse Defense）。这些反导系统能够增加对手的攻击难度，帮助美国形成拒止性威慑。美国还与盟友联合部署反导系统，将这种威慑延伸到地球上美国利益关切的欧洲、东北亚等地区。

---

① 潘升东、张占月、侯妍等:《美国天基侦察监视信息支援任务流程研究》，载《第五届中国指挥控制大会论文集》，电子工业出版社，2017，第295页。

② Nathan Strout, “NRO and US Space Command Test out New Relationship,” C4ISRNET, September 16, 2019, https://www.c4isrnet.com/battlefield-tech/space/2019/09/16/nro-and-us-space-command-test-out-new-relationship/#:~:text=The%20NRO%20is%20charged%20with%20acquiring%20and%20managing,unified%20combatant%20command%20responsible%20for%20fighting%20in%20space.

③ Joint Chiefs of Staff, *Joint Publication 3-14 Space Operations*, April 10, 2018, pp. II-6.

（一）宙斯盾弹道导弹防御系统

宙斯盾弹道导弹防御系统是海基的中段弹道导弹拦截系统。它使用“标准”–3（SM–3）型拦截弹，对近程到中程的弹道导弹实施拦截。该系统集成在美国海军的“提康德罗加”（CG–47）级巡洋舰和“阿利·伯克”（DDG–51）级驱逐舰上。系统也具有陆基版本，称为“岸基宙斯盾”（Aegis Ashore）。

在威慑能力的展现上，美国导弹防御局（Missile Defense Agency）对历次导弹防御测试的结果公开发布并实时更新，以便更好地显示能力，实现对敌人的拒止性威慑。经过多年发展，“标准”–3型拦截弹拥有SM–3、SM–3–0、SM–3 Block I、SM–3 Block IA、SM–3 Block IB、SM–3 Block IIA等多种型号。测试最多的SM–3 Block IA型拦截成功率高达87%。[①] 美国还公开了“宙斯盾”舰艇的数量。2018年，美国已经拥有38艘配备“宙斯盾”反导系统的舰艇。根据2019财年预算，美国“宙斯盾”舰艇数量将在2019财年末达到41艘，到2023财年末达到57艘，配备总共560枚“标准”–3型拦截弹。[②] 2020年11月16日，美导弹防御局利用一枚“标准”–3 IIA导弹成功拦截一枚洲际弹道导弹靶弹，这是该拦截弹首次成功拦截洲际导弹。为了更好地展示这一成果，美国导弹防御局专门为此试验制作了模拟动画，并公开发布。试验中，一枚洲际弹道导弹靶弹从位于马绍尔群岛夸贾林环礁的里根靶场发射，向东北方飞行。“天基红外系统”探测到导弹发射后，将相关信息传输至位于科罗拉多州施里弗空军基地的导弹防御整合和作战中心。“指挥控制、作战管理与通信”系统生成火控方案后，将火控级的导弹跟踪数据通过Link–16数据链传输至位于美国西海岸西部海域的“约翰·芬恩”号驱逐舰。在舰载AN/SPY–1雷达探测到靶弹之前，发射1枚“标准”–3 IIA导弹，以“远程交战”模式成功拦截洲际弹道导弹靶弹。此次试验的成功不仅意味着“标准”–3 IIA具备拦截洲际弹道导弹的能力，还表示美国能够在洲际弹道导弹的上升阶段进行拦截，从而尽早、尽远地对导弹实施拦截，增加拦截次数，提高拦截成功率。

---

① Missile Defense Advocacy Alliance, “U.S. Missile Defense Test Record,” August 10, 2017, http://missiledefenseadvocacy.org/missile-defense-systems-2/missile-defense-intercept-test-record/u-s-missile-defense-intercept-test-record/.

② Congressional Research Service, *Navy Aegis Ballistic Missile Defense (BMD) Program: Background and Issues for Congress*, August 1, 2018, p.6.

在威慑决心的展现上，美国不断将“宙斯盾”系统部署到世界各地，并与盟友开展研发合作，促进系统的建设发展。在最先进的“标准”–3 IIA拦截弹研发中，美国和日本进行了部分技术合作，日本为其投入了大量资金。这种拦截弹拥有更快的速度、更广的防御范围和更大的拦截弹头，甚至具有拦截远程洲际弹道导弹的能力。美国还不断扩大“宙斯盾”系统的部署范围，力图将反导系统带来的太空威慑延伸到盟国。2009年，奥巴马政府提出了“分阶段适应方法”（Phased Adaptive Approach, PAA）并首先应用于欧洲，这一方法要求在欧洲分阶段部署美国“宙斯盾”反导系统，以应对来自伊朗的导弹威胁。按照计划，美国在2011年底之前在欧洲部署“宙斯盾”舰和陆基雷达，2016年底前在罗马尼亚建立“岸基宙斯盾”基地，并配备SM–3 Block IB拦截弹，2020年底前在波兰建立“岸基宙斯盾”基地，配备SM–3 Block IIA拦截弹。此外，日本也将在2023年部署两套“岸基宙斯盾”系统。[①]

（二）末段高空区域防御系统

末段高空区域防御系统简称“萨德”（THAAD）系统，是一种高度机动、快速部署的陆基弹道导弹防御系统，能够在飞行的中段或末段对近程或中程弹道导弹实施拦截，旨在对人口中心、工业资源和军事设施实施保护。

在威慑能力的展现上，美国对“萨德”系统的测试结果予以公开。1999年，“萨德”系统实现了第一次成功拦截，此后一直在测试中展现了很高的命中率，在2006年以来的最近15次测试中，“萨德”全部拦截成功，因此被认为是最先进的导弹防御系统。按照计划，美国导弹防御局将在2024年前完成7个导弹阵地的部署，总共拥有7个AN/TPY–2X波段雷达和503枚拦截弹。[②]

在威慑决心的展现上，美国不顾中国的强烈反对，以应对朝鲜导弹威胁为理由，执意在韩国部署“萨德”系统。然而，“萨德”既不能拦截来自朝鲜的战术导弹或巡航导弹，其探测角度也只有120度，朝鲜完全可以从海上发射弹道导弹开展攻击，而即使从内陆发射，朝鲜也可以通过抬高发射角度的方式加

① CSIS Missile Defense Project, “Aegis Ballistic Missile Defense,” https://missilethreat.csis.org/system/aegis/.

② United States Government Accountability Office, *GAO-18-324 Missile Defense: The Warfighter and Decision Makers Would Benefit from Better Communication about the System’s Capabilities and Limitations*, May 2018, p.85.

快导弹速度，突破“萨德”的防御。美国之所以要在韩国部署“萨德”，最主要的目的是威慑中俄。目前，美国已经拥有6个“萨德”导弹阵地，其中3个部署在亚太地区：韩国、关岛和夏威夷。每个阵地都拥有一架AN/TPY-2雷达，使美国能够监控从西伯利亚到中国西北地区发射的洲际弹道导弹。因此，美国在韩国部署“萨德”完全是为了拓展其在亚太的反导网络，打破东北亚地区的战略平衡，对中俄等地区大国实施威慑。除此之外，美国还向日本和澳大利亚兜售“萨德”系统，力图形成一条从阿拉斯加起始，经由韩国、日本直至澳大利亚的“反导包围圈”。美国已经向日本售出了2套AN/TPY-2雷达，使日本完全具备了部署“萨德”系统的条件，而澳大利亚则被美国形容为“中国东风-26导弹的攻击目标”①，劝诫其完全有必要部署“萨德”。

（三）陆基中段导弹防御系统

陆基中段导弹防御系统是美国目前唯一用于拦截远程弹道导弹的防御系统，也是美国防御区域最大的反导系统，其前身就是美国国家弹道导弹防御系统。2002年，美国正式退出《反弹道导弹条约》，系统改名为陆基中段导弹防御系统。系统借助一种三级助推器发射拦截弹，在来袭导弹飞行的中段实施拦截。由于导弹的中段飞行时间长，因此可以实现多次拦截，也极大扩大了中段反导系统的防御范围。系统的各种组建横跨15个时区，包括部署在阿拉斯加格里利和加利福尼亚范登堡空军基地的陆基拦截弹，在陆、海、空等多种地域部署的7种传感器，以及多个分布式火控系统。②

从威慑能力的表现上来看，陆基中段导弹防御系统的拦截成功率并不高。自1999年以来，该系统进行的18次拦截测试中仅有10次成功，成功率仅为53%。尤其是2010—2013年的三次测试连续失败，在美国国内引起了广泛质疑。③ 但即使如此，美国却展现出发展、利用这一反导系统的坚定决心。美国国防部不断要求增加该项目的预算，并继续开展拦截测试。2013年，政府

① Ankit Panda, “Australia and China’s DF-26 Intermediate-Range Ballistic Missile,” The Diplomat, May 3, 2018, https://thediplomat.com/2018/05/australia-and-chinas-df-26-intermediate-range-ballistic-missile/.

② CSIS Missile Defense Project, “The Ground-based Midcourse Defense,” https://missilethreat.csis.org/system/gmd/.

③ Kingston Reif, “The Defense that Does not Defend: More Problems for National Missile Defense,” Center for Arms Control and Non-proliferation, February 11, 2014, https://armscontrolcenter.org/the-defense-that-does-not-defend-more-problems-for-national-missile-defense/.

问责局评估陆基中段导弹防御系统的总成本已经达到410亿美元，到2018年达到670亿美元以上。[①] 从2013—2017年，奥巴马政府将陆基拦截弹的数量从30枚增加到44枚。特朗普政府上台后，计划将陆基拦截弹的数量从44枚增加到64枚。[②]

事实表明，美国部署反导系统本身，比反导系统的实际功能更为重要。美国忧思科学家联盟（Union of Concern Scientists）的调查指出，几乎所有的陆基中段拦截弹在部署之前都没有成功通过拦截测试。[③] 2012年，美国国家科学院（National Academy of Sciences）发布报告，对该系统的拦截弹、传感器和作战概念等基本设计提出质疑。为了显示美国的反导力量和得到国会的支持，导弹防御局再次对陆基中段导弹防御系统进行了测试，但测试对现实情况进行了简化，没有针对实际目标进行测试（例如翻滚的弹头、带有诱饵的弹头，或是按照洲际弹道导弹速度和距离飞行的弹头），同时，测试的时间和其他细节也都提前告知了部队。[④] 即使在不具备现实防御能力的情况下，美国依然坚持扩大陆基中段导弹防御系统的规模，显示出一种以“虚张声势”实现威慑效果的意图。

三、全球快速打击能力

2003年，美国国防部特别确定了一项新的任务——快速全球打击（Prompt Global Strike, PGS），该任务旨在使美国能够在不依赖前方部队的情况下，用常规武器在一小时内打击地球上任何地方的目标。这一任务被认为是冷战时期“高边疆”理论的新实践，借助这种“天对地”的进攻能力，美国能够在缺少海外基地和不使用核武器的情况下，向对手的高价值目标实现快速打击，使对手因害怕遭受无法承受的损失而放弃挑战美国的利益。

---

① United States Government Accountability Office, *GAO-18-324 Missile Defense: The Warfighter and Decision Makers Would Benefit from Better Communication about the System's Capabilities and Limitations*, May 2018, p.70.

② Jen Judson, “Congress Provides $3.3 Billion Boost for Missile Defense in FY18 Spending Bill,” Defense News, March 21, 2018, https://www.defensenews.com/land/2018/03/22/congress-provides-33-billion-boost-for-missile-defense-in-fy18-spending-bill/.

③ Laura Grego, George N. Lewis, and David Wright, *Shielded from Oversight: The Disastrous US Approach to Strategic Missile Defense, Union of Concern Scientists*, July 2016, p.2.

④ Laura Grego, George N. Lewis, and David Wright, *Shielded from Oversight: The Disastrous US Approach to Strategic Missile Defense, Union of Concerned Scientists*, July 2016, p.30.

在威慑能力的展现上，美国主要通过研发和测试以远程弹道导弹改装常规弹头、高超音速滑翔飞行器和轨道试验飞行器（Orbital Test Vehicle, OTV）来展现无可比拟的进攻性力量。美国提出快速全球打击任务后，国防科学委员会（Defense Science Board）于2004年发布报告，支持将部分远程弹道导弹改装为常规弹头，改装后的导弹借助再入大气层的强大冲击力，可以在不需要爆炸弹头的情况下摧毁目标。[①] 在此基础上，空军宣布将对部分陆基"和平卫士"（Peacekeeper）和"民兵 II"（Minuteman II）型导弹进行改装，改进后的导弹命名为"米诺陶"（Minotaur）导弹。目前正在研制的"米诺陶 IV"导弹将利用"和平卫士"导弹的三级火箭，结合轨道科学公司开发的第四级火箭共同组成助推器，用以完成陆基常规快速全球打击任务。在海军方面，2006年的《四年防务评估报告》要求，美国海军要在两年内实现"利用远程三叉戟（Trident）导弹投送精确制导常规弹头的初步能力"。[②] 根据美国国会公开的报告，目前海军为每艘执行任务的"三叉戟"潜艇装配了2枚常规导弹，每枚携带4个弹头，每艘潜艇上剩余的22枚导弹仍然装配核弹头。改进后的"三叉戟"导弹携带两种常规弹头：一种装有大量钨棒，能够像雨点一样攻击目标，利用再入大气层带来的动能冲击力摧毁3000平方英尺以内的所有东西，被设计用来攻击机场或建筑物之类的目标；另一种则能够穿透地下掩体或加固的目标。[③]

在高超音速滑翔飞行器方面，2003年，美国空军和国防高级研究计划局发起了"猎鹰"（FALCON）计划，即"从美国本土发射和武力投送"。"猎鹰"计划的目标是开发类似弹道导弹的一次性小型火箭，以及一种高超音速再入飞行器，即通用空气动力飞行器（Common Aero Vehicle, CAV），小型火箭将CAV 送入亚轨道，使其再入大气层时能够以5倍以上音速飞行，从而快速向地球表面投送载荷。在"猎鹰"计划的基础下，美国高级研究计划局先后验证了高超音速技术飞行器（Hypersonic Technology Vehicle, HTV）HTV–1和HTV–2（见图5–2），并公布了测试结果：HTV–2在失去遥测之前实现了可控

---

① Office of the Under Secretary of Defense for Acquisition, Technology, and Logistics, *Report of the Defense Science Board Task Force on Future Strategic Strike Forces*, February 2004, pp.3-5.

② Department of Defense of the United States, *Quadrennial Defense Review Report*, February 6, 2006, p. 50.

③ Amy F. Woolf, *Conventional Prompt Global Strike and Long-Range Ballistic Missiles: Background and Issues*, Congressional Research Service, April 6, 2018, p.19.

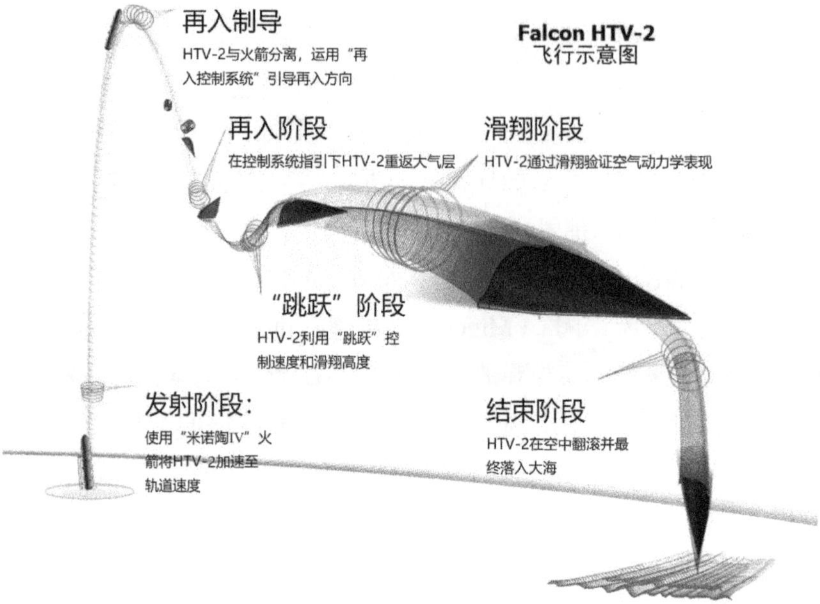

图5-2 HTV-2飞行过程示意图

资料来源："Gallery: DARPA's Falcon Hypersonic Glider's Mach 20 Launch Test," space.com, August 11, 2011, https://www.space.com/12604-darpa-hypersonic-glider-falcon-htv2-photos.html。

飞行，测试速度高达20马赫。[①] 在HTV基础上，美国还开展了“战术助推滑翔”（Tactical Boost Glide, TBG）、“先进高超音速武器”（Advanced Hypersonic Weapon, AHW）等多个项目。2020年3月20日，美国国防部网站高调披露，美国海军和美国陆军共同执行了超音速滑行体（Hypersonic Glide Body, C-HGB）的发射任务，该机体以超过5马赫的高音速飞到了指定的撞击点。该新闻报道特意说明，该滑翔体具有很高的机动性，并可以在不同的高度上飞行。这使部队能够在短短几分钟内打击数百乃至数千英里以外的目标，从而击落各种高价值目标。文章还明确了超音速滑翔体的研发建设分工：在这一项目中，海军是首席设计师，陆军则是生产领导，双方还将同时开发专门为从海上或陆地发射而定制的武器系统和发射器。美国国防部高超音速助理

① Defense Advanced Research Projects Agency, "Falcon Hypersonic Technology Vehicle 2 (HTV-2)," https://www.darpa.mil/program/falcon-htv-2.

主任迈克·怀特表示："（高超音速）功能有助于确保我们的战士保持战场上的主导地位，以慑止和在必要时击败任何未来的对手。"①

美国还公布了测试 X–37B 无人天地往返航天器的基本情况。X–37B 利用火箭垂直发射至低地球轨道，并在轨道上进行长期的太空技术实验和测试，最后重新返回大气层，水平降落于地面跑道上，设计在轨飞行时间为270天以上，高度为177—805千米。2010年4月，X–37B 进行了第一次飞行试验，在轨飞行225天，其间进行了4次轨道机动。此后每次飞行试验的在轨时间不断增加，2017年9月开始的第5次飞行在轨时间达到780天。2019年，美国空军前部长希瑟·威尔逊在提及 X–37B 时表示，"它可以绕着一个像鸡蛋一样的轨道飞行，当它靠近地球时，它离大气层足够近，因此很容易调整位置。这意味着我们远在地球另一端的对手无法知道下一步将发生什么"。因此，X–37B 在地球上空中的非同寻常的机动能力将会"让敌人抓狂"，而威尔逊本人"很高兴看到这一点"。② 2020年5月，X–37B 开始第6次飞行试验。时任美国空军部长芭芭拉·巴雷特（Barbara Barrett）此前表示，X–37B 的此次任务将最大限度发挥它的独特性能，进行多项试验测试，其中包括进行将太阳能转化为微波辐射传输至地面的空间太阳能发电试验，部署"猎鹰8号"小型卫星，执行研究辐射和其他空间效应对农作物种子影响的试验。美军这次一反常态，公布了 X–37B 第6次进入太空的任务细节，意在彰显美国在太空领域的技术优势，至于何时正式服役，取决于美军的试验进程和最终试验结果。③

在威慑决心的展现上，虽然美国国会曾拒绝为部分快速全球打击项目拨款，但近年来对这一能力的重视和支持程度与日俱增。其2018财年《国防授权法案》要求国防部在2022年9月30日前实现全球快速打击的早期作战能力④，2019财年《国防授权法案》要求国防部在2018年11月30日前提交对高

---

① "Department of Defense Tests Hypersonic Glide Body," U.S. Department of Defense, March 20, 2020, https://www.defense.gov/Newsroom/Releases/Release/Article/2119458/department-of-defense-tests-hypersonic-glide-body/.

② Oriana Pawlyk, "Former SecAF Explains How Secret X-37 Space Plane Throws Off Enemies," Military.com, July 23, 2019, https://www.military.com/daily-news/2019/07/23/former-secaf-explains-how-secret-x-37-space-plane-throws-enemies.html.

③ 胡铖铖：《专家点评美军执行X-37B第六次发射任务》，央广网，2020年5月21日，http://military.cnr.cn/ycdj/20200521/t20200521_525099499.html。

④ House of Representatives, *National Defense Authorization for Fiscal Year 2019*, July 6, 2017, p.286.

超音速武器的需求（不管是基于海、陆、空还是任意组合）。[①] 美国国防部更始终关注快速打击能力的发展和部署。根据国防部提出的2019财年预算要求，快速全球打击项目的资金将从2018财年的2.01亿美元增加到2019财年的2.78亿美元；预算还显示，在未来5年里，该项目的资金大幅增加，总计拨款19亿美元。[②] 2018年7月25日，时任美国空军部长希瑟·威尔逊在接受采访时表示，为应对中、俄等国的高超音速武器，美国陆、海、空军将会通力合作，加速高超音速飞行器的测试和部署，在2020年至2021年测试新型的原型机。[③]

本章小结

美国的太空威慑战略需要依赖构建、展现美国的相关力量和使用力量的决心来实现，为此，美国开展了多种装备建设、外交活动、军事合作等具体实践，并有选择地将这些实践的信息公布给外界，传递出威慑信号。根据美国太空威慑的战略方法，这些战略工具包括用于慑止对手攻击太空资产的太空能力、用于慑止对手攻击太空资产的其他能力，以及用于慑止对手侵犯其他国家利益的太空能力。各类型的能力以不同角度发挥拒止性或报复性的威慑作用。通过公开这些能力的研制进展、性能水平、作战效果等，美国展现出进行太空威慑的强大能力；通过颁布相关政策、设置专门机构、官方表态重视、装备部署调整等，美国展现出运用能力的决心。在美国对这些战略工具的利用中，美国向外界传递出太空威慑的信息，美国的太空威慑战略最终得到实践。

---

① House of Representatives, *National Defense Authorization for Fiscal Year 2019*, May 15, 2018, p.262.

② Amy F. Woolf, *Conventional Prompt Global Strike and Long-Range Ballistic Missiles: Background and Issues*, Congressional Research Service, April 6, 2018, summary.

③ Washington Post Live, "Transcript: Securing Tomorrow with Air Force Secretary Heather Wilson," The Washington Post, July 25, 2018, https://www.washingtonpost.com/blogs/post-live/wp/2018/07/25/transcript-securing-tomorrow-with-air-force-secretary-heather-wilson/?noredirect=on&utm_term=.6c29e3f7795c.

第六章 美国太空威慑战略的困境、特点和影响

美国太空威慑战略的目标是阻止太空攻击，维护地面利益，扩展美国霸权。但根据太空威慑的原理，结合美国的太空威慑战略实践，可以判断美国的太空威慑战略并不能实现其目标，反而会加剧太空军事化和武器化趋势，最终让美国陷入更不安全的境地。目前，美国已经将中国定位为"修正主义大国"，是对美国繁荣与安全构成核心挑战的国家①，也是美国太空威慑战略主要针对的对象。在美国太空威慑的重重重压下，中美之间原有的战略平衡不复存在，正面对抗日趋明显。中国需要坚持积极防御的战略方针，保持战略定力，化挑战为机遇，不断推动太空力量乃至军事力量的发展变革，重新塑造新的对美战略平衡；同时，肩负大国使命担当，推动太空多极化进程，不断促进太空的和平利用，营造和平、安全、有序的国际太空环境。

第一节 美国太空威慑战略的困境

美国的太空威慑战略在实践中存在许多困境。太空威慑的核心是说服对手：采取行动的代价将大于收益。当被威慑方认为威慑方不足以给其造成巨大的代价，或进攻行为将带来足够收益的时候，威慑就会失败。美国的太空威慑战略在力量、运用力量的决心和威慑信息的传递三要素上都存在固有缺陷，难以让对手相信采取行动将得不偿失。事实上，美国明知其太空威慑效果并不可靠，仍然坚持发展，实质是以威慑之名行胁迫之实，是打着"维护现状"的旗号进一步推动太空军事化和武器化。防止其他国家攻击美国是假，

---

① Department of Defense of the United States, *Summary of the 2018 National Defense Strategy*, 2018, p.2.

便于让美国进攻其他国家是真。

一、“作为保护对象的威慑”困境

“太空中的威慑”是以各种国家力量慑止对美国太空资产的攻击。然而，太空环境“攻击占优”的特性，美国对太空力量的依赖性与脆弱性不平衡，以及太空领域行为规则的缺失，导致美国既难以形成抵御太空攻击的实力，也缺乏对太空攻击实施报复的决心，甚至在一些场合中连对手是谁都无法判断。此外，太空冲突并不会直接导致人员伤亡，不会给对手带来“无法接受的损失”，更无法实现核威慑那样“相互确保摧毁”的战略平衡。

（一）难以拒止太空攻击

“攻击占优”的太空环境使得美国很难有效拒止对手的太空攻击。太空攻击的手段多样，涵盖了从网络攻击到动能摧毁的多种形式。不管是实力相近的太空强国，还是不具备太空资产的小国，甚至非国家行为体，都不难获取损害美国太空能力的技术和设备。事实上，太空进攻能力的发展总是比美国的太空防御能力发展更快一步。美国部署新一代分散式的太空系统至少需要花费数十年时间，而对手的反卫星系统三到五年就可以更新一次。曾任美国副助理国防部长的道格拉斯·洛韦罗在2018年一次国会听证会上表示：“无论我们的太空部队准备得多么充分，这种准备都无法阻止敌人坚决的攻击。”①因此，不论美国如何提高其太空系统的弹性和防御能力，对手仍然可以通过太空攻击给美国的太空能力带来损失，并为自身谋求收益。这种太空环境固有的攻防不平衡必然削弱了美国太空威慑的效果。

近20年来，虽然美国不断增强太空威慑的相关实力，可一旦发生危机，太空资产就一定会成为对手攻击的首选，这些攻击也确实给美国的整体作战效能造成了不良影响。在2003年的伊拉克战争中，支持萨达姆·侯赛因（Saddam Hussein）的部队就使用电子干扰器，试图阻止美国精确制导弹药的GPS信号。美国指责是俄罗斯向伊拉克出售了针对GPS系统的电子干扰设备，但遭到了俄罗斯的否认。虽然事后美国在伊拉克搜出并销毁了6套俄制干扰设

---

① Douglas L. Loverro, “Space Warfighting Readiness: Policies, Authorities, and Capabilities,” Statement of Mr. Douglas L. Loverro Former Deputy Assistant Secretary of Defense for Space Policy before the House Armed Services Committee, March 14, 2018, p.5.

备，但先前被干扰的经历仍然使美军心存忌惮，迫使其更加谨慎地实施攻击，从而拖慢了对巴格达的轰炸进程。[①] 到2014年，俄罗斯出兵克里米亚后，美国发现俄罗斯军队在乌克兰东部干扰联合国无人机的GPS信号。这对试图监视该地区的联合国无人侦察机产生了相当大的影响，导致舰队停飞无人机数天，并停止了空中情报收集。2018年，美国在叙利亚的军事行动仍然受到了类似的GPS信号干扰。美军承认，俄罗斯一直在叙利亚上空干扰其无人机，通过攻击无人机的GPS系统影响美军的行动。虽然美军出于安全理由不愿透露无人机受到的影响，但研究GPS欺骗和干扰的美国专家托德·汉弗莱斯（Todd Humphreys）分析，这种干扰完全可以导致无人机出现故障，甚至坠毁。[②]

事实上，正是由于美国对太空力量的重视和强化，更加使其他国家明确了太空对于美国的重要性，并试图在与美国发生立场对立时借助太空抵消美国的军事优势。因此，对于一些美国的对手国家来说，太空对抗可能是在军事领域对美实现"不对称制衡"的最有效方式。2020年7月，美国太空军指责俄罗斯利用其在轨卫星进行反卫星试验。太空军在一份声明中指出，俄罗斯卫星Cosmos 2543释放出了一个具有武器特征的物体。而据媒体报道，Cosmos 2543本身是由另外一颗先前发射的卫星释放出的，这两颗卫星在2020年1月都曾与美国的"锁眼"-11侦察卫星近距离接触。[③] 而随着地球上太空物体的不断增多，类似的抵近接触频率将会不断增加，各类以民掩军、军民结合的反卫星能力将会防不胜防。由此可见，美国的太空威慑虽然以保护其太空资产，维护其太空优势为目的，但同样会激起对手国家以发展抵消美太空能力为重点的各类"反威慑"应对。

（二）难以开展有效报复

由于美国对太空系统的高度依赖和太空领域缺少战略平衡，对手必然会倾

---

① "Military Wipes out Iraqi GPS Jammers," Fox News, March 25, 2003, http://www.foxnews.com/story/2003/03/25/military-wipes-out-iraqi-gps-jammers.html.

② Courtney Kube, "Russia has Figured out How to Jam U.S. Drones in Syria, Officials Say," NBC News, April 10, 2018, https://www.nbcnews.com/news/military/russia-has-figured-out-how-jam-u-s-drones-syria-n863931.

③ David Welna, "U.S. Space Force Accuses Russia of In-Orbit Testing of Anti-Satellite Weapon," National Public Radio, July 23, 2020, https://www.npr.org/2020/07/23/894905696/u-s-space-force-accuses-russia-of-in-orbit-testing-of-anti-satellite-weapon.

向于对美国的太空资产率先发动攻击。而美国则出于维护太空环境安全稳定的顾虑，难以下定决心开展报复。一方面，在太空对敌人的太空攻击施加同等报复并不能给敌人造成不可接受的损失（尤其是对太空实力较弱、太空依赖性较弱的国家和非国家行为体），反而有可能破坏太空环境，干扰美国太空系统的正常运行。一旦太空战争正式打响，交战双方都难以保证不使用对太空环境造成破坏的攻击手段。届时，动能攻击产生的太空碎片、互相干扰的电磁信号、不受控制的航天器运行可能会扰乱整个地球轨道，并以滚雪球式的指数级增长导致人类永远无法利用太空，这对美国来说可能损失更大。另一方面，美国同样难以在其他领域向敌人施加有效的报复。报复性威慑的有效性取决于其是否能够给敌人施加不可接受的损失，而要达到"不可接受"的程度，在当前缺少太空交战共识的情况下，很容易被敌人判定为冲突升级，从而进一步导致战争的扩大。这就使美国处于一种两难困境中：不实施报复，则敌人达成目的；实施报复，则可能使冲突升级，或进一步扩大美国的损失。在这种两难摇摆中，美国很难下定决心运用实力，这也削弱了其威慑的可信性。

在近几年发生的针对美国太空能力的攻击事件中，美国也确实没有采取更多的反制措施。在2018年叙利亚战争中，俄罗斯对美国无人机 GPS 系统的干扰并没有引起美国更多的报复。俄罗斯针对美国太空能力的攻击并不会导致人员伤亡，因此美国没有理由对俄战争升级。此外，俄罗斯军队与私人军事承包商、民兵组织、伊朗人员以及叙利亚政府军的关系基本上是不透明的，这给克里姆林宫提供了否认任何责任的可能。除了找出干扰设备和进行舆论谴责外，美国似乎别无他法。为了避免给外界造成"美国太空能力不堪一击"的印象，美国甚至需要尽可能地掩盖太空攻击给其造成的损失。美国国防部发言人埃里克·帕洪（Eric Pahon）在事后硬着头皮表示："美国军方保持着足够的反制措施和保护措施，以确保我们的载人和无人驾驶飞机、我们的军队以及他们所支持的任务的安全。"①

（三）难以明确威慑"红线"

在威慑信息的传递上，首先应当明确的是对手的战略意图，从而有针对

① Courtney Kube, "Russia has Figured out How to Jam U.S. Drones in Syria, Officials Say," NBC News, April 10, 2018, https://www.nbcnews.com/news/military/russia-has-figured-out-how-jam-u-s-drones-syria-n863931.

性地使用威慑手段。但美国当前在太空实施的是一种模糊的、普遍的威慑，这并不能让对手感到威胁。在传统威慑中，双方威慑的目的比较明确，都是通过武力摧毁对方的某些资产以使自身占据优势。但在太空威慑中，由于太空对抗对整体局势并没有决定性的作用，发动太空攻击的目的不仅是为了夺取太空优势，往往还有更深层次的目的——显示实力，支援地面作战，掩盖自身行动，等等，这就使威慑方对被威慑方的意图判断更加复杂，也很难有针对性地传递威慑信息。更不用说在许多场景下，连太空攻击实施的主体都难以判断，美国甚至无法明确对手是谁。此外，传统威慑可以通过设定战争“红线”的行为向敌方明确一旦其行为跨过“红线”，就将遭到报复。但太空威慑目前由于缺少太空行为准则而难以明确“红线”，即使一国单方面设立了“红线”，也可能导致其他国家在“红线”以内的范围肆意妄为。

同时，这样模糊的威慑信号，本身就可能造成对手的误判，反而引发军备竞赛甚至对抗升级。2008年，美国利用海基“宙斯盾”反导系统击落了一颗报废卫星，显示美国更为精确和强大的反卫星能力，向中、俄等可能具备反卫星能力的国家示威。然而，这种打压式的威慑手段并没有起到良好的效果，反而加剧了各国对反卫星能力的追求。2014年乌克兰危机后，俄罗斯虽然受到西方的经济制裁，财政压力巨大，但仍然坚持试验“努多利”（Nudol）地基上升式反卫星导弹，并于2015年11月首次取得成功。俄罗斯还多次开展天基反卫星试验，利用微小卫星多次变轨机动，演练卫星捕获能力。特朗普政府上台后，将太空宣布为“作战域”，意图向对手宣示“攻击美国太空资产等同于攻击美国本土”的威慑信号。然而，这同样会使对手认为“美国将率先在太空开展作战行动”，向对手传递“必须应对美在太空军事威胁”的信息。

二、“作为威慑手段的威慑”困境

“作为威慑手段的威慑”，是以太空能力慑止对各种美国利益的侵犯。在这一层次的太空威慑中，太空能力需要与美国的核力量、常规力量紧密结合，才能发挥慑止对手侵犯美国地表利益的威慑作用。然而，美国虽然具有强大的太空能力，但同样受到对手撒手锏武器的制约；虽然力图占据绝对优势，但又忌惮引发对手误判和战争升级。此外，“作为威慑手段的威慑”实质上不仅是“威慑”，更是“胁迫”：不仅是要慑止对手的挑战，更是要维护和扩大美国的霸权；不仅是要阻止对手发起攻击，更是要对手按照美国的意愿行动。以这一目标为出发点的威慑战略必然侵犯到其他国家的根本利益，当对手陷入绝境忍无可忍时，再有说服力的威慑信号都不可能发挥作用。

（一）太空能力依然脆弱

由于太空设备的更新换代周期较长，美国以天基设备为基础的太空能力在短期内很难实现自我防御和快速重组。因此，一旦太空能力受损，依赖天基情报监视侦察提升作战效能的美国地表军事力量也将大幅削弱，直接影响美国的威慑效果。目前，美国近90%的战略情报来源于其太空系统[①]，天基情报监视侦察能力已经成为美军联合作战的前提和基础，并从过去的战略级应用不断向战术作战延伸。由此可见，虽然在太空能力的支援下，美国的整体军事实力获得了极大提升，也因此增强了美国的威慑能力，但美军在作战计划、实施和评估的各个阶段都极为依赖太空系统，一旦太空能力受损，美国的地面作战能力也将受到重挫。太空能力与其他军事力量的融合程度越深，太空能力对美军整体军事力量的提升程度越大，美国地表军事能力的脆弱性也就越大。即使当前美国努力发展替代太空能力的地面系统，也不可能缓解地面部队对信息支援日益增多的需求，太空能力仍然是美军联合作战的基本依托。当对手利用这一点率先攻击美国的太空系统时，天基情报监视侦察能力对地表攻击的威慑力也就轰然坍塌了。

即使美军拥有了具有较大弹性的太空系统，也存在两个方面的问题：一方面，具有较大弹性的系统必然需要大量的、冗余的卫星进行补充，其中许多可能还是装载有军方载荷的民商卫星。要对数量如此众多的卫星进行管控协调，并及时察觉可能逼近的威胁，即使对美军来说也绝非易事。更不用说在美军大规模发射卫星的同时，其他国家也在紧锣密鼓地避免屈居人后，商业航天的大发展更将带来未来数十年航天器发射的高峰，太空环境、航天器的归属、行为体的身份都将更加复杂多元。在美国可利用的太空资源不断增多的同时，威胁也必将同样增多。另一方面，即使美军可以对受到损失的太空能力迅速进行补充，但对于许多时敏性较强的军事活动来说，数十分钟便可改变战场局势。而对手可能已经凭借美军这短暂的调整时间达成了目的。

---

① 徐能武：《外空信息支援：大国安全博弈的战略枢纽》，《太平洋学报》2016年第11期，第69页。

鉴于反卫星能力的手段多样、成本较低，对手在进攻美军太空能力的决策上实际并不会有太多顾虑。

同太空“攻击占优”的先天条件一样，导弹防御领域同样具有“易攻难守”的客观属性。美国的反导系统也难以防御来自对手进攻性武器的不断挑战。自小布什政府退出《反导条约》后，美国不断扩增导弹防御系统的部署。特朗普上台后，更致力于开发天基反导系统，不但加强了天基导弹预警系统的建设，更计划部署天基拦截器。为了应对美国在东欧和东北亚的反导系统建设，俄罗斯在西部军区部署了最先进的伊斯坎德尔-M（Iskander-M）型战术弹道导弹，射程达到400千米以上，具有隐身突防能力，能够摧毁美国位于东欧的反导系统。在东部军区，俄罗斯2016年宣布将在南千岛群岛部署“棱堡”（Bastion）岸防系统，该系统装备的“红宝石”（P-800 Oniks）超音速反舰导弹能够穿透美国的“宙斯盾”系统和陆基“爱国者”导弹系统。① 美国的反导防御能力在应对大国冲突时并不具备优势，在应对恐怖主义和武器扩散时也没有用武之地。

（二）太空武器使用受限

碍于国际舆论和军备竞赛的潜在危险，美国在短期内还难以下定部署和运用太空武器的决心。一方面，以全球快速打击飞行器为代表的太空武器可以搭载多样化载荷，容易引起对手误解，导致战争升级。冷战以来，美俄等核大国一直奉行“预警即发射”（Launch on Warning, LOW）的核打击原则，一旦探测到对手洲际弹道导弹的发射，一国就可以在导弹落地之前启动核报复程序，确保相互摧毁。与洲际弹道导弹类似，天对地打击武器从发射到命中目标的时间极短，使对手也必须在短时间内做出反应，很有可能将美国的报复误判为核打击，进而引发核战争。另一方面，同核武器一样，这类“撒手锏”武器既具备极强的突防能力，也因为其打破战略平衡的强大威力而受到“自我威慑”的制约。这种“自我威慑”，是指一国出于道德、法律和其他规范的考虑，不得不克制使用武力的情况。② 一直以来，美国也将X-37B称为“轨道试验飞行器”，否认其军事用途，宣称X-37B的发射只是为了测试

---

① 张桂芬:《俄罗斯对美国反导威胁评估及应对思路》,《军事文摘》2018年第2期，第9页。

② T.V. Paul, “Self-Deterrence: Nuclear Weapons and the Enduring Credibility Challenge,” *International Journal* 71, no.2 (2016): 24.

可重复使用的航天器和太空应用的基础技术[①]，避免引起国际社会的争议，损害美国“太空和平维护者”的声誉。

在处理朝鲜核问题时，美国就面临“自我威慑”的窘境。美国的快速全球打击能力虽然可以破坏朝鲜的核设施，但也可能引起周边大国的核误判；而不毁灭朝鲜的核武器，就难以制止朝鲜对美国及其盟友的巨大破坏，反而让美国得不偿失。正是因为这种“自杀伤”效应，美国实施天对地打击的可信性也大打折扣。对实力相近的大国对手来说，对手会认为美国采取天对地打击的可能性不大，而常规军事力量报复并不足以给对手造成“不可接受的损失”，因而决定发动攻击。对实力较弱的小国和非国家行为体来说，可以采取“战争边缘”策略，率先升级双方的对峙等级，威胁全面战争一触即发，最终使美国因担忧损失扩大而放弃反击。

（三）利益认知存在差距

美国与对手在冲突问题上的利益关切并不相同，这就使美国难以下定威慑的决心，也难以向对手传递清晰可靠的威慑信息。美国作为威慑方，所要维护的很大一部分是超出其安全需要的额外利益；而美国的对手作为被威慑方，其所要争取的可能是生死攸关的核心利益。在这样的情况下，威慑双方对所要争夺的利益存在认知差距。美国的对手一方面会怀疑美国威慑信息的可信性和兑现程度，认为美国的精力有限，挑战美国的非核心利益并不会引发强烈报复；另一方面很可能“明知不可为而为之”，为了争取自身的关键利益而不顾挑战美国的风险，抱定与美国对抗的决心。

美国一直对朝鲜的核导开发持明确的反对态度，但却没能慑止朝鲜屡次进行核试验。美国运用天基情报监视侦察能力，对朝鲜的核试验地区及重要军事目标进行实时跟踪监视，及时发现掌握朝鲜准备和进行核试验的动向。2003年4月，美国通过卫星侦察发现朝鲜宁边核设施存有可疑物资，立即公开其卫星图像作为朝鲜发展核武器的证据，并要求国际原子能机构对朝鲜开展核查。[②] 美国还多次发布报告，公开已掌握的朝鲜核武器研发进程，显示对朝鲜核能力的了解。2016年，美国确定将“萨德”反导系统部署到韩国，直

---

① Tariq Malik, “Air Force: Robotic X-37B Space Plane Not a Weapon,” Space.com, April 23, 2010, https://www.space.com/8280-air-force-robotic-37b-space-plane-weapon.html.

② 魏来：《美国情报界对朝鲜核试验监控之特点》，《国际资料信息》2010年第2期，第14页。

指应对朝鲜的导弹威胁。在2018年版的《太空作战》条令中，美国又将“核爆探测”作为单独的太空作战任务予以强调。然而，美国这一系列利用太空能力对朝鲜发出的威胁信号并没有阻止朝鲜继续研发核武器。从2006年至2017年，朝鲜共进行了6次核试验，并于第6次核试验后宣称已经成功试爆可搭载在洲际弹道导弹上的氢弹。① 朝鲜之所以会无视美国的太空威慑，一方面是因为美国自身对朝鲜核导研发的政策左右摇摆，虽然明确表示朝鲜对韩国乃至美国的进攻必将会遭到美国的军事打击，但却没有下定对朝鲜核试验进行军事制裁的决心；另一方面是因为朝鲜将拥有核武器视为其核心利益，宁可冒着被美国制裁的风险也依然要继续进行。朝鲜拥有核武器本身并不会给美国造成生死攸关的损失，因此美国发出的威慑信息不够坚决，缺少可信性；而朝鲜却将拥核作为国家安身立命的根本，甘愿为之付出较大的成本。在这样利益认知不对称的情况下，美国的威慑很难发挥作用。

第二节 美国太空威慑战略的特点

通过对美国太空威慑战略目标、方法、工具及其具体实践的分析判断，可以发现美国的太空威慑战略紧密围绕着维护美国的太空乃至世界霸权，旨在通过影响对手的心理判断发挥威慑效果，引领了美国其他太空政策的制定方向，以联合国内各部门和国际盟友为重要威慑方法，其威慑过程和威慑效果跨域多个领域。因此，第二太空时代的美国太空威慑战略呈现出霸权性、心理性、引领性、联合性和跨域性的特点。

一、霸权性

美国太空威慑战略的核心是维护美国在太空乃至地球上的霸权。虽然美国一再将其威慑战略塑造为应对威胁、维护现状的防御性措施，但却无法改变美国维护对国际秩序的绝对控制、确保其绝对安全的霸权本质。

美国太空威慑战略的霸权性首先体现为其对太空活动持双重标准。慑止对手阻碍美国在太空的“行动自由”是美国太空威慑战略的首要目标。然而，

---

① David E. Sanger and Choe Sang-Hun, “North Korean Nuclear Test Draws U.S. Warning of ‘Massive Military Response’,” The New York Times, September 3, 2017, https://www.nytimes.com/2017/09/03/world/asia/north-korea-tremor-possible-6th-nuclear-test.html.

美国对太空“行动自由”的定义是在太空为所欲为，这必然会挤压其他行为体的行动空间，侵犯其他行为体在太空的正当权益。1996年版的《国家太空政策》指出，美国将以太空控制能力确保在太空的自由行动，并阻止对手的自由行动。[①] 2006年版的《国家太空政策》表示，美国应当拥有在太空行动的权利、能力和自由，并将慑止任何阻碍美国“行动自由”，或企图发展相关能力的行为。[②] 2018年版的《美国太空战略》重申在太空的“行动自由”是美国的重要利益，并威胁将对损害这一利益的行为施加报复。[③] 美国要慑止阻碍其“行动自由”的活动，实质上也是在慑止其他国家的“行动自由”，这样的双重标准无疑是赤裸裸的霸权行径。

美国太空威慑战略的霸权性还体现在其顽固追求绝对的战略优势。在阐释太空威慑战略的各项文件中，美国均把第二太空时代的太空环境描述为弱肉强食、对手林立的无政府状态，认为美国在冷战时期能力超群的太空地位、绝对安全的太空环境受到了侵蚀，因此美国需要慑止其他国家对美国霸权地位和霸权优势的挑战。然而，即使在当前太空呈现出多极化趋势的情况下，美国依然是世界第一强国，美国的太空能力和整体军事能力都足以维护自身的安全。美国之所以过分夸大其所面临的威胁，为太空威慑提供合理性和合法性，就是为了确保对竞争者的绝对战略优势，维护美国现有的有利环境，阻止其他国家分享太空红利。

美国的太空威慑战略始终是为其太空霸权服务的。一方面，美国在进行太空威慑的过程中，将当前太空安全问题的责任全部推给对手和竞争者，在为自身霸权行为张目的同时，更以道德谴责、舆论攻击的方式将一切竞争者对美国的挑战形容为对国际社会的挑战。特朗普政府甚至颠倒黑白，指责是美国的竞争者和敌人将太空变成了作战域。[④] 另一方面，美国将自身的利益美化为全人类的利益，将慑止对美国太空利益的挑战美化为实现国际太空和平安全的前提，大力宣扬其作为太空霸主的正当性和必然性。

---

① The White House National Science and Technology Council, *Fact Sheet: National Space Policy*, September 19, 1996, p.4.

② The White House, *U.S. National Space Policy*, August 31, 2006, p.4.

③ The White House, “Fact Sheet: President Donald J. Trump is Unveiling an America First National Space Strategy,” March 23, 2018, https://www.whitehouse.gov/briefings-statements/president-donald-j-trump-unveiling-america-first-national-space-strategy/.

④ Ibid.

二、心理性

威慑通过影响对手的心理状态发挥效果，威慑战略本质上是一种心理战略。美国的太空威慑战略更加强调有选择性地向对手传递威慑信息，以便最大化地影响对手的利益得失判断。也正是因为威慑的关键在于影响对手的心理状态，因此，太空威慑战略的效果最终也取决于美国所威慑的对手。

美国在太空威慑信息的传播上力图最大化地给对手造成心理影响。一方面，美国不吝于向外界展现其获得或将要获得的军事能力。大多数太空项目在筹划阶段就向外界公开，各承包商和审查机构也会及时发布项目建设进展和预期效果。美国战略司令部前司令海腾在谈到太空威慑时透露，地球同步空间态势感知计划原本是保密的，但空军选择将该计划公之于众，是“因为空军希望全世界都知道，在地球同步轨道中，没有任何事情可以让美国感到意外”，并表示“防止战争的最佳方法是为战争做好准备。因此，美国将会确保每个人都知道我们已经为战争做好了准备”。[①] 另一方面，美国展现威慑能力的方式也多种多样，力求打造“订制的威慑”（tailored deterrence），有针对性地给对手造成心理影响。通过部署“萨德”、测试海基反卫星能力等，美国宣示对大国竞争对手的威慑；通过公布核设施卫星照片、威胁跨域报复，美国警告“流氓国家”和恐怖分子的行为。“施里弗”太空演习的主题每年根据战略需要进行制定并予以公开，基本都针对这一时期美国面临的重要威胁和主要对手，这种时效性也使威慑的信息更加明确。

同时，美国的太空威慑战略作为一种向对手施加心理影响的战略体系，其成败的关键取决于对手的心理认知。美国的太空威慑可能会给对手的心理带来截然相反的效果。为实现太空威慑而展现出的强大能力可能适得其反，会进一步激发对手强化军备，甚至率先发起攻击的意志。在美国提出建设太空弹性能力、试验快速打击武器后，俄罗斯于2016年9月高调宣布准备进行新的反卫星试验。[②] 虽然美国反复威胁朝鲜不能研发核武器，却让朝鲜默认美国无论如何都必将对朝鲜施加制裁，更加坚定了朝鲜拥核的决心。在这种不

---

① Cheryl Pellerin, “Hyten: Deterrence in Space Means No War Will be Fought There,” Department of Defense of the United States, January 26, 2017, https://dod.defense.gov/News/Article/Article/1061833/hyten-deterrence-in-space-means-no-war-will-be-fought-there/.

② 李大光:《当今世界太空战最新发展（一）》,《国防科技工业》2018年第7期，第64页。

安全心理的作用下，双方更容易爆发冲突。威慑本身就因双方利益关切程度、决策者是否理性等因素而充满不确定性，而太空领域更因为缺少共同的国际规则而难以成功实现威慑。虽然美国的太空威慑战略紧密围绕着向对手施加心理压力开展，但由于对太空行为规范缺乏共同的认知，对手会对利用太空“软杀伤”能力试探美国的战略底线心存侥幸；由于对太空领域交战规则缺乏共同的认知，对手会怀疑美国以冲突升级为代价实施报复的决心。就太空领域而言，向对手传递有效的威慑信息更为困难，让对手发生美国乐见的心理转变也更为不易。

三、引领性

威慑是美国太空安全政策的核心理念，也正是在此基础上，美国形成了太空威慑战略，以统领和引导美国在安全领域的太空能力建设和运用。同时，美国也利用太空威慑进一步促进整体威慑结构的升级，引领未来美国威慑力量的发展。

首先，美国以太空威慑为引领，推动太空资产和太空能力的更新换代。在太空威慑的需求牵引下，2016年，美国发布《空军太空司令部长期科技挑战》，将提升太空态势感知能力和情报监视侦察能力，发展弹性高效的地面运管能力和应急快速发射能力等作为太空领域的重要技术需求之一。[①] 美国逐渐以小型化、模块化、分布式的卫星星座替代寿命到期的老旧卫星，研发应急快速发射能力，提高太空系统在应对攻击时的弹性能力，加强对卫星通信和导航系统的抗干扰能力建设，为实现“作为保护对象的威慑”创造更具冗余和容错性的硬件条件。

其次，以太空威慑为引领，调整美国其他太空政策的战略方向。太空威慑是美国太空政策的主要内容之一，反映了一段时期内美国在安全领域利用太空的重点需求。在实现太空威慑的目标牵引下，美国对太空威慑以外的太空政策不断进行调整，以更好地辅助、配合美国太空威慑战略的实施。美国先后调整了太空国际合作政策，放宽了卫星及其相关物项的出口限制，鼓励通过国际太空合作密切美国与盟友和伙伴的关系，以便更好地形成太空军事

---

① Air Force Space Command, AFSPC Long-Term Science and Technology Challenges, August 5, 2016, https://www.afspc.af.mil/Portals/3/documents/CC%20Sign%20-%20Long%20Term%20ST%20Challenges%20Memo%202016%20(hi-res).pdf?ver=2016-08-16-145448-310.

联盟；调整了太空商业政策，简化对商业航天项目的监管，要求尽可能利用太空商业部门承包国家太空项目，推动太空产业和太空技术的进步；签发了《国家太空运输政策》《国家太空交通管理政策》等，要求政府和商业部门提供“确保进入太空的能力”[①]，并为今后建立国际太空行为秩序打下了基础。

最后，以太空威慑为引领，推动美国威慑战略的演进变革。太空威慑战略的形成和发展使其成为美国整体威慑战略的重要支柱。2002年1月小布什政府发布《核态势评估》报告，将美国此前由洲际弹道导弹、潜射弹道导弹和远程战略轰炸机组成的“三位一体”威慑体系变为“新三位一体”的威慑体系——由核与非核的进攻性打击系统、主动和被动的防御系统，以及后备反应基础设施共同组成。[②] 太空威慑凭借其与核威慑、常规威慑的深度融合，能够有效促进传统威慑效能的提高，因此成为美国当前推动“跨域威慑”、实现各领域优势互补的重要牵引。

四、联合性

美国太空威慑战略强调通过各种力量的联合，强化美国的太空威慑能力，优化太空威慑效果。首先是强调联合美国国内的军用、民用和商业太空力量，利用商业太空部门效率高、成本低的优势为发展太空威慑能力服务。一方面，美国对下一代太空军事系统提出要求，吸引商业企业提出研发设计方案，择优授予项目合同。另一方面，美国还通过直接向太空企业购买服务来扩充太空威慑能力。美国太空政策规定，政府机构应尽最大可能购买商业产品和服务，除出于国家安全或公共安全的原因外，不得排除或阻止商业太空活动。[③] 洛克希德·马丁、波音、诺斯罗普等老牌军火商早已持续参与美国的军用太空项目，近年来，太空探索公司等新兴太空企业也逐渐加入军事太空利用行列。在公布下一代军用火箭项目招标结果时，美国空军表示，其太空发射项

① The White House, *National Space Transportation Policy*, November 21, 2013, p.2.

② Christopher G. Owens, “The Promise and Peril of the New Strategic Triad,” U.S. Army War College Strategic Research Project, April 4, 2003, http://www.dtic.mil/dtic/tr/fulltext/u2/a414262.pdf.

③ The White House National Science and Technology Council, *Fact Sheet: National Space Policy*, September 19, 1996, p.5.

目将向所有能提供低风险方案的公司开放竞争。① “星链”项目也已经和美国军方签署合作协议，将使这一计划发射4.2万颗卫星的庞大星座项目被赋予军事功能。通过联合美国国内的太空产业，美国整合了国内的太空资源，在提升太空威慑能力的同时促进了太空产业的发展和太空技术的进步。

其次是强调联合美国与盟友的太空能力，在实现对盟友延伸威慑的同时，促进联盟整体对外的“共同威慑”。太空利用需要大量的资金和技术支持，对第二太空时代相对优势缩小的美国来说，已经无法以一己之力开展冷战时期“星球大战”那样耗资巨大的太空威慑活动。因此，美国寻求借助和整合盟友的太空资源，通过情报共享、装备共建、联合演习等方式，增加美国可利用的太空能力，强化美国太空资产的抗毁性和快速恢复能力，并带动联盟整体太空威慑能力的提升。美国还借助太空威慑战略调整了联盟内部关系，由原先的美国单方面提供安全保护和延伸威慑，逐步向盟友共同承担安全义务，实现共同威慑转变。

五、跨域性

太空威慑本身是美国整体威慑的一部分。太空威慑在形成之初一直作为美国核威慑的一部分发挥作用，即使随着太空技术和力量运用的发展逐渐独立出来，也始终与美国其他领域的威慑保持密切联系，共同构成了美国“全域制胜型”的威慑体系②，共同服务于美国整体的安全战略目标。

首先，太空能力本身就包括位于各个领域的资产，既有位于太空的卫星、航天器，也有位于地表的接收站、指挥中心、作战人员，以及连接各领域设备的信息传输系统等。太空威慑既要慑止对在太空的资产的攻击，也要慑止对向太空、自太空、经由太空的资产的攻击。太空能力本身的跨域性决定了太空威慑也必然同时向多个领域发挥作用。

其次，太空威慑需要通过其他领域的能力慑止太空中的挑战。太空资产具有天然的脆弱性，美国又因为极为依赖太空能力而对太空攻击造成的损失

① Valerie Insinna, “SpaceX Left out of Next Stage in Air Force’s Next-generation Rocket Program,” October 10, 2018, https://www.defensenews.com/space/2018/10/10/spacex-left-out-of-next-stage-in-air-forces-next-generation-rocket-program/.

② 罗曦：《美国构建全域制胜型战略威慑体系与中美战略稳定性》，《外交评论》2018年第3期，第37页。

格外敏感，因此必须要借助发展位于地表的替代能力，补充美国的太空能力，并由此减少对手攻击美国太空资产的收益，实现拒止性威慑。同时，由于对手可能对太空资产受到攻击并不敏感，必须通过威胁向对手回以跨域的报复，攻击其更有价值的目标，才能向对手发出有效的威慑信息。此外，太空威慑所威胁采取的拒止或报复性行动也可能会对其他领域产生预料之外的影响，例如太空对抗可能会导致地面经济活动和人民日常生活的混乱。这些因素会进一步影响对手的利益得失判断，从而使对手因担忧得不偿失而放弃攻击。

最后，太空威慑还服务于美国整体的战略目标。人类对太空的争夺最终都要落回到地球上来，太空威慑与其他威慑力量相辅相成，互为表里，共同构成“全域制胜型”的美国威慑体系，维护美国在世界上的霸权优势。从“太空支援”“太空控制”“太空结盟”“太空建军”的历史沿革，再到“作为威慑手段的太空”和“作为保护对象的太空”的战略层次调整，美国依据整体的国家安全战略目标制定了太空威慑战略，使其肩负起慑止太空攻击、慑止地表威胁、慑止霸权挑战等种种任务，既是为了维护美国的太空霸权，也要以此为基础维护美国的世界霸权。

第三节　美国太空威慑战略的影响

美国的太空威慑战略，实质上是美国的太空霸权战略。在其孜孜不倦渴求太空绝对实力的过程中，必然会对国际环境和战略对手造成不利影响。原有的战略平衡被打破，太空军备竞赛此消彼长，进而蔓延到其他军事领域，让世界陷入“进化冲突”的恶性循环中。[①]

国际环境与国际行为体之间相互塑造、相互影响。美国对太空力量和绝对安全的过分追求打破了国际战略平衡，迫使其他国家纷纷将太空军事化、太空武器化作为保护自身安全的必然路径，在军备竞赛的恶性循环中使太空演化为追逐强权的“利维坦”。美国最终必然是搬起石头砸自己的脚，使自身陷入更不安全的境地。

---

① 徐能武：《外层空间安全战略研究》，中国社会科学出版社，2018，第224页。

一、加剧全球太空领域的不安全感

美国太空威慑战略，就是美国向外界发出与太空相关的威胁信息的战略。美国不断地向外界渲染其太空能力和整体军事力量，不断向外界表态将会在“任何可能的时间、地点、方式和领域”开展拒止和报复行动。这些威胁的信息将会使世界各国，甚至每一个人产生更强烈的不安全心理，由此可能带来更多的决策误判和非理性行为。

首先，美国过分渲染了太空乃至国际环境中的威胁，并将美国面临的威胁加之于全世界，使其他国家心有戚戚焉。为了解释其太空威慑的合理性与合法性，在各类太空政策文件和政府报告中，美国将太空环境表述为：越来越多的国家会在未来十年内发展反太空能力；对美国太空系统的威胁以及对太空环境稳定性和安全性的挑战都会增加；对太空系统不负责任的行为可能还会破坏民用和商业部门所依赖的全球服务；① 俄罗斯、中国、朝鲜、伊朗等美国的主要对手都在开发反太空武器系统，寻求破坏美国的太空能力；② 美国在军事、民用和商业太空领域面临的威胁将在未来几年内增加。③ 虽然美国对太空威胁的描述并不客观，但却深深影响了其他国家，尤其是美国盟友的安全形势判断。日本在2013年首部《国家安全保障战略》中表示，日本对太空的自由进入和利用正在受到反太空武器的威胁。④ 英国于2014年出台首部《国家太空安全政策》，文件引用了美国关于太空攻击的报告，并表示英国面临着包括网络攻击和动能反卫星武器在内恶意太空攻击的威胁。⑤ 法国同样对太空武器表示担忧，认为法国太空资产正面临越来越多的“物理威胁”。⑥ 印度近年来也开始重视反卫星武器的发展，并于2019年3月成功进行了一次反卫星试验。但事实上，还未有证据显示这些国家遭受过恶意的太空攻击，或被对手以太空攻击相威胁。

其次，美国为了显示太空作战的能力和决心，频繁向外界发出威胁信息，

---

① Department of Defense of the United States, *National Security Space Strategy*, 2011, p.3.

② U.S. Defense Intelligence Agency, *Challenges to Security in Space*, January 2019, p. III.

③ James R. Clapper, *Worldwide Threat Assessment of the US Intelligence Community*, February 9, 2016, p.9.

④ The Government of Japan, *National Security Strategy*, December 17, 2013, pp.8-9.

⑤ HM Government, *National Space Security Policy*, April 2014, pp.9-10.

⑥ 李赐：《法国新版太空战略呼之欲出》，《中国国防报》2019年2月1日，第4版。

用行动和话语将太空塑造为“作战域”，给各国带来极大的心理压力。2017年11月，美国空军部长希瑟·威尔逊表示，美国将加强在太空领域的杀伤力，并将太空视为一个作战域。空军参谋长戴维·戈德芬（David L. Goldfein）进一步解释说，“国家希望空军能拥有太空，像获取空中优势一样获取太空优势——实现在太空攻击的自由和机动的自由”。[①] 特朗普在2018年视察米拉玛空军基地时也说，“我的新国家太空战略将太空视为一个作战域，就像陆、海、空一样”。[②] 美国不仅将威胁传递给了主要对手，也会给其他国家造成影响。不管是将地表活动尽收眼底的美国天基侦察能力，还是在地球上空随处游弋、不知何时就会投下武器的空天飞机，都会给其他行为体甚至个人带来强烈的不安全感。此外，根据心理学研究成果，行为体往往将自身塑造为正义的，而将他者建构为邪恶的化身，并以此获得安全感，但这同时也会引起其他行为体的反感和敌视。[③] 虽然美国尽可能将太空威慑美化为正义的自卫行为，但依然会给其他国家带来疑虑和不安。

二、加速进攻性能力的研发部署

美国的太空威慑不仅向外传递出威慑的信息，更传递出开启新一轮军备竞赛的信息。美国的太空威慑不断向外传递出“太空已成为作战域”，“美国已具有攻防兼备的太空能力”等信号，必然刺激其他国家为重新获取战略优势而加速对进攻性能力的研发部署。这却无疑会陷入不断循环的安全困境，最终不但可能导致太空环境的恶化，更会摧毁国家间的相互信赖，使弱肉强食的丛林法则成为太空领域的行为守则。

首先，美国为了获取强大的太空威慑能力，有意模糊“太空武器”的概念，在为自身部署、运用太空武器埋下伏笔的同时，也为其他国家研发太空武器打开了缺口。目前，虽然太空军事化早已成为既定事实，太空武器化却还处于酝酿之中。太空武器化，是指以打击地球或太空目标为目的，在太空

① “‘Increasing Lethality in All Areas’: US Air Force Declares Space a New ‘Warfighting Domain’,” Russia Today, November 11, 2017, https://www.rt.com/usa/409535-us-air-force-weaponize-space/.

② Sarah Kaplan, “Trump Floats Idea of ‘Space Force’,” The Washington Post, March 13, 2018, https://www.washingtonpost.com/news/speaking-of-science/wp/2018/03/13/trump-floats-idea-of-space-force/?utm_term=.22949be1dbe7.

③ 袁莎：《言语习惯与安全困境：超越物质主义与理性主义的思考》，《国际安全研究》2016年第1期，第65页。

部署进攻性武器。[①] 现有的国际条约禁止任何国家在太空部署和试验大规模杀伤性武器，但并没有限制常规武器的部署。美国为了以绝对的太空优势实现威慑效果，不断阻挠联合国禁止太空武器的相关努力，执意混淆“太空武器”的概念，否定中俄提出的限制太空武器倡议。美国坚持，任何太空国际行为规范都不能限制美国的行动自由——一旦美国认为国家安全受到威胁，就有权利研发、部署和使用太空武器。2017年11月，时任美国空军部长希瑟·威尔逊表示，美国将加强在太空领域的杀伤力，并将太空视为一个作战域。空军参谋长戴维·戈德芬进一步解释说，“国家希望空军能拥有太空，像获取空中优势一样获取太空优势——实现在太空攻击的自由和机动的自由”。在缺少国际规范制约的情况下，其他国家研发部署太空武器并不会受到限制。在美国带头宣称有权拥有太空武器的情况下，其他国家也会纷纷强调其拥有太空武器的合理性与合法性。美国学者卡桑德拉·斯蒂尔（Cassandra Steer）在一次太空论坛上表示，她已经注意到国际舆论在“和平利用太空”这一话题上的“明显转变”，各国都将以备战太空作为应对冲突的必然选择，并在行动上缺乏透明度，而这样做的结果是导致一种冷战式军备竞赛的回归。[②]

其次，美国的太空威慑意在展现美国太空能力的攻不可破、坚无不摧，这必然会引发对手研发新的进攻性武器，制约美国的太空优势。俄罗斯目前具备研发部署多种反卫星能力，其“宇宙-2499”“宇宙-2504”等卫星已经进行了多次在轨交会和抵近操作，具备了短时间内卫星机动的能力，其“努多利”地基反卫星导弹也已经进行过5次测试，而“猎鹰梯队”（Sokol Eshelon）激光反卫星系统已确定部署。时任俄罗斯太空部队司令的弗拉基米尔·波波夫金（Vladimir Popovkin）警告美国：“如果有任何国家在太空部署武器，那么根据战争法则，报复性武器也会很快出现。”[③] 美国的心腹大患伊朗和朝鲜同样致力于借助太空获取军事上的不对称优势。伊朗具备电子干扰美国卫星的能力，并且已经多次开展行动，其能够利用现有的弹道导弹技术制成粗糙的直接上升式反卫星武器，还不断寻求从其他国家购买激光反卫星武器。朝

① 程道华、何奇松：《太空军事化、武器化及其治理》，《国际关系研究》2014年第6期，第50页。

② “Warfighting and Law in Outer Space - CERL Conference,” Youtube, https://www.youtube.com/watch?v=Gh_EgJ7YSRE&feature=youtu.be.

③ “Russia Issues Warning on Space-based Weapons,” New York Times, September 27, 2007, https://www.nytimes.com/2007/09/27/world/europe/27iht-russia.4.7662417.html.

鲜则获得了来自俄罗斯的电磁脉冲武器和GPS干扰器，其弹道导弹技术同样可以将导弹送入太空并产生碎片，最终威胁卫星的安全。[①]

三、破坏军事领域的战略稳定性

战略稳定性包括危机稳定性和军备竞赛稳定性。[②] 然而，美国对太空军事化和武器化的追求使其对手在冲突时更倾向于首先发动攻击，从而获取不对称优势，这降低了双方之间的危机稳定性；美国不断加强的太空军备力量导致其他国家或效仿或抵制，降低了国际太空环境的军备竞赛稳定性。最终的结果是打破太空领域原有的战略稳定性，使太空国际关系陷入更加不安全的“竞争—冲突—竞争”的循环。

更为严重的是，太空领域的战略不稳定还会进一步蔓延至其他军事领域，甚至是核领域。冷战时期，太空威慑与核威慑相结合，是辅助核威慑发挥作用的力量。在这一时期，大国普遍认为太空战争与核战争有关。到第二太空时代，虽然太空威慑已经相对独立于核威慑，但二者仍然密不可分：太空信息支援能力是保证核力量有效使用的要素，而国家核力量是慑止太空攻击的基础。2002年1月，美国《核态势评估报告》提出建设“新三位一体”的战略力量，更加强调要将核与非核的打击系统、主动与被动的防御系统与太空系统紧密相连。同年，美国将原有的太空司令部和战略司令部合并，成立新的战略司令部，负责所有与战略威慑相关的任务，包括太空作战、导弹防御、全球打击与核力量运用。这无形中将太空威慑与网络威慑、核威慑、常规威慑紧密捆绑在一起，一个领域的军备竞赛必然打破其他领域的军力平衡，一个领域出现的冲突必然牵连着所有领域的矛盾升级。时任美国战略司令部司令约翰·海腾曾公开表示，太空是潜在的战争环境，太空中的冲突可能“并不意味着在太空反击，而是在地球反击”。[③] 特朗普政府任内太空司令部虽然再次独立出来，但将太空与其他作战域紧密联系的思路还在不断加强。

---

① Todd Harrison et al., *Space Threat Assessment 2020* (Washington D.C.: The Center for Strategic and International Studies, March 2020), pp.29-40.

② 李彬:《军备控制理论与分析》，国防工业出版社，2006，第83—84页。

③ Clifton B. Parker, “Deterrence in Space Key to U.S. Security,” U.S. Strategic Command, January 24, 2017, http://www.stratcom.mil/Media/News/News-Article-View/Article/1059106/deterrence-in-space-key-to-us-security/.

本章小结

由于太空威慑所固有的困境，美国的太空威慑战略同样面临难以拒止攻击、难以有效报复、难以传递信息等困难。太空威慑的效果难以预测，美国太空威慑战略的目标很难达成。美国的太空威慑战略呈现出霸权性、心理性、引领性、联合性、跨域性等特点，其实施会加剧国际太空领域的不安全心理，进一步激化军备竞赛和进攻性武器的扩散，破坏国际战略稳定性。美国的太空威慑战略始终以维护美国霸权为出发点和落脚点，也正是因为这一点，使美国的太空威慑战略难以遏制世界其他国家对正当太空权力的追求，并最终会激化现有的太空安全矛盾。

结　语

太空，是俯视地球的战略制高点，是科技进步的淬火之地，也是大国博弈的竞技场。人类开发利用太空本身，就具有彰显国家力量，让对手望而生畏的威慑目的。在科技发展和国际互动的双重推动下，太空威慑逐渐成为由“作为威慑手段的威慑”和“作为保护对象的威慑”两个层次共同构成的威慑体系，通过“以太空能力慑止针对太空资产的攻击”，“以其他国家能力慑止对太空资产的攻击”和“以太空能力慑止对其他国家利益的侵犯”三种路径发挥威慑作用。由于太空环境在相当长一段时间内都具有军民两用、攻击占优和缺少规范的客观特点，太空威慑也在传统威慑的基础上呈现出新的变化。一方面，力量、使用力量的决心以及信息的传递仍然是构成威慑的基本要素。拒止性威慑和报复性威慑仍然是让对手感到得不偿失的两种威慑方式。另一方面，太空能力越强脆弱性越大的悖论，战略稳定性的缺乏，以及对抗主体的复杂性使太空威慑在实施中具有天然的困境。相比传统威慑，太空威慑的效果更加难以实现。

在太空多极化日趋明显的第二太空时代，美国在面对太空竞争者增加、相对优势缩小的战略环境时，选择以太空威慑战略为纲领，不断强化美国的太空能力，意图保持在太空的绝对安全，同时以无可匹敌的太空能力慑止任何行为体对美国的挑战。然而，美国对太空霸权的追求已经超出了太空威慑的作用范围——美国不仅是要慑止针对美国的攻击，更是要强迫其他行为体服从美国的利益。在这样的战略目的引领下，本就存在固有困境的太空威慑不但难以发挥慑止战争的作用，反而更加容易打破现有战略平衡，引发太空武器化和军备竞赛，最终让美国和世界都陷入更不安全的境地。

太空战争的后果不堪设想，其产生的碎片可能让人类再也无法利用太空，彻底切断人类探索宇宙的途径。然而，特朗普政府上台后，在太空领域采取更加咄咄逼人的行为路线，将太空作为作战域的一部分，设立太空军为独立的军种，宣称美国将“统治太空”。事实表明，美国的太空威慑早已不仅是“阻止其他国家做某事”，更是“胁迫”和“威逼”，是美国维护其全球霸权、贯彻其单边主义政策的手段和工具。然而，这样一厢情愿的做法不仅会打破本就脆弱的大国战略平衡，还会导致“攻击占优”的太空领域朝军备竞赛的方向不断发展，使太空成为事实上的“作战域”。

随着美国霸权的相对衰落，美国会更加积极地通过维护太空霸权来抢占国家未来的发展机遇，试图掌握以太空为代表的新一轮科技革命关键领域。为此，美国已经提出“阿尔忒弥斯”计划等太空资源开发构想，并鼓励盟友共同参与构建“美国治下的太空”。而为了维护和拓展美国的太空利益，太空威慑必将在美国的军事活动选项中占据更加重要的地位。未来，美国不仅会继续将太空威慑作为压制竞争对手的武器，也将使其成为延续美国世界霸主地位的“权杖”，这值得我们进一步跟踪研究。

参考文献

一、中文参考文献

（一）中文专著

陈崇北，寿晓松，梁晓秋．威慑战略 [M]. 北京：军事科学出版社，1989.

高庆德，程英．美国空间信息对抗发展及其政策导向 [M]. 北京：国防工业出版社，2016.

郭荣伟．九天揽月：中国太空战略发展研究 [M]. 北京：国防大学出版社，2014.

何奇松．太空安全问题研究 [M]. 上海：复旦大学出版社，2014.

姜连举．未来作战将在太空打响：拉直太空作战那 N 多问号 [M]. 北京：军事科学出版社，2015.

军事科学院战略研究部．战略学 [M]. 北京：军事科学出版社，2001.

李彬．军备控制理论与分析 [M]. 北京：国防工业出版社，2006.

李大光，刘志刚，李明海编．美俄太空军事力量及其作战运用 [M]. 北京：人民武警出版社，2012.

李大光．太空战 [M]. 北京：军事科学出版社，2001.

李显荣．论核战略 [M]. 北京：人民出版社，2014.

李智，张古月，孙琰．现代太空战 [M]. 北京：国防大学出版社，2016.

李仲伯，张国友．太空军事化：美国“星球大战”计划剖析 [M]. 长沙：国防科技大学出版社，1990.

刘兴，梁维泰，赵敏．一体化空天防御系统 [M]. 北京：国防工业出版社，2011.

聂春明，王志波，毛翔，吴志丹．太空力量与国家安全 [M]. 北京：航空工业出版社，2016.

宁凌，王春，荣晖．太空对抗 [M]. 北京：军事谊文出版社，2006.

潘振强，等．国际裁军与军备控制 [M]. 北京：国防大学出版社，1996.

石海明．科学、冷战与国家安全——美国外空政策变革背后的政治（1957—1961）[M]. 北京：解放军出版社，2015.

寿晓松．战略学教程 [M]. 北京：军事科学出版社，2013.

田安平，张建业，等．中国空天安全战略构想 [M]. 北京：解放军出版社，2016.

王荣．《美国国家安全战略报告》研究 [M]. 北京：时事出版社，2014.

吴莼思．威慑理论与导弹防御 [M]. 北京：长征出版社，2001.

夏立平．美国太空战略与中美太空博弈 [M]. 北京：世界知识出版社，2015.

肖天亮．战略学 [M]. 北京：国防大学出版社，2015.

徐能武．空间政治学——政治文明新高地的复合建构之道 [M]. 北京：中国社会科学出版社，2015.

徐能武．外层空间安全战略研究——维护外层空间战略安全与合法权益 [M]. 北京：中国社会科学出版社，2018.

严美，王有维，等．外军防务研究——网络空间战略威慑的实践与应用 [M]. 沈阳：辽宁大学出版社，2011.

杨乐平．纵论太空 [M]. 北京：世界知识出版社，2017.

杨学军，张望新．优势来自空间——论空间战场和空间作战 [M]. 北京：国防工业出版社，2006.

姚有志．二十世纪战略理论遗产 [M]. 北京：军事科学出版社，2001.

姚云竹．战后美国威慑理论与政策 [M]. 北京：国防大学出版社，1998.

仪明海，郝江东，周慎，等．外层空间国际关系 [M]. 北京：清华大学出版社，2015.

尹志忠．世界军事航天发展概论 [M]. 北京：国防工业出版社，2015.

张岩．战略威慑论 [M]. 北京：社会科学文献出版社，2018.

张杨．新冷战前沿——美国外层空间政策研究（1945—1969）[M]. 沈阳：东北师范大学出版社，2009.

中国核科技信息与经济研究院．战略威慑与打击领域科技发展报告 [M].

北京：国防工业出版社，2018.

周碧松．浩渺太空的竞相角逐 [M]. 北京：军事科学出版社，2015.

周碧松．战略边疆——高度关注海洋、太空和网络空间安全 [M]. 北京：长征出版社，2015.

朱锋．弹道导弹防御计划与国际安全 [M]. 上海：上海人民出版社，2001.

朱明权．国际安全与军备控制 [M]. 上海：上海人民出版社，2011.

左立平．国家海上威慑论 [M]. 北京：时事出版社，2012.

（二）中文译著

查普曼．太空战争与防御：演进历史与研究资源 [M]. 刘兆军，郑永超，王小勇，等，译．北京：电子工业出版社，2016.

德沙．美苏空间争霸与美国利益 [M]. 李恩忠译．北京：国际文化出版公司，1988.

格雷厄姆．高边疆——新的国家战略 [M]. 张健志，等，译．北京：军事科学出版社，1988.

柯林斯．大战略 [M]. 中国人民解放军军事科学院译．北京：中国人民解放军战士出版社，1978.

美国国家科学院国家研究委员会．美海军未来能力提升对太空的需求 [M]. 宣颖，李智，邴启军，左琳琳，等，译．北京：中国宇航出版社，2016.

美国陆军军事学院．军事战略 [M]. 军事科学院外国军事研究部译．北京：军事科学出版社，1986.

摩根．太空威慑与先发制人 [M]. 白堃，艾咪娜，译．北京：航空工业出版社，2012.

默里，诺克斯，伯恩斯坦．缔造战略：统治者、国家与战争．时殷弘，等，译．北京：世界知识出版社，2004.

普雷斯顿，约翰逊，爱德华兹，米勒．空间武器地球战 [M]. 珂玳，译．北京：航空工业出版社，2012.

萨博尔斯基，戈尔兹，塔尔梅奇．美国安全政策溯源 [M]. 任海燕，等，译．北京：国防工业出版社，2016.

斯隆．现代军事战略导论 [M]. 邢焕革，等，译．北京：电子工业出版社，2015.

王，弗格森．军事航天力量：相关问题导读 [M]. 尹志忠，方秀花，秦大国，侯妍译．北京：国防工业出版社，2012.

（三）中文期刊论文

安慧．美军太空天对地打击技术的发展 [J]. 国际太空，2010, 7:1-7.

鲍世修．外层空间：回归的威慑 [J]. 卫星应用，2007, 2: 30-34.

蔡业泉，梁熠．战略威慑体系的构成、运用及其效用评估研究 [J]. 军事运筹与系统工程，2014, 1:13-19.

陈翔．威望动机与大国太空博弈 [J]. 太平洋学报，2018, 2: 14-24.

程道华，何奇松．太空军事化、武器化及其治理 [J]. 国际关系研究，2014, 6: 50-61.

程群，付重阳．中国与发展中国家的太空外交刍议 [J]. 国际关系研究，2013, 3: 72-84.

程群，何奇松．美国网络威慑战略浅析 [J]. 国际论坛，2012, 5: 66-73.

樊高月，宫旭平．美国太空战略思想的发展与演变（上）[J]. 国防，2016, 2: 40-44.

樊高月，宫旭平．美国太空战略思想的发展与演变（下）[J]. 国防，2016, 3: 52-55.

樊永刚，等．空间政策研究述评与展望 [J]. 中国航天，2014, 10: 46-52.

方勇．信息时代战略威慑新高地——美国空间威慑战略分析 [J]. 国际太空，2016, 6: 22-28.

冯昭奎．太空战争：国际安全的新视角 [J]. 国际安全研究，2017, 5: 3-25.

高鹏．伊拉克战争中美伊双方战略威慑与反威慑的特点及启示 [J]. 军事历史，2003, 4: 64-68.

郭俊．从“施里弗”演习看美军太空威慑力量构建 [J]. 国防科技，2015, 1: 68-70.

郭俊．美军新版《太空作战》联合条令的主要内容、变化及分析 [J]. 国防科技，2013, 6: 73-75.

果翃宇，蔡华堂．新形势下太空作战特点规律及启示 [J]. 国防科技，2015, 4:71-74.

何奇松．脆弱的高边疆：后冷战时代美国太空威慑的战略困境 [J]. 中国社

会科学 , 2012， 4: 183-204.

何奇松 . 大国太空防务态势及其影响 [J]. 现代国际关系 , 2018, 2: 25-40.

何奇松 . 俄罗斯对美国太空武器化政策的回应 [J]. 俄罗斯中亚东欧研究 , 2008, 5: 55-61.

何奇松 . 国际太空活动的地缘政治 [J]. 现代国际关系 , 2008, 10:7-13.

何奇松 . 国际太空新秩序与中国的责任 [J]. 世界经济与政治 , 2016, 8: 104-129.

何奇松 . 太空安全问题及其多边主义博弈 [J]. 现代国际关系 , 2012, 5: 29-34.

何奇松 . 太空强国 : 俄罗斯的梦想与现实 [J]. 国际问题研究 , 2014, 5: 76-88.

何奇松 . 特朗普政府太空政策趋势分析 [J]. 上海交通大学学报（哲学社会科学版）, 2018, 2: 25-33.

何奇松 . 约束太空武器化法律机制的困境与出路 [J]. 北京理工大学学报（社会科学版）, 2012, 5: 89-96.

贺婷，梁波 . 美军太空安全与应急响应发展研究 [J]. 指挥控制与仿真 , 2016, 3:142-144.

胡立博 . 论军事威慑的性质和作用 [J]. 国际政治研究 , 2002, 2: 92-99.

黄志澄 . 太空武器化与太空威慑 [J]. 国际技术经济研究 , 2006, 1: 24-28.

霍梦兰，穆永民，彭辉 . 美国反卫星武器发展方向及启示 [J]. 国防科技 , 2013, 1: 22-26.

李大光 . 由美国“导弹打卫星”看其反卫星武器发展 [J]. 国防技术基础 , 2008, 7: 40-45.

李大陆 . 论“不对称”军事制衡 [J]. 太平洋学报 , 2015, 5: 26-36.

李新洪，张育林 . 美军“作战响应空间”分析及启示 [J]. 装备指挥技术学院学报 , 2007, 6: 33-36.

李雪 . 强化空间发展，倍增军事实力——美军新版《空间作战》条令解读 [J]. 卫星应用 , 2013, 5: 70-72.

刘党辉 . 美军有限太空战的意图及对策 [J]. 国防科技 , 2016,4: 52-57.

刘杨钺 , 徐能武 . 新战略空间安全：一个初步分析框架 [J]. 太平洋学报 , 2018, 2: 1-13.

罗曦 . 美国战略威慑体系的调整与中美战略稳定性 [J]. 国际关系研究 , 2017, 6: 32-49.

罗曦 . 美国构建全域制胜型战略威慑体系与中美战略稳定性 [J]. 外交评论 , 2018, 3: 37-62.

牛军 . "联盟与战争" : 冷战时代的中国战略决策及其后果 [J]. 世界经济与政治 , 2014, 6: 69-92.

潘锐 . 从 "大规模报复" 到 "星球大战" ——论冷战时期美国核战略的演变 [J]. 太平洋学报 , 2002, 3: 53-66.

汤泽滢，等 . 美军 "施里弗" 系列太空作战演习解读 [J]. 装备学院学报 , 2017, 1: 54-60.

陶本仁 . 航天武器系统对抗技术 [J]. 航天电子对抗 , 2005, 1: 3-5.

王景泉 . 美国调整军事航天器的发展策略 [J]. 航天器工程 , 2014, 3: 99-104.

魏锦文 , 李颖 . 太空系统弹性架构发展研究 [J]. 中国航天 , 2017, 10: 52-55.

夏立平 . "高边疆" 理论视阈下美国全球快速常规打击计划 [J]. 国际观察 , 2014, 5: 1-12.

夏立平 . 美国太空安全战略与中国应对战略思考 [J]. 世界知识 , 2016, 5: 55-57.

向钢华，王永县 . 偏好、信息与威慑博弈 [J]. 国际政治科学 , 2006, 3: 1-33.

信强 . 太空权论——地缘政治的新高点 [J]. 国家观察 , 2000, 4: 39-43.

徐华炳 . 浅评美国核威慑战略的演变与走向 [J]. 长春师范学院学报 , 2001, 2: 51-54.

徐能武 , 黄长云 . 太空威慑 : 美国战略威慑体系调整与全球战略稳定性 [J]. 外交评论 , 2014, 5: 64-82.

徐能武 , 孙恺嘉 . 论中国太空安全外交中的动态制衡战略 [J]. 社会科学 , 2016, 12: 12-21.

徐能武 . 太空安全外交努力的困境与思考 [J]. 外交评论 , 2007, 6: 59-63.

徐能武 . 外空信息支援：大国安全博弈的战略枢纽 [J]. 太平洋学报 , 2016, 11: 67-77.

薛晨 . 社会心理、错误知觉与美国安全观的转变与实践——以九一一事件和伊拉克战争为例 [J]. 世界经济与政治 , 2006, 12: 7-15.

张茗．迈向“太空2.0”：美国“新太空”的兴起 [J]. 世界经济与政治，2016, 1: 115-139.

张茗．如何定义太空：美国太空政策范式的演进 [J]. 世界经济与政治，2014, 8: 84-106.

张茗．亚洲太空力量的崛起：现实与趋势 [J]. 国际观察，2015, 3: 43-54.

张文宗．美国对华威慑与胁迫及中国应对 [J]. 现代国际关系，2016, 12: 24-31.

张杨．美国的外层空间政策与冷战——兼论冷战的知觉错误与过度防御心理 [J]. 美国研究，2005, 3: 116-131.

张召才．美国深挖小卫星潜力，欲提升军事用航天能力 [J]. 卫星应用，2015, 2: 37-44.

张召才．美军典型小卫星军事应用模式案例分析 [J]. 卫星应用，2015, 10: 13-17.

赵景芳．美国战略思维与霸权战略选择 [J]. 太平洋学报，2011, 7: 29-40.

周黎妮，傅中力，王姝．太空威慑与核威慑比较研究 [J]. 国防科技，2015, 3: 51-54.

周志勇．美国空军条令中航天作战思想分析 [J]. 装备指挥技术学院学报，2005, 2: 56-60.

朱听昌，刘菁．争夺制天权：美国“高边疆”战略的发展历程及其影响 [J]. 军事历史研究，2004, 3: 115-126.

（四）中文学位论文

王仲春．核国家的核武器与核战略研究 [D]. 北京：中共中央党校，2000.

程金玉．后冷战时期美国核威慑政策评与思考——现实主义的视角 [D]. 杭州：浙江大学，2012.

樊丛维．东亚太空领域合作问题研究 [D]. 长春：吉林大学，2018.

冯潇然．威慑有效性研究：不同类型比较 [D]. 上海：复旦大学，2014.

李德顺．战略稳定性中的相互依赖因素 [D]. 北京：清华大学，2012.

李东鹏．冷战后美国国防战略的演变及其对中国的影响 [D]. 长春：东北师范大学，2008.

李爽．治理理论视阈下的外空活动行为准则研究 [D]. 长沙：国防科技大

学 , 2014.

刘斌 . 新科技革命与国际政治 [D]. 北京：中共中央党校 , 2004.

彭舒帅 . 冷战后美国外空威慑战略研究 [D]. 长沙：国防科技大学 , 2013.

孙学宵 . 从太空控制理论看中美太空冲突与合作 [D]. 上海：复旦大学, 2010.

唐笑虹 . 美国军事太空战略研究 [D]. 洛阳：解放军外国语学院 , 2013.

王丽娜 . 构建新型大国关系背景下中美在太空的竞争与合作——历史、现状与趋势 [D]. 上海：上海国际问题研究院 , 2014.

王璐 . 政治话语权下的美国战略防御计划研究 [D]. 长沙：国防科技大学, 2013.

吴挺 . 从中美战略稳定性看太空武器化问题 [D]. 上海：复旦大学 , 2012.

杨菲 . 核威慑的内在悖论：理论解读和实践分析 [D]. 北京：外交学院 , 2009.

张杨 . 冷战与美国的外层空间政策（1945—1969）[D]. 长春：东北师范大学 , 2005.

张泽 . 外空安全战略研究——兼论中国外空安全战略框架设计 [D]. 北京：外交学院 , 2012.

二、英文参考文献

（一）英文专著

BORMANN N, SHEEHAN M. Securing outer space[M]. New York: Routledge, 2009.

BULKELEY R, SPINARDI G. Space weapons: deterrence or delusion[M]. New York: Barnes & Noble Imports, 1986.

CARON J L. The land, space, and cyberspace nexus: evolution of the oldest military operations in the newest military domains[M]. Carlisle Barracks: United States Army War College Press, 2018.

CENDROWSKI H, MARTIN J P, PETRO L W. Handbook of fraud deterrence[M]. Hoboken: John Wiley & Sons, Inc., 2007.

CHAPMAN B. Space warfare and defense[M]. Santa Barbara: ABC-CLIO, LLC, 2008.

CHARLTON M. From deterrence to defence: The inside story of strategic policy[M]. Cambridge: Harvard University, 1987.

COLEMAN D G, SIRACUSA J M. Real-world nuclear deterrence: the making of international strategy[M]. Westport: Greenwood Publishing Group, Inc., 2006.

COLLINS J M. Military strategy: Principles, practices, and historical perspectives[M]. Virginia: Potomac Books, Inc., 2002.

Committee on National Security Space Defense and Protection Division on Engineering and Physical Sciences. National security space defense and protection: Public report[M]. Washington D.C.: The National Academies Press, 2014.

DANILOVIC V. When the stakes are high: deterrence and conflict among major powers[M]. Ann Arbor: The University of Michigan Press, 2002.

DOLMAN E C. Astropolitik: classical geopolitics in the space age[M]. London: Frank Cass Publisher, 2002.

DOLMAN E C. Pure strategy: power and principle in the space and information age[M]. Abingdon: FRANK CASS, 2005.

GRATTAN R F. The strategy process: a military-business comparison[M]. Hampshire: Palgrave Macmillan, 2002.

GRAY C S. Perspectives on strategy[M]. Oxford: Oxford University Press, 2013.

HARDING R C. Space policy in developing countries[M]. Abingdon: Routledge, 2013.

HARRISON T. The future of MILSATCOM[M]. Washington D.C.: Center for Strategic and Budgetary Assessments, 2013.

HARVEY F P. The future's back: nuclear rivalry, deterrence theory, and crisis stability after the Cold War[M]. Quebec City: McGill-Queen's University Press, 1997.

HAYS P L. Space and security: A reference handbook[M]. Santa Barbara: ABC-CLIO, LLC, 2011.

KLEIN B S. Strategic studies and world order[M]. New York: the Press Syndicate of the University of Cambridge, 1994.

KLEIN J J. Space warfare: strategy, principles and policy[M]. New York:

Routledge, 2006.

MAZARR M J. Start and the future of deterrence[M]. New York: St. Martin's Press, 1991.

MOLTZ J C. Politics of pace security: strategic restraint and the pursuit of national interests[M]. Palo Alto: Stanford University Press, 2008.

MORGAN P M. Deterrence now[M]. Cambridge: Cambridge University Press, 2003.

MORGAN P M. Deterrence: a conceptual analysis[M]. Beverly Hills: Sage Publications, 1977.

POWELL R. Nuclear deterrence theory: the search for credibility[M]. Cambridge: Cambridge University Press, 1990.

QUACKENBUSH S L. Understanding general deterrence: theory and application[M]. New York: Palgrave Macmillan, 2011.

SADEH E. Space strategy in the 21st century[M]. New York: Routledge, 2013.

SCHELLING T C. Arms and influence[M]. New Haven: Yale University Press, 1967.

SCHELLING T C. The strategy of conflict[M]. Cambridge: Harvard University Press, 1960.

SLOAN E C. Modern military strategy: an introduction[M]. New York: Routledge, 2012.

SNYDER G H. Deterrence and defense: toward a theory of national security[M]. Princeton: Princeton University Press, 1961.

STEFF R. Strategic thinking, deterrence and the US ballistic missile defense project: from Truman to Obama[M]. Burlington: Ashgate Publishing Limited, 2013.

TAYLOR J. Space race[M]. Chichester: John Wiley & Sons Ltd., 2005.

WATTS B D. The military use of space: a diagnostic assessment[M]. Washington D.C.: Center for Strategic and Budgetary Assessments, 2001.

ZAGARE F C, Kilgour D M. Perfect deterrence[M]. Cambridge: Cambridge University Press, 2004.

（二）英文期刊论文

AGANABA-JEANTY T. Space sustainability and the freedom of outer space[J]. Astropolitics, 2016, 14(1): 1-19.

ANANTATMULA V. U.S. initiative to place weapons in space: the catalyst for a space-based arms race with China and Russia[J]. Astropolitics, 2013, 11(3): 132-155.

BAUM S D. Winter-safe Deterrence: the risk of nuclear winter and its challenge to deterrence[J]. Contemporary Security Policy, 2015, 36(1): 123-148.

BELL B M, Rogers E T. Space resilience and the contested, degraded, and operationally limited environment[J]. Air & Space Power Journal, 2014, 6:130-147.

BLOOMFIELD L P, SINNREICH R H. Space: a military far frontier no more[J]. Army Space Journal, 2002, 1: 20-24.

BOWEN B E. Cascading crises: orbital debris and the widening of space security[J]. Astropolitics, 2014, 12(1): 46–68.

CARRITHERS D. Space operations in support of the objective force[J]. Army Space Journal, 2003, winter/spring: 8-21.

CHANDRASHEKAR S. Space, war, and deterrence: a strategy for India[J]. Astropolitics, 2014, 14(2-3): 135-157.

CHATTERJEE P. Legality of anti-satellites under the space law regime[J]. Astropolitics, 2014, 12(1): 27-45.

CHILTON K, WEAVER G. Waging deterrence in the twenty-first century[J]. Strategic Studies Quarterly, 2009, spring: 31-42.

CIMBALA S J. Minimum deterrence and missile defenses: U.S. and Russia going forward[J]. Comparative Strategy, 2011, 30(4): 347-362.

CIMBALA S J. Minimum deterrence and missile defenses: what's new, what's true, what's arguable[J]. Defense & Security Analysis, 2012, 28(1): 65-80.

COLETTA D. Space and deterrence[J]. Astropolitics, 2009, 7(3): 171-192.

COLETTA D. The perilous gulf between national space strategy and international security[J]. Astropolitics, 2010, 8(2-3): 140-142.

CREEDON M R. Space and cyber: shared challenges, shared opportunities[J].

Strategic Studies Quarterly, 2012, 1: 3-8.

DOLMAN E C. A debate about weapons in space: for U.S. military transformation and weapons in space[J]. SAIS Review of International Affairs, 2006, 26(1): 163-175.

FINCH J P, STEENE S. Finding space in deterrence: toward a general framework for "space deterrence" [J]. Strategic Studies Quarterly, 2011, 5(4): 10-17.

FINCH J P. Bringing space crisis stability down to earth[J]. Joint Force Quarterly, 2015, 76(1): 15-20.

FOUST J. Space launch capabilities and national strategy considerations[J]. Astropolitics, 2010, 8(2-3): 175-193.

FREDERICK L A. Deterrence and space-based missile defense[J]. Air & Space Power Journal, 2009, 3: 107-118.

GALLAGHER N. Space governance and international cooperation[J]. Astropolitics, 2010, 8(2-3): 256-279.

GRAY C S. Deterrence and the nature of strategy[J]. Small Wars & Insurgencies, 2000, 11(2): 17-26.

GRAY C S. Geopolitics and deterrence[J]. Comparative Strategy, 2012, 31(4): 295-321.

GRAY C. The reformation of deterrence: moving on[J]. Comparative Strategy, 2003, 22(5): 429-461.

GREGO L. US Ground-based midcourse missile defense: expensive and unreliable[J]. Bulletin of the Atomic Scientists, 2018, 74(4): 220-226.

HARRISON R G. Unpacking the three c's: congested, competitive, and contested space[J]. Astropolitics, 2013, 11(3): 123-131.

HARRISON R. Space deterrence: the delicate balance of risk[J]. Space and Defense, 2009, 3(1): 1-29.

HAYS P L. An agile and adaptive enterprise: enhancing national security space by improving management structures and leveraging commercial and international partners[J]. Astropolitics, 2010, 8(2-3): 146-169.

HITCHENS T. A pause button for militarizing space[J]. Aerospace America,

2016, 4: 38-43.

JOHNSON J C, LEEDS B A, WU A. Capability, credibility, and extended general deterrence[J]. International Interactions, 2015, 41(2): 309-336.

JOHNSON-FREESE J. The dilemma of space strategy: what is the intent[J]. Astropolitics, 2010, 8(2-3): 143-145.

KEHLER C R. Implementing the national security space strategy[J]. Strategic Studies Quarterly, 2012, 6(1): 18-26.

KLEIN J J. The influence of technology on space strategy[J]. Astropolitics, 2012, 10(1): 8-26.

LAUNIUS R D. United States space cooperation and competition: historical reflections[J]. Astropolitics, 2009, 7(2): 89-100.

LEIB K. State sovereignty in space: current models and possible futures[J]. Astropolitics, 2015, 13(1): 1-24.

LYNN W J. A military strategy for the new space environment[J]. The Washington Quarterly, 2011, 34(3): 7-16.

MAGUIRE J M. United States space strategy and program development challenges[J]. Astropolitics, 2010, 8(2-3): 194-201.

MOLTZ J C. Space and strategy: a conceptual versus policy analysis[J]. Astropolitics, 2010, 8(2-3): 113-136.

MORGAN P M. The state of deterrence in international politics today[J]. Contemporary Security Policy, 2012, 33(1): 85-107.

MOWTHORPE M. U.S. military space policy 1945-92[J]. Space Policy, 2002, 18: 25-36.

NOBLE M J. Export controls and United States space power[J]. Astropolitics, 2008, 6(3): 251-312.

PACE S. Strengthening space security: advancing us interests in outer space[J]. Harvard International Review, 2012, 33(4): 54-59.

PAVELEC S M. The inevitability of the weaponization of space: technological constructivism versus determinism[J]. Astropolitics, 2012, 10(1): 39-48.

PAWLIKOWSKI E, LOVERRO D, CRISTLER T. Space-disruptive challenges, new opportunities, and new strategies[J]. Strategic Studies Quarterly,

2012, 6(1): 27-52.

PAYNE K B. Post-cold war requirements for U.S. nuclear deterrence policy[J]. Comparative Strategy, 1998, 17(3): 227-277.

PAYNE K B. Understanding deterrence[J]. Comparative Strategy, 2011, 30(5): 393-427.

PAYNE K. The fallacies of Cold War deterrence and a new direction[J]. Comparative Strategy, 2003, 22(5): 411-428.

PEÑA C V, HUDGINS E L. Should the United States "weaponize" space? military and commercial implications[J]. Policy Analysis, 2002, 427.

PETER N. The changing geopolitics of space activities[J]. Space Policy, 2016, 37: 145-153.

QUACKENBUSH S L. Deterrence theory: where do we stand[J]. Review of International Studies, 2011, 37: 741-762.

REDDY V S. U.S.-China space cooperation: balancing act between the U.S. congress and president[J]. Astropolitics, 2017, 15(3): 235-250.

RENDLEMAN J D. A strategy for space assurance[J]. Astropolitics, 2010, 8(2-3): 220-255.

SADEH E. Report: Strategic Space and Defense 2008[J]. Astropolitics, 2009, 7(1):1-6.

SADEH E. Towards a National Space Strategy[J]. Astropolitics, 2010, 8(2-3): 73-112.

SARIAK G. Between a rocket and a hard place: military space technology and stability in international relations[J]. Astropolitics, 2017, 15(1): 51-64.

SCHANZ M V. Space launch renaissance[J]. Airforce Magazine, 2014, 97(6): 20-25.

SCHNEIDER M. Minimum deterrence and Russian and Chinese threat developments[J]. Comparative Strategy, 2014, 33(3): 193-204.

SHELTON W L. Military space at a strategic crossroad[J]. Air & Space Power Journal, 2013, September-October: 4-10.

SMITH M S. President Obama's National Space Policy: a change in tone and a focus on space sustainability[J]. Space Policy, 2011, 27: 20-23.

SMITH T. Challenges to future U.S. space control[J]. Army Space Journal, 2002, summer: 28-31.

SNYDER G H, GORDON B K. Deterrence and defense: toward a theory of national security[J]. International Affairs, 1961, 38(2): 234.

STEINBERG A. Weapons in space: the need to protect space assets[J]. Astropolitics, 2012, 10(3): 248-267.

STOCKER J. The strategy of missile defence[J]. The RUSI Journal, 2011, 156(3): 56-62.

STONE C. The implications of Chinese strategic culture and counter-intervention upon Department of Defense space deterrence operations[J]. Comparative Strategy, 2016, 35(5): 331-346.

STONE J. The future of deterrence: introduction[J]. Contemporary Security Policy, 2012, 33(1): 82-84.

TELLIS A J. China's military space strategy[J]. Survival, 2007, 49(3): 41-72.

TORKELSON T, KELLEY D. Strategic flexibility to deter in the Asia-Pacific[J]. Air & Space Power Journal, 2016, Fall: 23-38.

WILSON W. The myth of nuclear deterrence[J]. The Nonproliferation Review, 2008, 15(3): 421-439.

WIRTZ J J. The political vacuum of space and the quest for strategy[J]. Astropolitics, 2010, 8(2-3): 137-139.

WORDEN S P, FRANCE M E B. Towards an evolving deterrence strategy: space and information dominance[J]. Comparative Strategy, 2001, 20(5): 453-466.

（三）英文学位论文

CHOE M S. Achieving cross-domain synergy: overcoming service barriers to Joint Force 2020[D]. Fort Leavenworth: U.S. Army Command and General Staff College, 2014.

GALLEMORE J B. Cross-domain synergy: warfare in the 21st century[D]. Quantico: Marine Corps University, 2013.

GIPSON I G The Effectiveness of the U.S. Missile Defense Capabilities as a Deterrent to the North Korean Missile Threat[D]. Monterey: Naval Postgraduate

School, 2007.

MCCORMICK D C. Strategic deterrence in the post START era[D]. Maxwell Air Force Base: Air University, 1992.

STONE C M. Reversing the Tao: a framework for credible space deterrence[D]. Spring Field: Missouri State University, 2015.

SWEARINGEN R J. US space superiority: it was good while it lasted[D]. Maxwell Air Force Base: Air University, 2012.

WARD C. Applying deterrence strategy to agents of asymmetrical threats[D]. Monterey: Naval Postgraduate School, 2014.

（四）英文智库报告

ASTORINO-COURTOIS A. Space and US deterrence[R]. NSI Virtual Think Tank, 2017.

ABBEY G, LANE N. United States space policy: challenges and opportunities[R]. American Academy of Arts and Sciences, 2005.

ABBEY G, LANE N. United States space policy: challenges and opportunities gone astray[R]. American Academy of Arts and Sciences, 2009.

BRANDS H, EDELMAN E S, MAHNKEN T G. Credibility matters: strengthening American deterrence in an age of geopolitical turmoil [R]. Center for Strategic and Budgetary Assessments, 2018.

BUTTERWORTH R, MARQUEZ P, SHELDON J B, et al. Returning to fundamentals: deterrence and U.S. national security in the 21st century [R]. George Marshall Institute, 2011.

CARTER W. Chinese advances in emerging technologies and their implications for U.S. national security[R]. Center for Strategic and International Studies, 2018.

CHASE M S, CHAN A. China's evolving approach to "integrated strategic deterrence" [R]. RAND, 2016.

COLBY E. From sanctuary to battlefield: a framework for a U.S. defense and deterrence strategy for space[R]. Center for a New America Security, January 2016.

ELLMAN J, SAMP L, COLL G. Assessing the third offset strategy[R]. Center for Strategic and International Studies, March 2017.

GREGO L, LEWIS G N, WRIGHT D. Shielded from oversight: the disastrous US approach to strategic missile defense[R]. Union of Concerned Scientists, 2016.

HALLER N M. U.S. Air Force strategic deterrence capabilities in the 21st century security environment[R]. National Research Council, 2013.

HAROLD S W, NAKAGAWA Y, FUKUDA J, et al. The U.S.-Japan alliance and deterring gray zone coercion in the maritime, cyber, and space domains[R]. RAND, 2017.

HARRISON T, COOPER Z, JOHNSON K, ROBERTS T G. Escalation and deterrence in the second space age[R]. Center for Strategic and International Studies, October 2017.

HARRISON T, COOPER Z. Next steps for Japan-U.S. cooperation in space[R]. Center for Strategic and International Studies, 2016.

HARRISON T, JOHNSON K, ROBERTS T G. Space threat assessment 2018[R]. Center for Strategic and International Studies, April 2018.

HEGINBOTHAM E, CHASE M S, HEIM J L, et al. China's evolving nuclear deterrent: major drivers and issues for the United States[R]. RAND, 2017.

HITCHENS T, JOHNSON-FREESE J. Toward a new national security space strategy: time for a strategic rebalancing[R]. Atlantic Council, June 2016.

JUSELL J J. Space power theory: a rising star[R]. The United States Air Force Air Command and Staff College, April 1998.

KHALILZAD Z, SHAPIRO J. United States air and space power in the 21st century[R]. RAND, 2002.

KOZIN V P. Militarization of outer space and its impacts on global security environment[R]. NUST Global Think Tank Network, 2015.

KREPON M, TOMPSON J. Anti-satellite weapons, deterrence and Sino-American space relations[R]. Stimson, September 2013.

LAMBAKIS S. Foreign space capabilities: implications for U.S. national security[R]. National Institute for Public Policy, September 2017.

LAMBETH B S. Mastering the ultimate high ground: next steps in the military uses of space[R]. RAND, 2003.

LIVINGSTONE D, LEWIS P. Space, the final frontier for cybersecurity[R].

The Royal Institute of International Affairs, 2016.

LUTES C D, HAYS P L. Toward a theory of space power: selected essays[R]. National Defense University, 2011.

MACDONALD B W. China, space weapons, and U.S. security[R]. Council on Foreign Relations, 2008.

MACDONALD B W. Crisis stability in space: China and other challenges[R]. Foreign Policy Institute, September 2016.

MCLEOD G. Enhancing space resilience through non-materiel means[R]. RAND, 2016.

MCMANAWAY W F. Deterrence and strategic defense in the 21st century[R]. U.S. Army War College, 1993.

MORGAN F E, MCLEOD G, NIXON M, et al. Gaming space: a game-theoretic methodology for assessing the deterrent value of space control options[R]. RAND, 2018.

National security space defense and protection[R]. National Academy of Sciences, Engineering, and Medicine, 2016.

NEWBERRY R D. Space doctrine for the 21st century[R]. The United States Air Force Air Command and Staff College, March 1997.

PFALTZGRAFF R L. Space and U.S. security: a net assessment[R]. Institute for Foreign Policy Analysis, 2009.

PODVIG P, ZHANG H. Russian and Chinese responses to U.S. military plans in space[R]. American Academy of Arts and Sciences, 2008.

POLLPETER K L, CHASE M S, HEGINBOTHAM E. The creation of the PLA Strategic Support Force and its implications for Chinese military space operations[R]. RAND, 2017.

RATHGEBER W. China's posture in space: implications for Europe[R]. European Space Policy Institute, 2007.

Report of the Commission to Assess United States National Security Space Management and Organization[R]. the Commission to Assess United States National Security Space Management and Organization, 2001.

ROBINSON J. Space security through the transatlantic partnership: conference report and analysis[R]. European Space Policy Institute, 2011.

ROBINSON R W, DAVENPORT A K. Advancing space security through the trilateral U.S.-Europe-Japan partnership[R]. Prague Security Studies Institute, 2012.

SCOURAS J, SMYTH E, MAHNKEN T. Cross-domain deterrence in U.S.-China strategy: a workshop report[R]. The Johns Hopkins University Applied Physics Laboratory LLC, 2014.

SHAUD J A. Air Force strategy study 2020-2030[R]. Air Force Research Institute, January 2011.

SMITH M S. Military and civilian satellites in support of allied forces in the Persian Gulf War[R]. Congressional Research Service, 1991.

SMITH W J. Sustaining our space enterprise: strategy and people[R]. U.S. Army War College, 2009.

STATHAM J. Chatham House expert perspectives 2018[R]. The Royal Institute of International Affairs, 2018.

STOKES M A, CHENG D. China's evolving space capabilities: implications for U.S. interests[R]. Project 2049 Institute, April 2012.

TANNER T, WANG D. U.S.-China relations in strategic domains[R]. National Bureau of Asian Research, 2016.

U.S. air force strategic deterrence analytic capabilities: an assessment of tools, methods, and approaches for the 21st century security environment[R]. National Research Council, 2014.

VEDDA J A, HAYS P L. Major policies issues in evolving global space operations[R]. The Mitchell Institute for Aerospace Studies, 2018.

WOOD D L. 2019 index of US military strength[R]. The Heritage Foundation, 2019.

WOOLF A F. Conventional prompt global strike and long-range ballistic missiles: background and issues[R]. Congressional Research Service, April 2018.

ZIEGLER D W. Safe heavens: military strategy and space sanctuary thought[R]. The United States Air Force School of Advanced Air and Space Studies, June 1997.

（五）英文政府文件

115th Congress. National Defense Authorization Act for Fiscal Year 2018 [Z]. 2017.

115th Congress. National Defense Authorization Act for Fiscal Year 2019 [Z]. 2018.

Air Force Space Command. Resiliency and Disaggregated Space Architectures [Z]. 2013.

Air Force Space Command. Space Mission Force: Developing Space Warfighters for Tomorrow [Z]. June 2016.

Australian Government. Australia's Satellite Utilization Policy [Z]. 2013.

Department of Defense of The United States. 2017 Defense Posture Statement: Taking the Long View, Investing for the Future [Z]. February 2016.

Department of Defense of The United States. Department of Defense Directive 3100.10 Space Policy [Z]. October 18, 2012.

Department of Defense of The United States. Deterrence Operations Joint Operating Concept [Z]. December 2006.

Department of Defense of The United States. Fact Sheet: DoD Strategy for Deterrence in Space [Z]. 2011.

Department of Defense of The United States. Fact Sheet: Resilience of Space Capabilities [Z]. 2011.

Department of Defense of The United States. Final Report on Organizational and Management Structure for the National Security Space Components of the Department of Defense [Z]. August 2018.

Department of Defense of The United States. Interim Report on Organizational and Management Structure for the National Security Space Components of the Department of Defense [Z]. March 2018.

Department of Defense of The United States. Mission Assurance Strategy [Z]. April 2012.

Department of Defense of The United States. National Security Space Strategy [Z]. January 2011.

Department of Defense of The United States. Nuclear Posture Review [Z]. 2018.

Department of Defense of The United States. Summary of the 2018 National Defense Strategy of the United States of America [Z]. 2018.

Department of Defense of The United States. Sustaining U.S. Global Leadership: Priorities for 21st Century Defense [Z]. January 2012.

Department of Defense of The United States. The 2014 Quandrennial Defense Review [Z]. March 2014.

HM Government. National Space Security Policy [Z]. 2014.

Joint Chiefs of Staff. Joint Operating Environment 2035 [Z]. July 2016.

Joint Chiefs of Staff. Joint Publication 1-02 Department of Defense Dictionary of Military and Associated Terms [Z]. November 8, 2010 (As Amended Through February 15, 2016).

Joint Chiefs of Staff. Joint Publication 3-0 Joint Operations [Z]. January 2017.

Joint Chiefs of Staff. Joint Publication 3-14 Space Operations [Z]. April 2018.

Joint Chiefs of Staff. Joint Publication 3-14 Space Operations [Z]. January 6, 2009.

Joint Chiefs of Staff. Joint Publication 3-14 Space Operations [Z]. May 29, 2013.

Joint Chiefs of Staff. The National Military Strategy of the United States of America [Z]. June 2015.

Joint Chiefs of Staff. Capstone Concept for Joint Operations: Joint Force 2020 [Z]. September 2012.

Office of the Under Secretary of Defense for Acquisition and Sustainment, Office of the Deputy Assistant Secretary of Defense for Manufacturing and Industrial Base Policy. Fiscal Year 2017 Annual Industrial Capabilities [Z]. March 2018.

Office of the Assistant Secretary of Defense for Homeland Defense & Global Security. Space Domain Mission Assurance: A Resilience Taxonomy [Z]. September 2015.

Office of the Director of National Intelligence of the United States. The

National Intelligence Strategy of the United States of America [Z]. 2014.

The Policy Subcommittee of the Strategic Advisory Group of the United States Strategic Command. Essentials of Post-Cold War Deterrence [Z]. 1995.

The White House. National Security Strategy [Z]. December 2017.

The White House. National Security Strategy [Z]. February 2015.

The White House. National Space Policy of the United States of America [Z]. June 2010.

U.K. Ministry of Defence. Joint Doctrine Publication 0-30 UK Air and Space Power (2nd Edition) [Z]. 2017.

United States Air Force. Air Force Doctrine Document 2-2 Space Operations [Z]. November 2006.

United States Air Force. Air Force Doctrine Document 2-2.1 Counterspace Operations [Z]. August 2004.

United States Army. Multi-Domain Battle: Evolution of Combined Arms for the 21st Century 2025–2040 [Z]. December 2017.

United States Navy. U.S. Navy Information Dominance Roadmap 2013–2028 [Z]. June 2012.

United States Space Command. Vision for 2020 [Z]. March 1998.

图书在版编目（CIP）数据

第二太空时代的美国太空威慑战略研究 / 高杨予兮著. —北京：世界知识出版社，2021. 7
ISBN 978-7-5012-6395-0

Ⅰ. ①第… Ⅱ. ①高… Ⅲ. ①航天战—研究—美国 Ⅳ. ①E864

中国版本图书馆CIP数据核字（2021）第141979号

书　　名	**第二太空时代的美国太空威慑战略研究** Di-er Taikong Shidai de Meiguo Taikong Weishe Zhanlüe Yanjiu
作　　者	高杨予兮
责任编辑	余　岚
责任出版	王勇刚
责任校对	张　琨
封面设计	张　维
出版发行	世界知识出版社
地址邮编	北京市东城区干面胡同51号（100010）
电　　话	010-65265923（发行）　010-85119023（邮购）
网　　址	www.ishizhi.cn
经　　销	新华书店
印　　刷	北京虎彩文化传播有限公司
开本印张	710毫米×1000毫米　1/16　13½印张
字　　数	235千字
版次印次	2021年11月第一版　2021年11月第一次印刷
标准书号	ISBN 978-7-5012-6395-0
定　　价	59.00元